U0556774

ANY HAPPY RETURNS

Structural Changes
and Super Cycles in Markets

周期与财富

[美]彼得·C. 奥本海默（Peter C. Oppenheimer） 著

王德伦 王欢 译

中国人民大学出版社

· 北京 ·

赞　誉

在股票分析行业中，彼得·奥本海默是将艺术和科学有机结合的杰出实践者。本书通过清晰透彻的分析，展现了他的远见卓识。我不清楚还有谁能像他这样清晰地剖析股票市场及其波动规律。在领会这本书的精髓之前，可能没有其他人能做得到。

——劳伦斯·萨默斯（Lawrence Summers），美国财政部前部长

在前一本杰出的著作《金融周期》（*The Long Good Buy*）之后，彼得·奥本海默在这本新书中延续并更加深入地对金融市场的周期进行了分析，并将其与经济发展的主要趋势、地缘政治、科技，以及其他商业和社会发展转型结合了起来。他明确指出了"后现代周期"的出现及其潜在的深远影响。

——若泽·曼努埃尔·巴罗索（José Manuel Barroso），
欧盟委员会前主席及葡萄牙前总理

采用巧妙的方式将过去和未来相结合，并将历史、文化和政治因素融入他对经济的分析中，彼得·奥本海默写出了一本引人

深思、极具洞察力和原创性的书。

——诺里纳·赫兹（Noreena Hertz）教授，
伦敦大学学院全球经济繁荣研究所

彼得·奥本海默写出了一本思考深入、具有洞察力的书。他激发了我们对周期的关注，帮助我们理解当下在周期中所处的具体位置，以及预测接下来可能会发生什么。

——科菲·阿杰朋-博滕（Kofi Adjepong-Boateng）勋爵，
剑桥大学金融史研究中心研究员

彼得对金融市场超级周期或称超长期趋势，和其中许多短周期的发展演化，都做了全面深入的分析，提出了许多全新的宝贵观点。这是一本逻辑缜密的书，在基于数据的证据、图表和趋势的基础上，简洁清晰地阐述了作者的观点。对于处于金融市场中的投资者、从业人员、学术研究者和监管者而言，这是一本必读的好书。

——纳拉扬·奈克（Narayan Naik），伦敦商学院金融学教授

本书对资本市场背后的长期趋势拥有深刻的洞察，从绝望、希望、增长、乐观四个阶段考察每一轮股市运行的超级周期，并且结合定性与定量方法分析了不同阶段的市场表现特征，具有很强的实操性。在传统的经济增长、通货膨胀、利率水平、债务、技术进步之外，本书还将社会公平性、国际协作以及地缘政治、人口和文化等因素纳入考量，更加全面而深入地分析了每一轮超

级周期是如何兴起、演化和结束的。书中对新冠疫情、人工智能、碳减排等重大主题如何影响资本市场的长期趋势做出了深入而前瞻的分析，非常具有启发性。译者从事金融投资行业多年，翻译到位，值得一读。

——李迅雷，著名经济学家、

中泰国际首席经济学家、

中国首席经济学家论坛副理事长、

中国金融四十人论坛特约成员

与一般短、中、长期定义的市场周期不同，本书从超级周期的视角出发，为我们详细分析了二战以来资本市场经历的每一个超级周期，并对超级周期运行的底层逻辑、驱动要素、市场特征做了详细的剖析，并且将这种超级周期的分析范式运用到当下的经济与资本市场运行之中，为我们寻找未来的投资机会提供了广阔的视角、深入的思考和清晰的结论。

——邵宇，国家金融与发展实验室特聘高级研究员、

复旦大学管理学院 EMBA 特聘教授、

九三学社上海金融委员会主任委员

金融周期与经济周期不必然成镜像关系，金融周期脱胎于经济周期又超越经济周期。金融资产底层来自经济行为的结晶，但货币与资本的高度融入，以及金融市场瞬息万变引发经济人的偏好差异与非理性行为，使得金融周期更难以捉摸与掌握。

奥本海默以金融为主线，回溯了二战以来的全球经济波动与周期，阐明了金融对经济的预测与引领作用，金融与资本不仅是

简单的"晴雨表",而且已经成为经济运行的"灵魂"。二者相互影响,造就了数次大规模的显著"超级周期"。因此,本书是经济史与金融思想史相结合的优秀论著。

奥本海默对后现代超级周期产业技术与资本的融合模式进行了深刻分析与前瞻思考,预测金融市场可能的衍化范式和资本机遇,同时提醒"旧经济"的升级与升华给资本市场带来新的吸引也是另一个可能被忽视的财富密码。

两位译者具备深厚的经济学功底与金融市场经验,领会与翻译奥本海默的著作显然得心应手,给中文经济金融读者以畅快淋漓的享受。

——钱学宁,中国首席经济学家论坛学术秘书长

译者序

作为作者的中国同行来翻译这本书，我们感到非常高兴。我曾长期从事中国证券市场研究工作，而且岗位恰好是策略分析师，与本书作者是同一岗位，因而可能对本书的内容有更深和别样的体会。策略分析在证券分析中处于枢纽位置，上承宏观分析、下启行业研究，既需要对国内外经济形势、政府政策、货币流动性等有全面的掌握，也需要对市场博弈、投资者变化及交易结构有统筹的考虑，还需要针对许多非经济因素，例如疫情等外部冲击、地缘政治风险、社会文化等因素对资本市场运行趋势的影响做出分析。从横向来看，策略研究对象是覆盖面最广的。本书将以上提到的几个方面和未提到但是同样也很重要的驱动因素都进行了深入而细致的分析。

更难得的是，本书对资本市场超长期趋势的规律和变化进行了独到的分析，超越了我们一般分析时采用的短期、中期、长期范畴，运用"超级周期"这一长期视角，将二战以来的资本市场运行逻辑进行深入剖析，并总结出对应的规律，为我们的研究和投资提供了更多思考和启发。作为同行，我深知这种纵深分析的不易，它既需要有很强的研究功力，也需要有很好的综合归纳能力。同时，我也羡慕奥本海默先生拥有以美股为代表的长期稳定发展

1

的资本市场作为研究土壤，期待未来我们中国股市也能实现超长期的蓬勃发展，为投资者和实体经济提供更多投资收益并贡献价值。

我的搭档王欢先生具有丰富的金融市场经验，常年在大型外资金融投资机构工作。他的英语比我好很多，因而对本书翻译的贡献主要归功于他，而疏漏和不足之处主要归于我。

感谢家人对我的全力支持，以使得我有时间和精力来翻译此书。要说明的是，翻译只占用了我的休闲时间而没有挤占过工作时间，因而躲掉了家务劳动并牺牲了陪伴家人的时光。特别感谢汇添富基金刘建位老师的推荐和人大出版社曹沁颖老师的认可，让我们有机会参与到翻译此书的过程，这对我们来说也是一次非常有意义的经历。如果我们的努力能够给中国读者带来思想上的启发和投资上的帮助，将是对我们最大的奖励。

王德伦

前　言

我在骑自行车时，想到了这一点。

——阿尔伯特·爱因斯坦（Albert Einstein）

我的前一本书《金融周期》讨论了经济和金融周期及影响它们的主要因素。本书在此基础上更进一步：一部分是对历史的回顾，另一部分是对未来的展望。本书重点讨论了经济和金融市场的长期结构性变化，以及不同的长期趋势和短周期在其中的演化发展。建议阅读本书的读者包括：学生、金融从业者，以及对经济和金融长期趋势的过往历史和影响因素感兴趣的人。

金融市场中既存在短周期的波动规律，也有着更长的超级周期（也称长期趋势）的波动规律。短周期的演化发展，发生在超级周期中，往往与经济周期相关。根据美国国家经济研究局的数据，自1850年以来，美国一共发生了35次经济衰退，以及29次股票市场的熊市（主要股指下跌幅度超过20%）。从二战结束后算起，美国经历了13次经济衰退，股市经历了12次熊市。

股市表现往往能预测经济周期。自二战以来，从平均值上看，股市顶部出现在经济衰退前大约七个月，股市底部也出现在经济

1

复苏前七个月左右。

除了经济周期和经济因素（如经济活动、利率）的变动外，许多其他因素也会对市场产生重大影响，甚至影响市场的长期趋势。这些因素包括：地缘政治、科技发展、制度变革、政府政策变动、流行文化和社会发展趋势的改变，等等。这些因素的结构性变化，可以带来持续时间达数十年的新的长期趋势或超级周期。在这个超级周期中，经济和金融市场也随短周期不断地演化发展。例如：一个低通胀的超级周期可能包括了多个经济周期。同样，强劲的经济增长或经济停滞持续很长时间的周期，也可能暂时受到经济短期衰退的影响。这样的长期趋势通常伴随着一些特定的市场环境和投资机会，这些将是我在本书中试图重点探讨的内容。

自二战结束以来，股票市场经历了六轮超级周期。这其中一半是长周期牛市，即股市回报率高、估值不断提高的时期，而另一半则被称作"肥而平"周期，即在相当长的一段时间中股市回报率低且股价震荡区间大的时期。

作为开篇，本书第一章回顾了历史上对于社会、政治、经济和金融市场周期的分析和观点，以及人类行为和群体心理对周期的影响。

接下来，本书的主体被分成了三个部分：

Ⅰ. **结构性趋势和金融市场的超级周期**：周期和超级周期的历史回顾。

Ⅱ. **回顾分析二战后的超级周期**：分析讨论二战后的每一个超级周期及其影响因素。

Ⅲ. **后现代周期**：探讨下一轮的周期如何展开及其主要特征，

以及人工智能（AI）和碳减排两大主要因素如何塑造和影响这一轮周期。前者定义着虚拟的世界，后者将改变现实的世界。

第一部分：结构性趋势和金融市场的超级周期

第二章重点解释了金融市场周期，和它在绝望、希望、增长和乐观四个阶段中不断轮回的规律，以及相关的驱动因素。

第三章描述了在超级周期的长期发展史中的许多关键经济变量，包括：国内生产总值（GDP）、通货膨胀率、利率、债务、社会公平性和金融市场。

第二部分：回顾分析二战后的超级周期

第四章分析了 1949—1968 年超级周期的驱动因素，主要包括：国际协议的影响、经济增长强劲的背景情况、技术创新、低实际利率、全球贸易、消费和信贷的繁荣以及人口变动的影响。

第五章主要分析讨论 1968—1982 年的高通胀和低回报时期，包括：高利率和低经济增长的影响、社会动荡和工人罢工、全球贸易崩塌、政府高负债以及企业利润率的下降。

第六章描述了我所谓的"现代周期"。这一时期的主要特征是"大缓和"、低通胀、低资金成本和供给端改革的影响。本章还讨论苏联解体对地缘政治风险的影响、全球化和国际合作的兴起以及中国和印度经济高速发展所产生的影响。

第七章涵盖的是 2000—2009 年，重点关注了主导新千年第一个 10 年的资产泡沫和面临的困难，包括从科技泡沫破灭到 2008 年全球金融危机。

第八章的主要内容是 2009—2020 年后金融危机周期的独特影响因素，以及零利率政策对市场回报率的影响。

第九章讨论了新冠疫情所带来的深远影响，尤其是对政府政策的影响，以及从通缩向再通胀的转变对整体经济和股市回报率的影响。

第三部分：后现代周期

第十章描述了我所定义的后现代周期的出现，以及各种因素所带来的影响，包括：资金成本上升、经济增长趋势放缓、全球化转向区域化、劳动力和大宗商品成本上升、政府债务增加、基础设施支出增加、人口老龄化和地缘政治紧张度上升等。

第十一章讨论了技术发展和人工智能将如何重塑后现代周期中的市场回报率。

第十二章聚焦在传统产业，以及后现代周期中碳减排和基建投资增加对传统产业的影响及其可能带来的机会。

最后，第十三章是全书的总结。

目　录

第三部分：后现代周期

第一章

周期和长期趋势的基本介绍

如果你回头看得很远，就能往前看得更远。

——温斯顿·丘吉尔（Winston Churchill）

在《金融周期》一书中，我重点讨论了金融市场周期有随时间反复重现的趋势。这些周期绝大多数都是由经济周期所驱动的，或至少与其相关。周期是很重要的，尝试分析我们处于周期的哪个阶段，以及预测接下来会发生些什么，这些都是投资者关心的重点。也就是说，同样地，金融周期也可以用来协助预测经济周期。正如克劳迪奥·博里奥（Claudio Borio）[①] 曾写道："主要论点是：缺少金融周期分析的宏观经济学，仿佛是没有主角的《哈姆雷特[②]》"。与二战前那些年相似，在主导过去至少三十年间的市场环境中，如果不理解金融周期，就无法理解经济波动及与之相关的政策所面临的挑战。

虽然金融周期已是经济和市场发展的一个具有持续性的长期特征，但是通常它们自己也存在于更长期的趋势或"超级周期"中。受这些长期趋势中多个主导因素的影响，股市回报产生了很强的长期规律性。这样的规律性甚至掩盖了金融和商业周期对其造成的短期影响。尽管短周期也很重要，但正确把握住更大的长期趋势，将显著提高投资者的长期回报。比如：在一个低通胀的长期趋势中，可能会存在多个短的商业周期。同样地，经济的快速增长或停滞可以持续很长的时间，但它们也可能暂时性地受到短期经济衰退的影响。这些长期趋势通常与特定的市场条件和机会有关。绝大多数投资者往往花费很多时间和资源，试图理解某一轮周期中的下一次经济发展或者转折点。但是，往往长期结构

[①]　国际清算银行货币与经济部门负责人。

[②]　Borio, C.（2014）. The financial cycle and macroeconomics：What have we learnt? *Journal of Banking & Finance*，45，pp. 182-198.

性的经济发展和拐点才更加重要，尽管它们经常容易被忽略。

《金融周期》一书正好是在新冠疫情大流行中，英国第一次封控时出版的。在新冠疫情出现之前，大家的共识是全球经济将保持强劲增长的态势。当时几乎没有人关注到供应链和通胀的问题，而这些问题的重现却可能成为很严重的隐患。地缘政治紧张将在欧洲引发战争的观点，在当时看起来也似乎很牵强。单独来看，这些事件都是无法预测的。但是，结合社会、政治和政府政策的发展趋势来看，我们正处于一个重要转折点的早期阶段：许多塑造金融市场形态和市场回报风格的因素，正在悄然发生变化。

在第一章的基本介绍之后，本书主体分成了三个部分。第一部分讨论周期与结构性趋势之间的差异；第二部分从历史角度出发，介绍了二战后超级周期及其独特的影响因素；第三部分讨论了眼下刚出现的新超级周期和它的潜在特点。我将这个新的超级周期称为"后现代超级周期"，因为它既可能展现出二战后传统周期的一些特点，如更高的波动性、更低的市场回报率，但也会有一些 1980 年后低波动性和估值普遍上升的"现代超级周期"的特征。

周期的重复性

周期，至少是金融市场周期，有一个有趣的特点是：尽管经济、政治和政策环境往往大相径庭，但它常随着时间推移而重复发生。安德鲁·菲拉多（Andrew Filardo）、马尔科·隆巴迪（Marco Lombardi）和马雷克·拉茨科（Marek Raczko）在他们最近发表的一篇研究论文中指出：过去 120 年中，美国既经历过长期低通胀的金本位时期，也经历了高通胀、高波动的 20 世纪 70 年代。在这个很长的历史时期中，不仅始终保持物价稳定的中央银行货币政策发生了改变，而且政府财政和监管政策也发生了相当大的变动。①

在研究物理等科学和自然世界时，周期的概念无处不在，从天文、地理、气候的周期，到生物学中的不同周期以及睡眠的周期。相近条件下事件重复发生，不仅在自然界中很明显，在人类发展和社会中也是如此，当然也就包括了经济和金融市场。社会发展、政治、国际关系和经济发展情况间相互关联、相互作用的复杂性，意味着这些周期通常存在于一个很长的时期，或者延续许多个时期，而这就是长期结构性趋势的影响所在。不同的结构性趋势能够为金融市场带来截然不同的回报。

在与人类相关的系统中，包括政治、社会形态、时尚和经济，发现周期和趋势的存在，有着悠久的历史。② 例如：古希腊人对政治周期比较感兴趣。柏拉图在《理想国》第八卷和第九卷中，谈到不同形式的政府和它们之间的转变方式时，讨论了周期。亚里士多德也在《政治学》第五卷③中讨论了政府周期，以及改变政府周期的方式和步骤。波里比阿（Polybius）（公元前 200 年—公元

① Filardo，A．，Lombardi，M．and Raczko，M．（2019）．Measuring financial cycle time. Bank of England Staff Working Paper No. 776.

② 19 世纪马克思主义文献中也讨论了这一观点，即：经济的发展和繁荣，是以长周期或波浪的形式进行的。这些文献关注利润的波动，并认为这是经济周期发生的核心原因。参见 Basu，D．（2016）．Long waves of capitalist development：An empirical investigation. University of Massachusetts Amherst，Department of Economics Working Paper No. 2016 - 15.

③ Aristotle (1944)．*Aristotle in 23 Volumes*，Book V，section 1311b，translated by H. Rackham. London：Heinemann (Cambridge，MA：Harvard University Press).

前 118 年）发展了一种被称作"anacyclosis"的政府周期理论，谈及了民主制、贵族制和君主制的不同生命周期，以及这些制度的可能形态，如：暴民统治、寡头制和暴政。后来，西塞罗（Cicero）和马基亚韦利（Machiavelli）的著作中也引用了这些概念。

罗马人也理解这些持续时间更长的代际周期的重要性，并将它们表述为"saeculum"。这通常被视作一个人寿命时长的周期，或某个人类族群完成一次完全更替的周期。例如：它可以是这样一个时期，即将某个重大事件，如一场战争，定义为该代际周期的起始点，到经历过该事件的所有人都已去世，作为这个代际周期的结束。朝代周期的观念是在中国产生的。在这一观念中，伟大帝王所建立的王朝发生更迭，主导了整个中国历史的发展。这些帝王的后续继承人无法保持之前统治的水平和效率，最终导致了一个王朝的衰落。

社会与政治周期

虽然金融市场周期会受到许多不同因素的影响，但宏观经济因素的影响，如利率和经济增长，更为关键。除此以外，社会和政治周期对市场回报率的长期趋势也有着较大的影响，因为这些周期一旦发生重大的结构性变化，所产生的影响将会波及经济周期和金融市场周期。

人们对于社会、经济和政治体系多个维度的影响，以及这些因素间相互作用的方式的兴趣随着时间推移不断增长。启蒙运动时期，学者们更加关注他们所理解的"自然秩序"，并依此分门别类，用于描绘文化复兴和社会发展程度的一系列不同阶段。到了

19世纪，达尔文在《物种起源》（1859年）一书中提出了生物进化论，对文艺复兴和社会进步的观念产生了重大的影响。社会进化理论也随之出现，社会被看作类似生命的有机体。这样的生物学类比，作为理解人类社会发展的一种方式，在人类学家和社会学家中变得很流行。

在这一时期的社会学领域中，主流世界观认为社会发展是恒定不变的，但社会周期论挑战了这一观点。于是，将社会发展视作一个周期性现象的观点，开始占据主导地位。与之前的观点不同，周期论认为社会发展存在于周期中，并有不断重复自身的趋势。此外，多元线性的文化进化论，在人类学中也得到了长足的发展。这些理论都认为：在始终适应环境的前提下，人类社会和文化将按照自己的方式，不断进化发展，就像政治周期和经济发展一样。例如弗朗茨·博阿斯（Franz Boas）、阿尔弗雷德·克罗伯（Alfred Kroeber）、鲁思·本尼迪克特（Ruth Benedict）和玛格丽特·米德（Margaret Mead）等人类学家，就将工作重心从对文化的一般性特点的研究，转移到理解不同社会文化发展的过程上。从更多的角度来看，社会发展取决于不同的外在环境和条件，并随时间推移不断发生变化。因此，如果社会处于相似的外部环境和条件中，那么就可能重现之前的情况，就像在经济和金融市场上发生的那样。例如：在经济面临压力的时期，通常伴随着社会不稳定和政治动荡。这点在不同的环境和条件中反复出现。

20世纪，历史学家也开始对周期越来越感兴趣。奥斯瓦尔德·斯彭格勒（Oswald Spengler，1880—1936年）在《西方的没落》（1918—1922年）一书中，用到了和生物学的类比，认为每个文明都经历了从诞生到衰退、衰落的完整生命周期，时间长达将近

1 000 年。英国历史学家、经济学家和社会改革家阿诺德·J. 汤因比（Arnold J. Toynbee）也得出了类似的结论，在 1934 年他出版的 12 卷本作品《历史研究》的第 1 卷中表示他支持周期理论。

乔治·莫德尔斯基（George Modelski）是用长周期理论研究政治领域的主要代表，他在《全球政治中的长周期》（1987 年）中阐述了经济周期、战争周期和主导世界的政治格局间的关联。[①] 他的研究表明，自 16 世纪以来，政治上已经经历了五个长周期，与康德拉季耶夫周期理论中描述的经济周期存在弱关联性。这些持续时间很长的政治长周期主要是基于霸权统治时期的。首先是 16 世纪的葡萄牙，接着是 17 世纪的荷兰，然后是英国（先在 18 世纪，之后在 19 世纪），最后是二战后的美国，依次占据了世界领导位置。[②] 这些政治长周期给经济活动也带来了影响，进而影响到了金融市场。应该说，这些研究大多是基于欧洲或"西方"，忽略了世界其他地区占主导的时期。例如，"丝绸之路"是一个横跨约 6 440 公里的贸易路线，从公元前 2 世纪到 15 世纪，推动了全球经济发展，促进了文化和宗教交流。但是，在早期的周期理论研究中却经常被忽略，同样被忽略的还有 7 世纪的阿拉伯帝国和 13

---

① 政治上也有类似的说法。施莱辛格（Schlesinger）在关于美国政治的研究中，通过自由与保守之间的周期性转变，反映了一种"自我生成"的动力，然后不断重复。亨廷顿（Huntington）的研究则识别出了周期性的"信念激情"，对于政治过程及政策取向变化的推动作用。政治上的成功与经济和社会周期联系紧密。当处于某些特定环境下时，某一类型的政党通常就会取得执政权，而当环境发生变化时，这也会随之改变。这个政党的成功可能与经济繁荣期与衰退期相关联。该政党的成功，也往往反映出了更广泛的经济和社会的变化。参见：Rose, R. and Urwin, D. W. (1970). Persistence and change in Western party systems since 1945. *Political Studies*, 18 (3), pp. 287 – 319.

② Thompson, K. W., Modelski, G. and Thompson, W. R. (1990). Long cycles in world politics. *The American Historical Review*, 95 (2), pp. 456 – 457.

世纪的蒙古帝国带来的影响。

国际舞台上权力的斗争，也导致了周期或长期趋势的变动。这些变动还受到不断变化的地缘政治和外交政策导向的影响。亚瑟·M.施莱辛格父子（Arthur M. Schlesinger, Junior and Senior）在《周期理论》中论述了美国历史背景下的周期。他认为美国是在自由主义及民主主导时期和保守主义主导时期之间不断反复交替。在自由主义时期，美国社会更加关注发现并解决问题，而在保守主义时期，则更加关注个人的权利。一个时期会引起下一个不同的时期出现。①他们在文中指出：自由主义时期，会引起过激的行动，之后逐步走向保守主义；而保守主义时期，一些问题长期得不到解决，会导致进入自由主义时期。克林伯格（Klingberg）也论述过美国外交政策上的周期：交替于"外向期"（美国影响力扩张的时期）和"内向期"（政策更倾向于孤立主义）。在1952年的论文中，他解释了四个"内向期"，每期平均21年，以及三个"外向期"，每期平均27年。②

就像社会观念可以影响和反映经济状况，社会中的文化表达也可以影响经济。正如奥斯卡·王尔德（Oscar Wilde）曾说过的名言，"生活模仿艺术，远胜于艺术模仿生活"，确实有一些证据表明：反映在艺术中的社会观念，反映甚至常常引领政治和经济的发展。③例如，哈罗德·祖洛（Harold Zullow，1991）研究了1955—1989年

① Schlesinger, A. M. (1999). *The Cycles of American History*. Boston, MA: Houghton Mifflin.

② Klingberg, F. J. (1952). The historical alternation of moods in American foreign policy. *World Politics*, 4 (2), pp. 239-273.

③ Wilde, O. (1889). *The Decay of Lying: A Dialogue*. London: Kegan Paul, Trench & Co.

美国流行歌曲排名前 40 名的歌词，寻找关于"反思不良事件"和"悲观解释风格"的证据。他查看了同时期《时代》杂志的封面故事，寻找类似的证据。他发现流行音乐中悲观反思内容的增加，可以预测 1～2 年后媒体对世界上所发生事件看法的变化。他还发现，流行音乐与消费者支出、经济增长［即国民生产总值（GNP）］，以及消费者的乐观程度（通过市场调研评估），在统计上都具有一定的关联性。流行歌曲和新闻杂志中的悲观和反思情绪，往往通过降低消费者乐观情绪、减少消费支出，从而预测经济的衰退。[①]

经济周期

对经济周期的研究，及其对金融市场和物价指数的影响分析，在 19 世纪取得了长足的发展。基钦周期（Kitchin cycle）的持续时间一般为 40 个月，主要受到大宗商品和企业库存的影响；朱格拉周期（Juglar cycle）主要用于预测资本投入，一轮周期的持续时间通常为 7～11 年；而库兹涅茨周期（Kuznets cycle）主要可以预测收入情况，持续时间通常为 15～25 年。尼古拉·康德拉季耶夫（Nikolai Kondratieff，1892—1938 年）在 20 世纪 20 年代期间的研究，使周期理论取得了突破性的进展。他重点研究了 1790—1920 年间美国、英国、法国和德国的经济发展状况，并从中发现了持续 50～60 年的长期增长周期。长期增长周期主要受到技术变

---

① Zullow，H. M. (1991). Pessimistic ruminations in popular songs and news magazines predict economic recession via decreased consumer optimism and spending. *Journal of Economic Psychology*，12（3），pp. 501-526.

革的影响，并反映了工业生产、大宗商品价格和利率的变动。

美国经济大萧条以后，人们对周期和趋势研究的兴趣变得更浓了。在凯恩斯出版《就业、利息和货币通论》（1936 年）后不久，约瑟夫·熊彼特（Joseph Schumpeter）就在《商业周期》（1939 年）一书中阐述了他的周期理论。不同于凯恩斯重点关注的是政府政策，熊彼特更加关注企业和企业家产生的影响。熊彼特认为，持续时间大约为 50 年的康波周期，是由多个较短的周期组成，其中包括基钦周期（大约每 3 年一次）和朱格拉周期（大约每 9 年一次）。熊彼特认为，持续时间极长的康波周期是创造性破坏的结果，即：这是一个新技术带动投资和经济增长，而旧技术被不断淘汰的过程。技术创新带来了经济增长和一个时期的繁荣。一直到这些技术应用于经济的各个领域后，经济再次进入发展的停滞期。

熊彼特明确指出了三个康波周期。第一个康波周期：从 18 世纪 80 年代到 1842 年，与英国第一次工业革命紧密相关。第二个康波周期：1842—1897 年，是由铁路创新所驱动的。工业化国家依靠蒸汽船和铁路新技术，从钢铁、煤炭和纺织品的运输中获利。第三个康波周期：1898 年到 20 世纪 30 年代，是由电气化驱动的，推动了电力、化学品和汽车工业的发展和商业化进程。熊彼特在写书之时，认为这一轮周期还没有结束。

将周期划分为长期阶段（或称长期趋势）这一方式表明：尽管经济和金融市场中也有短期波动，但也存在由核心技术创新所驱动的长期趋势，以及与此相关的社会观念、政治及地缘政治的发展。

金融市场中的超级周期

金融市场中的长期趋势和较短的周期，都会反映出社会、经济、政治和地缘政治的发展情况。欧文·费雪（Irving Fisher，1933）[1] 和约翰·梅纳德·凯恩斯（John Maynard Keynes，1936）[2] 研究了美国经济大萧条期间，实体经济和金融部门之间的相互作用。亚瑟·F. 伯恩斯和韦斯利·米切尔（Arthur F. Burns and Wesley Mitchell，1946）[3] 发现了支持经济周期的实证。后来的学者认为：金融周期是经济周期中的一部分，私营部门的财务状况和资产负债表的健康情况，不仅是触发周期的重要因素，还能帮助放大周期的影响。[4]其他研究还表明：全球的流动性波动与本国国内的金融周期相互影响，在一些情况下会引发国内的过度融资。[5]

更多近期的研究表明：经济疲软（或产出缺口：一个经济体的实际产出低于其潜在产出水平）在部分程度上，是可以由金融因素来解释的。金融因素在解释经济产出和潜在经济增长的波动

---

① Fisher, I. (1933). The debt-deflation theory of great depressions. *Econometrica*, 1 (4), pp. 337 – 357.

② Keynes, J. M. (1936). *The General Theory of Employment, Interest, and Money*. London: Palgrave Macmillan.

③ Shaw, E. S. (1947). Burns and Mitchell on business cycles. *Journal of Political Economy*, 55 (4), pp. 281 – 298.

④ Eckstein, O. and Sinai, A. (1986). The mechanisms of the business cycle in the postwar era. In R. J. Gordon (ed.), *The American Business Cycle: Continuity and Change*. Chicago, IL: University of Chicago Press, pp. 39 – 122.

⑤ Bruno, V. and Shin, H. S. (2015). Cross-border banking and global liquidity. *Review of Economic Studies*, 82 (2), pp. 535 – 564.

方面，发挥了重要作用。因此，这也说明金融周期和经济周期间存在紧密联系和互相反馈的机制。[①]但是，对于这些持续时间很长的周期所做的更广泛的研究表明：它们会受到许多不同因素的影响。政治周期、社会观念及其优先事项的变动、人口、技术和地缘政治，都会对彼此产生影响。这些不同影响因素之间的复杂相互作用，叠加不断演变的社会观念，都会影响长期的经济发展和市场回报情况。不仅如此，它们还有助于解释市场中的长期结构性趋势，或超级周期。

　　当然，这就引出了一个重要问题：金融市场中的投资回报率是否可以被预测？根据有效市场假说，一个市场（或一只股票）的价值，反映了在任何给定时间，关于该股票或市场的所有公开信息。在定价方面，市场是有效的，除非或直到情况发生了某些变化，否则它总是能正确地反映股票价值。[②]因此，即使金融市场中的回报率受到经济和政治长期趋势的驱动或影响，这些趋势也是无法预期的。因为如果它们可预期，那就已经反映在股票价格中了。其他专家如诺贝尔经济学奖得主罗伯特·席勒（Robert Shiller）的研究表明：尽管股票价格在短期内可能发生剧烈波动，但它们的估值或市盈率提供了一些有用信息，使得股票的长期价值具有一定的可预测性。这表明至少在某种程度上，股票估值水平为未来的投资回报率提供了一定的参考。[③]

---

　　① Borio, C., Disyatat, P. and Juselius, M. (2013). Rethinking potential output: Embedding information about the financial cycle. BIS Working Paper No. 404.

　　② Fama, E. F. (1970). Efficient capital markets: A review of theory and empirical work. *The Journal of Finance*, 25 (2), pp. 383－417.

　　③ Shiller, R. J. (1981). Do stock prices move too much to be justified by subsequent changes in dividends? *The American Economic Review*, 71 (3), pp. 421－436.

社会心理和金融市场的超级周期

金融市场周期不仅受到经济周期的影响，比如通胀预期影响债券价格，GDP 增长影响股票价格，还会受到一些人类行为习惯的影响。这些行为习惯不仅反映出，有时甚至放大了对经济状况的预期。投资者对于经济和基本面因素的认知，对于理解上述这一点来说，是很重要的。越来越多的学术研究表明：风险偏好是决定积极财政或货币政策（如较低的利率）对周期影响大小的关键因素之一。[①]投资者的风险承受意愿，以及是否保持过度谨慎（通常在一段时间的持续低回报后），都会放大经济基本面对金融市场的影响，而且会对单个周期的形成及重复出现的某些周期形态产生影响。经济预测模型的一个普遍性的弱点是，没有真正理解投资者情绪，并将其纳入考量，尤其是在市场极度乐观或悲观的时候。这点已经不是什么新的发现了。在 1841 年出版的《大癫狂：非同寻常的大众幻想与群众性癫狂》一书中，查尔斯·麦基（Charles Mackay）认为："人们……习惯了群体性的思考；一群人一起开始癫狂，但他们却只能一个一个地、慢慢恢复理智。"[②]

个人是理性的并能有效利用已知的全部市场信息，这一理念并不是经济学中的惯例。凯恩斯认为，金融市场波动是一种群体心理的外在表现，尤其在情况不确定的时期，就可能会占据主导。根据凯恩斯的观点，人们乐观和悲观的情绪波动对市场造成了影

---

① Borio, C. (2013). On time, stocks and flows: Understanding the global macro-economic challenges. *National Institute Economic Review*, 225 (1), pp. 3–13.

② Mackay, C. (1852). *Extraordinary Popular Delusions and the Madness of Crowds*, 2nd ed. London: Office of the National Illustrated Library.

响，而人的动物本能则使我们想要承担风险。其他的经济学家，如马文·明斯基（Marvin Minsky，1975），也曾分析过这些效应。[①]

与此类似，罗伯特·席勒在他的《非理性繁荣》（2000 年）一书中，也通过翔实的文字，重点阐述了群体思维的传染性。[②]如果乐观情绪积攒了很长一段时间，那么就可以对群体心理和群体行为造成极大的影响，经常会导致资产泡沫的产生，而泡沫终将破灭。席勒在书中是这样描述资产泡沫的："某个资产价格上涨的消息激起了投资者的热情，之后这样的心理像传染病一样，从一个人传到另一个人。在这个过程中，故事越传越夸张，越说明资产价格的上涨是合理的，并且还吸引了越来越多的投资者。这些人尽管有些怀疑资产原来的真实价值，但仍然被吸引了进来。一部分是由于羡慕他人的成功，另一部分则来自参与赌博的兴奋感。"群体行为和社会影响力对市场周期的影响，在历史上也曾出现过。许多名人和政治家们都作为投资者，参与了 19 世纪 40 年代的英国铁路狂热潮。勃朗特姐妹就是其中之一，约翰·斯图尔特·穆勒（John Stuart Mill）、查尔斯·达尔文（Charles Darwin）和本杰明·迪斯雷利（Benjamin Disraeli）等几位著名的思想家和政治家也参与了其中。[③] 历史上与此类似的情况还有不少，例如：乔治一世国王和艾萨克·牛顿（Isaac Newton）爵士都曾参与了南海泡沫

---

① Minsky，H. P.（1975）. *John Maynard Keynes*. New York：Columbia University Press.

② Shiller，R. J.（2000）. *Irrational Exuberance*. Princeton，NJ：Princeton University Press.

③ Odlyzko，A.（2010）. Collective hallucinations and inefficient markets：The British Railway Mania of the 1840s. Available at SSRN：https：//ssrn. com/abstract＝1537338 or http：//dx. doi. org/ 10. 2139/ssrn. 1537338.

的投资。据说当时市场发生崩塌，牛顿损失了两万英镑（相当于今天约 300 万英镑）。[①]

这种"人类群体"因素在预测中表现的复杂性，也出现了在查尔斯·P. 金德尔伯格（Charles P. Kindleberger）关于周期的研究中。他认为市场中存在羊群效应，一群投资人会在不理智的情况下，一起去买某项资产，而在理智时，他们通常不会这么做。最终，这样会导致出现金融泡沫的风险。[②] 他和其他经济学家进一步指出：心理上和社会行为引发的情绪传染，不仅可以播散繁荣时期的欢乐情绪，也可以在人群中传播悲观情绪，导致人们极端风险厌恶的行为，从而引发和加剧经济衰退。[③]

即使在资产泡沫时期之外，或者在很深的经济危机中，个人也不总是像传统经济理论所描绘的那样，表现出理性、可预期的行为特点。著名的经济学家和心理学家乔治·洛文斯坦（George Loewenstein）指出："虽然心理学家倾向于将人类视作很容易犯错，甚至有时自我毁灭的生物，但经济学家却倾向于将人视作能高效地实现自我利益的最大化，而且只有在信息不完全时才会犯错。"理解人类是如何处理信息和应对风险、机遇的，可以在一定程度上解释金融市场中存在周期的原因。[④]

---

① Evans，R.（2014，May 23）．How（not）to invest like Sir Isaac Newton. *The Telegraph*.

② Kindleberger，C. P.（1996）．*Manias，Panics and Crashes*，3rd ed. New York：Basic Books.

③ Baddeley，M.（2010）．Herding，social influence and economic decision-making：Socio-psychological and neuroscientific analyses. *Philosophical Transactions of the Royal Society*，*Series B*，365，pp. 281 – 290.

④ Loewenstein，G.，Scott，R. and Cohen，J. D.（2008）．Neuroeconomics. *Annual Review of Psychology*，59，pp. 647 – 672.

在市场拐点时，短期的市场情绪变动也会对金融市场造成很深远的影响。这种市场情绪变动常常可以持续很长时间，而且还会受到政府政策的影响。

产业和经济因素的结构性调整，像通货膨胀和资金成本，也随着时间推移，逐渐让不同变量间的关系发生变化。这些结构性的调整，构成了我们所看到的下一周期产生的主要驱动力（这点会在第十章中具体讨论）。例如：在高通胀、高利率周期的股票市场业绩表现，可能与低通胀、低利率周期的大不相同。企业、投资者和政策制定者对于特定的事件冲击的反应，也可能因为积累了过去的经验，随着时间的推移而发生改变。

例如：长期的高税收和经济不确定性，导致了 20 世纪 70 年代的市场风险承受能力一直保持在较低的水平。但是从 20 世纪 80 年代中期到 90 年代，情况则恰好相反。我在之后的第五章和第六章中详细讨论了这些不同时期的具体情况。2008 年全球金融危机之后，经济在很大程度上受到了投资者对这次危机的经历以及危机引发的极端应对政策的影响。经历过大萧条的一代人，通常比被称作二战后"婴儿潮"的一代人，表现得更加谨慎。后者常被称作"沉默的一代"。同样地，经历了 20 世纪 80 年代末日本经济泡沫的投资者，花了很长时间才摆脱对通货紧缩的恐惧。在写作本书时，日本股市仍比 1989 年的顶峰低了大约 20%。

丹尼尔·卡尼曼（Daniel Kahneman）和阿莫斯·特沃斯基（Amos Tversky）关于预期理论的研究，对理解社会科学中的心理学产生了重大的影响。预期理论第一次提出于 1979 年，他们两位在 1992 年发展了该理论。预期理论主要讨论的是，在面对概率不同的多个选择时投资者的行为表现。他们认为，个人的决策基础，是相较于当前自身状况，对收益和损失的预期。所以，在面对概率相同的一个选择时，大多数投资者会选择保护自己的已有财富，而不是冒险去争取更多财富。[①] 但是，这种保护已有财富，不为高收益冒险的心理偏好，在整体市场大幅上涨的极端情况下，似乎就会消失。此时害怕错过机会的恐惧心理成为影响投资者行为的主要因素。这一点可以从投资者们争相追逐 2000 年的科技股泡沫以及 2008 年全球金融危机中看出。

由于全球金融危机的发生及其引发的经济衰退，在当时是很出人意料的，因此，在这之后人们更加关注投资者行为对金融市场的影响：海曼·P. 明斯基（Hyman P. Minsky，1975，1986，1992）有关金融不稳定性的研究，在金融危机后得到更多的关注。[②] 他的金融不稳定性假说的基本观点是：经济本身就会引发金融市场的泡沫和崩溃。在经济平稳时期，因为投资者被鼓励可以承受更多的风险，所以就埋下了下一次泡沫的种子。最终，这些投资者们多承担的风险引发了资产泡沫，进而导致了金融市场不稳定和恐慌。因此，他认为："经济稳定期，就是经济逐渐变得不稳定的过程"。比如：笔者在第六章中讨论了 1998 年亚洲金融危机后的政府政策，如大幅削减利率，推动形成了后续的科技泡沫。

---

① Kahneman，D. and Tversky，A.（1979）. Prospect theory：An analysis of decision under risk. *Econometrica*，47（2），pp. 263 - 292.

② Minsky，H. P.（1975）. *John Maynard Keynes*. New York：Columbia University Press. Minsky，H. P.（1986）. *Stabilizing an Unstable Economy：A Twentieth Century Fund Report*. New Haven，CT：Yale University Press. Minsky，H. P.（1992）. The Financial Instability Hypothesis. Jerome Levy Economics Institute Working Paper No. 74. Available at SSRN：https：//ssrn. com/abstract ＝ 161024 or http：//dx. doi. org/10. 2139/ssrn. 161024.

近期，虽然经济状况有所不同，但新冠疫情蔓延期间政府所采取的巨额货币和财政扩张政策，也引发了 2020 年和 2021 年科技股的泡沫。

自全球金融危机以来，人们对行为金融学和市场心理学的研究兴趣越发浓厚。这有助于人们更好地理解为什么会产生金融周期，它是如何发展的，以及金融周期通常是如何大幅扩大经济和金融相关因素的影响的。诺贝尔经济学奖得主乔治·A. 阿克洛夫（George A. Akerlof）和罗伯特·J. 席勒曾写道："经济危机无法预知，也还没被完全理解，是因为传统经济学研究中缺少对人类动物性心理的研究。"[1] 正是人类行为以及处理信息方式的影响，使得预测金融市场比预测自然现象（如天气）要复杂得多。

经济和金融市场间存在明显的循环反馈机制，也就是乔治·索罗斯（George Soros）所描述的"反身性"。虽然反身性的概念来自社会科学，但有证据表明它也存在于金融市场中。[2] 例如：预期的经济衰退所引起的股票市场下跌，可能就是因为它自身导致了企业信心的崩塌，进而改变了企业在投资方面的决策。于是，这样就更加大了经济衰退的风险。当然，股票市场的下跌也抬高了资金成本，从而降低了将来的经济增长，因此表现出了一定程度上的周期性。

另外有些复杂的是：即使处于相似的外部条件下，投资者对

---

[1] Akerlof，G. A. and Shiller，R. J.（2010）. *Animal Spirits：How Human Psychology Drives the Economy，and Why it Matters for Global Capitalism*. Princeton，NJ：Princeton University Press.

[2] Soros，G.（2014）. Fallibility, reflexivity, and the human uncertainty principle. *Journal of Economic Methodology*，20（4），pp. 309 – 329.

于如利率变动之类的输入信息的反应，随时间推移也有所不同。在近期的研究中，乌尔丽克·马尔门迪尔和斯特凡·纳格尔（Ulrike Malmendier and Stefan Nagel，2016）认为，投资者在形成对未来的预期判断时，会过度依赖他们自己过去的经历。[①] 例如，对通货膨胀的观察分析，可能因你习惯的环境条件不同而有所区别。而这点可能会比从历史上长期的关联关系中分析所得到的结论，对未来的决策影响更大。这可能也就解释了为什么不同年龄组的人对通货膨胀的预期有所不同。投资者可能不是理性地对某一政策或事件作出一致、可预测的反应，而是依靠自己的过往经历和心理表现出不同的行为（Filardo et al.，2019）。

神经经济学是一个新的研究领域，为这些不同的反应类型提供了进一步的证据。他们主要研究大脑中的决策过程，并对个人面对风险选择时的做法做了深入的分析。乔治·洛文斯坦、斯科特·里克（Scott Rick）和乔纳森·D. 科恩（Jonathan D. Cohen）等学者认为，人们主要以两种不同方式应对风险：一种是冷静的方式，另一种是情绪化的方式。他们认为，我们往往对于新的风险（可能是低概率事件）过度反应，但对我们已知的风险却反应不足，尽管这些风险更有可能发生。例如：股市的崩盘可能使人们对投资持更加谨慎的态度，因为他们面对的是新的风险，尽管此时新的熊市其实不太可能发生。与此同时，投资者可能会在股市接近顶峰时热衷于买股票，尽管这时经常有估值过高的警告。但是，由于看到最近股价的上涨，因而他们觉得更有信心来承受

---

① Malmendier，U. and Nagel，S.（2016）. Learning from inflation experiences. *The Quarterly Journal of Economics*，131（1），pp. 53 - 87.

风险。

这和全球金融危机前后，以及其他历史上无数次繁荣和萧条期的投资者行为，看起来是保持一致的。金融市场回报率的持续上涨，引起了投资者的乐观情绪，以及相信这一趋势将持续下去的看法。投资者要求的风险溢价降低了，他们被诱导进入市场，并且相信这时候投资风险较低，但预期回报却会继续保持和之前一样的强劲。相反地，在金融危机后股市遭受了巨大损失时，投资者要求的风险溢价反而提高了（风险溢价指的是投资者承担一定风险，所需要获得的未来回报补偿）。因此，在金融危机发生的前后，金融市场和企业对于大幅降息的反应是有明显不同的。在经历过金融危机和紧接着的经济衰退之后，投资者们整体都表现得比以前更加谨慎了。这些投资者情绪和市场信心的变化，容易受到最近发生事件的影响，也会影响到金融市场周期。

正如最近的一项研究指出："越来越多的证据表明，心理学在经济发展中扮演着重要的角色。研究结果表明，经济发展在很大程度上受到群体心理的影响，这与凯恩斯（1936）及阿克洛夫和席勒（2009）的预测一样。"[①] 人们重新关注起了心理学中对于反应和行为的理解，并越来越多地将其应用于对政府公共政策的分析中。2008 年，理查德·H. 塞勒（Richard H. Thaler）和卡斯·R. 桑斯坦（Cass R. Sunstein）出版了《助推：事关健康、财富与快乐的选择》。这本书侧重于研究行为经济学，在成为畅销书后，对政府的政策制定造成了广泛的影响。塞勒后来因为在这方面的

---

① Dhaoui，A.，Bourouis，S. and Boyacioglu，M. A.（2013）. The impact of inves-tor psychology on stock markets：Evidence from France. *Journal of Academic Research in Economics*，5（1），pp. 35 - 59.

研究贡献，于 2017 年获得了诺贝尔经济学奖。

因此，尽管在过去几十年中政治、经济和社会都发生了很大变化，但在经济和金融市场中仍有一些重复性的规律。另外，一些影响长期回报的重要因素，决定了投资者目前处于周期中的什么阶段，例如这一时期的金融市场变动主要受到什么因素影响：估值上升（或下降）、利润增长，还是风险溢价上升（或下降）。

在本书的第一部分中，我将重点讨论周期和结构性趋势之间的区别。

第一部分：结构性趋势和金融市场的超级周期

第二章

股票市场周期及其驱动因素

商业世界中的不同想法像波浪一样，在乐观主义和悲观主义的错误间反复摇摆。

——亚瑟·塞西尔·庇古（Arthur Cecil Pigou）

从历史上来看，金融市场中既有持续时间较短的周期，也有持续时间很长的超级周期，也称长期趋势。短周期往往存在于长期趋势中，并不断演化、发展。尽管股票市场的长期回报率变化，往往取决于宏观经济环境（具体来说，就是经济增长和利率间的平衡关系），但是绝大多数时候的股票市场展现出了与经济周期某种程度上相关联的周期性运动的趋势。由于股市反映的是对未来经济基本面的预期，所以对经济增长和通胀的预期常常已经反映在了当前股价中。这些经济波动会影响到股票估值，例如：如果投资者开始预期未来的盈利将从衰退中恢复时，他们就会期待将来的投资收益反弹，那么在经济恢复之前，股市估值就会提高。

一个典型的股票市场周期，通常包括一次熊市（股票价格下跌的时期）和一次牛市（股票价格普遍上涨或有相对稳定的投资回报的时期）。但是，没有哪两个周期或超级周期，是完全相同的。有些周期比其他的周期更长，另外一些周期则在中途被特定的冲击或事件所打断，使得指数重回拐点，没能形成一个完整的周期。尽管如此，通过对历史的研究分析，我们至少可以了解一个"常规"周期的一般形态，以及它是如何演变和发展的。

从20世纪70年代初期以来的数据看，尽管每个周期都有所不同，在强度和时长上也有所差别，但周期的形态都在不断地重复发生。过去50年中绝大多数周期，通常可以被划分为四个不同阶段，每个阶段均由多个不同因素所驱动。此外，绝大多数的周期都存在于更长期的超级周期或结构性趋势中，并不断演化发展。

股票市场周期的四个阶段

我将股票市场周期的阶段划分做了一些简化，并通过图表2.1展示出来。这张图在模拟现实情况的同时，也反映出股市以周期方式运行的大趋势。它还反映出在不同阶段中，企业实际利润增长是如何影响股票指数变化的。我们可以通过股票估值的变动来衡量，对企业未来利润增长预期的变化，比如市盈率会随着投资者提高对未来利润增长的预期而上升，而当投资者降低对未来利润增长的预期时，市盈率则会下降。

1 **绝望阶段**

熊市：
股价从最高点下跌到谷底
-预期没有达到
-投资回报越来越差的时期
-企业利润几乎没有增长

2 **希望阶段**

市盈率提高
-预期将来会变好
-投资回报最高的时期
-企业利润几乎没有增长

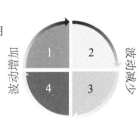

4 **乐观阶段**

市盈率提高快于利润增长
-预期一直持续下去
-第二高的投资回报期
-企业利润增长偏慢

3 **增长阶段**

企业利润增长，快于市盈率的提高
-现实情况赶上市场预期
-第二低的投资回报期
-企业利润增长最快

图表 2.1　股票市场周期的四个阶段

资料来源：高盛全球投资研究报告。

1. 绝望阶段

股票市场从最高点下跌到谷底的一个时期，也被称为熊市。

随着市场预期宏观经济持续恶化、企业利润下降，并对此作出反应，股票估值（即市盈率）不断降低。这是影响这一时期股市表现的主要因素。这时，经济通常还没陷入衰退中，企业利润也往往尚未下降。

2. 希望阶段

这一时期持续时间通常较短，市场从低估值反弹，市盈率提高。这一阶段一般是在市场普遍预期经济即将触底的时候。对企业未来利润增长的乐观预期，使得股票估值提升。这一阶段的结束，通常与市盈率达到顶峰的时间大致重合，反映出这时候投资者们对未来的经济增长最为乐观。因为这个阶段通常是一轮周期中回报最高的，所以对投资者来说，这个阶段是非常重要的。但是，这个阶段在刚开始的时候，实际宏观数据和企业部门的利润却往往仍很低迷。关键的是，影响这一阶段的主要因素是预期。虽然这一阶段通常伴随着各种宏观经济数据的疲软，但在经济数据的二阶导数（即改变的速度）开始改善的时候，往往这一阶段就开始启动了。因此，买入股票的最佳时机，往往是在经济疲软，股市已经跌下来的时候。第一个出现的买入信号，是经济状况不再以更快的速度恶化。

3. 增长阶段

在四个阶段中，这通常是持续时间最长的一个阶段，按照美国的数据，这一阶段平均持续时长为 45 个月。这是企业利润增长，并带动投资回报产生的时期。

4. 乐观阶段

这是一轮周期中的最后一个阶段。这时，投资者们往往越来越有自信，或许甚至有些自满。企业估值不断提升，并超过了企业利润的增长。这些就为下一轮市场的自我纠正打下了基础。这一阶段的典型特征是害怕错过机会。此时的投资者，相比害怕损失，更担心错过投资机会。*这一时期通常既会受到经济基本面因素的影响，也会受到投资者情绪和群体心理的影响。随着投资者越来越自信，这一时期通常伴随着股市估值的提高。

四个阶段的主要影响因素

以上对周期中四个阶段的分析框架，解释了企业利润增长和股价之间的关系，以及在一轮周期中系统性变动的过程。虽然从长期来看，企业部门的利润增长是激发股市表现的动力来源，但绝大部分企业部门的利润增长，并不是一发生时就立即在股价中反映出来的，而是在希望阶段投资者们正确地预测了企业的利润增长和乐观阶段投资者们对企业的未来增长潜力过度乐观的时候反映出来的。

图表 2.2 通过分析 1973 年以来美国的数据，对此做了举例说明。对于每个不同阶段，指出了阶段的平均持续时间、平均投资回报，以及这些回报在估值扩张和企业利润增长间是如何分配的。虽然大部分企业部门的利润增长发生在增长阶段，但投资回报主

---

    * 在 A 股中，这种更害怕"踏空"的心态在投资者中也相当普遍。——译者注

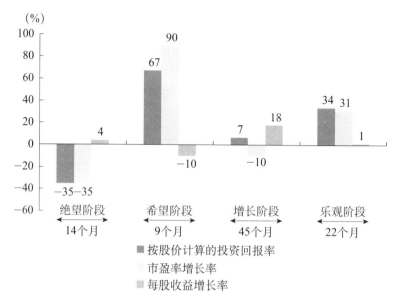

图表 2.2 美股市场不同阶段的投资回报划分：
1973 年以来标准普尔 500 指数每个周期的平均累计名义回报（年化）
资料来源：高盛全球投资研究报告。

要产生于希望阶段和乐观阶段。

　　股票市场周期的不同阶段与宏观经济是密不可分的。这使得我们可以利用这一点，更加准确地分析这些不同阶段。分析宏观经济状况，有助于我们确定从一个阶段进入下一个阶段的具体时间。GDP 或经济活动在绝望阶段和希望阶段这两个阶段往往会放缓，因为这时候实际产出水平往往低于潜在产出水平。宏观经济的最低谷出现在希望阶段的中后期。在增长阶段，经济往往发展迅速，最后使得实际产出增速高于潜在产出增速。

　　我们利用这个简洁清晰的分析框架，可以前瞻性地分析投资者在各个阶段要求回报率的变化情况，具体如下：

● 绝望阶段中，投资者对未来回报的前景越来越担忧，因而需要有更高的预期回报，他们才愿意继续持有股票。投资者的这种心态通常出现在经济衰退、股票波动增加和企业产能闲置（此时的经济状况往往被称作产出缺口①）的大背景下。这就导致了股票的估值（市盈率）下降和股市下跌，同时还伴随着股权投资风险溢价的提高。从 1973 年以来的数据看，美国的这一阶段平均持续时长为 14 个月。在这一阶段，虽然企业部门的利润仍然有适度的增长，但股价急剧下跌，平均跌幅超过 30%，估值也随之同比例下降。

● 在希望阶段，投资者开始预期经济衰退或危机的结束，因为经济数据变差的速度变慢了，虽然经济情况依旧糟糕，但并没有持续恶化。这样的投资者预期，有效限制了股市进一步下行的风险。考虑到尾部风险的下降，投资者们越来越多地接受较低的未来预期回报（和更高的估值）。于是，投资的风险溢价逐步降低了，股票估值回升，主流的投资者心理转变成了害怕错过机会。在这一阶段，政府的支持政策通常以降息的形式，鼓励投资者们将未来的经济复苏纳入投资考量。尽管这一阶段股价波动仍然很高，但在临近希望阶段结尾时，随着宏观经济数据趋稳，即使速度很慢，股价波动也会逐步趋于稳定。在这一阶段，如图表 2.2 所示，投资者其实已经为将来增长阶段企业部门的预期利润恢复和估值抬升，提前买了单。虽然希望阶段通常是一轮周期中最短的阶段（平均约 10 个月），但它往往是投资回报最高的阶段。这一阶段平均的投资回报率约为 50%（折合年化约 70%），股票估值提升近 70%（折合年化约 90%）。

---

① 产出缺口是实际产出水平低于潜在产出水平的差额。

● 在增长阶段的开始，投资者已在希望阶段为还未实现的预期企业利润增长买过了单。产出缺口通常在希望阶段的某个时点达到顶点，同时伴随着很高的失业率，它们在增长阶段初期仍维持在较高的水平。在这时，投资者会产生"停下来，看一看"的心态，所以会经常暂停下来，对了此前形成的对企业利润长期增长的预期产生疑问。结果就是，随着企业部门的利润增速超过了投资回报率，股价的波动不断降低。基于未来投资回报率计算的企业估值，在增长阶段得到了重估。根据美国的数据，这一阶段平均持续时长将近 4 年（45 个月），虽然企业部门的利润增长大约为每年 20%，但每年的投资回报率却仅为中等的个位数。因此，在这一阶段，企业部门的市盈率通常降低约 10%。

● 最后在乐观阶段中，企业的价值积累到足够大时，就会吸引更多害怕错过这次机会的投资者们。投资回报率超过了企业部门的利润增长率，因此，预期未来的投资回报率下降。在这一阶段末期，随着高投资回报率的可持续性需要被市场检验，股票的波动开始变大。这一阶段平均持续时间为 21 个月，在此期间，股票上涨幅度约为年化 30%。股票上涨完全是由估值提升所带来的，企业利润实际没有变化。

总结来说，令人意外地，企业利润增长和所带来的投资回报率并不是完全同步的。在一轮完整的周期中，几乎 100% 的企业利润增长来自增长阶段，但是在这一阶段中股价的表现却是不值一提的。相反，一轮周期中股价表现最强的一段时间，是希望阶段，但是此时企业利润仍在下降。这就引出了一个重要结论：投资者倾向于在企业估值还较低的时候，为未来预期的企业增长提前买单。乐观阶段是整个周期中回报率第二强劲的时期。图表

2.3 展示了这些在美国股市中的实证结果。

当然，上面分析讨论的内容主要基于过去几十年的平均数据，所以可以当作一个有用的分析框架。但是，每轮周期都存在细微的差异，比如：一个时期的通货膨胀就可能和另一个时期有所不同，一个时期的经济增长也可能比之前都更快。

图表 2.3 在希望阶段和乐观阶段的估值提升最多：
1973 年以来的标准普尔 500 指数（名义值）

标准普尔 500 指数				
	绝望阶段	希望阶段	增长阶段	乐观阶段
时长（月）	14	9	45	22
平均累计回报率				
总回报率（%）	−36	54	44	80
股价涨幅（%）	−38	50	28	70
每股收益增长率（%）	5	−8	84	3
市盈率的增长率（%）	−39	66	−31	64
平均年化累计回报率				
总回报率（%）	−32	73	10	38
股价涨幅（%）	−35	67	7	34
每股收益增长率（%）	4	−10	18	1
市盈率的增长率（%）	−35	90	−10	31

资料来源：高盛全球投资研究报告。

周期和熊市

在上述对一个完整周期的分析框架中，绝望阶段是股价下跌的熊市。从熊市恢复的初期阶段，即希望阶段，如果不考虑熊市规模大小，常与绝望阶段有些相似。但是由于主要影响因素不同，绝望阶段持续时间和严重程度与希望阶段是不一样的。因此，在不同熊市阶段中投资，所面临的风险是有所差别的。

我将熊市分为三类，每一类都有各自不同的特点：

1. 结构性熊市是由结构性失衡和金融泡沫所引起的。在此期间，通常会发生一次"物价"冲击，如通货紧缩，以及紧跟着的银行危机。结构性熊市平均下跌幅度大约为 50％，平均的持续时间超过了 3.5 年。一般需要近 10 年时间，经济才能完全恢复，超过原来熊市起始点时股指的实际值。

2. 周期性熊市是由利率上升、即将到来的经济衰退以及企业部门的利润下降共同引发的。它是经济周期的体现。周期性熊市一般平均下跌幅度约为 30％，平均持续时长超过 2 年，并且需要大约 4 年时间才能恢复回到初始股票指数的名义值水平，而恢复到实际值水平则需要 61 个月。

3. 事件驱动型熊市是由一次性的"事件冲击"所引发的。这样的冲击既不会导致国内经济衰退，也不会在短期内破坏当前周期的正常运行。常见的一次性冲击有：战争、石油价格冲击、新兴市场危机，或者技术性的市场错位。这类熊市的主要影响因素是风险溢价的提高，而不是一开始的利率上升。事件驱动型熊市的平均下跌幅度为 30％，与周期性熊市大致相同，但它的持续时间却仅为约 8 个月，而且按照名义值来算，恢复时间仅需一年多，如果要恢复到实际值水平，则需要 55 个月。

大多数结构性熊市与金融泡沫有关，当这些泡沫破裂时，通常会导致私营部门的去杠杆化，进而引发更多的问题。这些问题所引起的社会氛围紧张，还会经常蔓延到银行业，使原本的经济衰退更加雪上加霜。

引发结构性熊市的金融泡沫通常有几个一致性的特征，包括：

（1）股票上涨过多，估值变得极端不合理。

（2）新的估值方式被证明是合理的。

（3）市场集中度不断提高。

（4）疯狂的投机行为和投资者换手频繁。

（5）宽松的信贷环境、低利率和不断提高的杠杆率。

（6）企业活动爆发式增长。

（7）出现"新时代"的表述和诸多技术创新。

（8）一轮周期晚期的经济繁荣。

（9）开始出现一些会计丑闻和不合规的现象。

结构性熊市的经典案例包括：1929 年股市崩盘所引发的经济崩溃，1989—1990 年日本的经济衰退，以及离我们最近的 2008 年全球金融危机。每一个案例都出现了相似的状况：波及很广的资产泡沫、狂热的投资者、私营部门的高杠杆以及最终的银行业危机。不同的是，新冠疫情期间的熊市，则是事件驱动型熊市的一个例子。在事件发生时，宏观经济相对平稳，经济增长和通胀率都较低且稳定。的确，这一事件本身很不同寻常，刚开始时对经济的冲击很大。但是，在此之后，政府支持性政策的规模和广度都很大，这就使得市场只受到了短暂的冲击，并且迅速恢复，就像历史上其他事件驱动型熊市一样。

上面提到的一些平均数值采用的是数十年来的数据。如果我们只用二战后的熊市数据，会发现熊市的跌幅是差不多的，但持续时间通常会更短一些。这是一个重要的发现，因为它表明：现在，在预期市场复苏时投资所带来的回报，可能不会像过去那么多了。

判断从熊市到牛市的转折

希望阶段（新牛市的开端）几乎总是在经济衰退时就开始了。这时候经济疲软，新闻也常常是坏消息。与其他几个阶段相比，希望阶段是投资回报最高，但持续时间最短的阶段。对于投资者来说，很重要的一点是：别错过了它。但是，投资者们如何判断，熊市初期的复苏是不是市场持续下跌过程中一次暂时的反弹呢？这时，最关键的影响因素就是估值水平、经济增长和市场利率。这些因素的组合，能帮助我们判断市场的转折点。

估值水平与市场拐点

当投资者预期经济将衰退时，估值往往会下降。但是，尽管低估值可能是市场复苏的必要条件之一，但仅凭这一点作为判断依据是不够的。图表 2.4 展示了全球股票市场一些平均估值指标的百分位水平。这个综合指标包括了 12 个月前瞻市盈率、12 个月追踪市盈率、12 个月追踪市净率和 12 个月追踪股息率（即股息收益率的倒数）。通常，低于历史平均值 30% 的估值与正回报率相关，而极高的估值则与股市下跌相关。

图表 2.4　低于历史平均值 30% 的估值水平与正回报率相关
（从 1973 年开始统计的数据，全球股票指数）

估值的百分位（%）		平均前瞻回报率（%）		取得正回报率的概率（%）	
从	到	12 个月	24 个月	12 个月	24 个月
0	10	14	21	81	90
10	20	11	30	92	98

续表

估值的百分位（%）		平均前瞻回报率（%）		取得正回报率的概率（%）	
从	到	12 个月	24 个月	12 个月	24 个月
20	30	12	38	82	95
30	40	9	15	69	82
40	50	6	16	67	73
50	60	9	17	66	73
60	70	7	13	62	76
70	80	10	16	82	79
80	90	5	16	66	71
90	100	—2	—2	46	50
无其他附加条件的均值		8	18	73	82

资料来源：高盛全球投资研究报告。

表格中的数据表明，虽然股市可能进一步下跌，或者经济存在进一步恶化的风险，非常低的估值仍然可以为投资者提供一个不错的买点，尤其是对那些准备投资 6 个月或时间更长的投资者。这是个很重要的结论。但是，只有当估值处于极低水平时，这才可以被单独视作一个可靠的指标。其他基本面影响因素，如经济增长和政府政策，也是很重要的。

经济增长和市场拐点

在经济增长疲软但逐渐变快时，股票市场的表现往往比在经济增长强劲但逐渐放缓时更好。当前的经济增速往往与上一年的股市回报率相关，这是由于市场预测到了下一年的经济增速。但是，一般来说，这并不总是预测未来回报率的一个好指标。基于美国国家经济研究局给出的定义（见图表 2.5），美国股票市场通常在经济衰退正式开始前平均 7 个月，就已将衰退考虑进了股票定价中。所以，往往在经济衰退结束前，股市就已达到最低点。2001 年的经济衰退是唯一一次不同于这一定式的情况：经济衰退结束后，股市仍继续下跌，股市的最低点出现在经济衰退结束后的第 8 个月，此时离衰退前的股市高点已经过去了 30 个月。但是，这更多反映的是，衰退前的股市估值过高了。

图表 2.5　美国股市在经济衰退正式开始前平均 7 个月，
就已开始将衰退考虑在了定价中

市场高点	股市和经济衰退开始时点之间的月份数		
	股市高点到衰退开始	衰退开始到股市低点	股市高点到低点
1948 年 6 月	6	6	12
1953 年 1 月	7	1	8
1956 年 8 月	13	2	15
1959 年 8 月	9	6	15
1968 年 11 月	13	5	18
1973 年 1 月	11	10	21
1980 年 2 月	0	2	1
1980 年 11 月	8	12	20
1990 年 7 月	1	2	3
2000 年 3 月	12	18	30
2007 年 10 月	3	14	17
2020 年 2 月	0	1	1
均值	7	7	13
中位数	8	6	15
最大值	13	18	30
最小值	0	1	1

资料来源：高盛全球投资研究报告。

从这个意义上来说，股市回报是逆经济周期的。例如，如果我们将一轮经济周期的区间，看作是从最低点开始增长，之后到达最高点，然后继续进行下去，那么，最高的月平均投资收益（图表 2.6 中的最低点到 50 分位），通常出现在经济最差的时点刚开始改善的时候，此时的经济仍是较弱的。相反地，最低的回报（图表 2.6 中的 50 分位到最低点）则出现在经济增长最差的时间段。图表 2.6 展示了用美国供应管理协会（ISM）指数衡量的不同经济增长阶段中，标准普尔 500 指数的月均回报率。ISM 指数是基于对全美采购经理人的调查编制的，并且跟踪了制造业和非制造业部门的变化情况。如果 ISM 指数高于 50，表示经济增长，低于 50，则表示衰退，恰好为 50 则表示不变。距离 50 越远，变化的程度越大。

依照这个模式来分析，股票市场的下一次牛市一般总是在希望阶段启动，虽然这时很多企业的盈利状况仍在继续恶化。

大多数的熊市见底，发生在企业部门每股收益恢复前的大约 6～9 个月（见图表 2.7），和经济增长动能最低点前的大约 3～6 个月（以 ISM 指数变化率为基准衡量，见图表 2.8）。[1] 因此，希望阶段是与股票估值提升密切关联的，股价上升往往发生在预期企业部门的利润即将恢复的时候。然而，经济活动的恶化是否已经充分反映在当前股票的定价中，从而使得投资者可以认定经济恶化速度即将放缓，对这一点作出实时的准确判断是非常困难的。

---

[1] Oppenheimer, P., Jaisson, G., Bell, S. and Peytavin, L. (2022). Bear repair: The bumpy road to recovery. Goldman Sachs Global Investment Research, Global Strategy Paper. Available at: https://publishing.gs.com/content/research/en/reports/2022/09/07/8ebbd20c-9099-4940-bff2-ed9c31aebfd9.html.

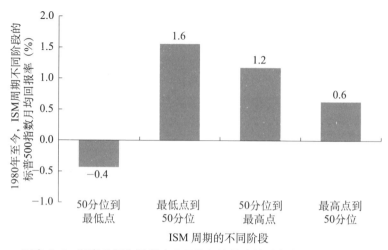

图表 2.6 最高的投资回报产生于从经济最差的时点发生改善的时候

资料来源：高盛全球投资研究报告。

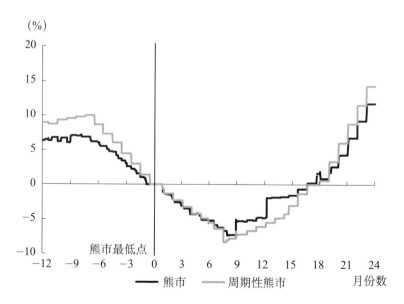

**图表 2.7 熊市最低点出现在企业部门的每股收益恢复前平均 9 个月：
基于美股标准普尔 500 指数净利润的实际值**

资料来源：高盛全球投资研究报告。

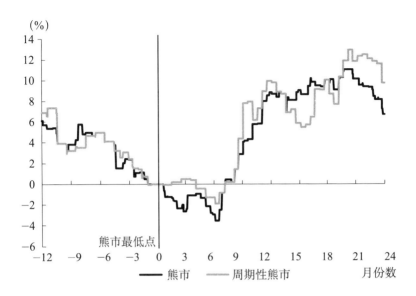

图表 2.8　熊市最低点出现在经济增长动能最低点前大约 3～6 个月：基于 ISM 对熊市低点的相对变动值

资料来源：高盛全球投资研究报告。

　　这是否意味着，在熊市期间，投资者心中应该有一个特定的经济增长或增速水平，作为衡量可能的市场拐点的指标？答案是肯定的，但只有当经济增长达到极值时才有用，就像我们刚才对股市估值的分析一样。

　　采购经理人指数（PMI）是另一个值得广泛关注、反映当前经济状况的指标。它是反映经济增速的前瞻性指标，比 GDP 变动更加频繁、反应也更及时。像 ISM 指数一样，低于 50 的水平就反映整体经济变差，而高于 50 则表示整体经济状况向好。宏观经济显著疲弱，常常伴随着较高的投资回报，反而经济面明显较强则常伴随着较低的投资回报。经济数据偏弱，由于投资者开始预期经济复苏，所以往往利好股市；相反地，经济数据较好，但因为被认为更接近周期高点，往往是股市的利空。但是，还有一点需要保持警惕：较弱的经济增长也常被视作经济会进一步变差的信号。因此，只有当PMI达到极值时（无论高或低，见图表2.9），才能被视作一个单独指标来使用。

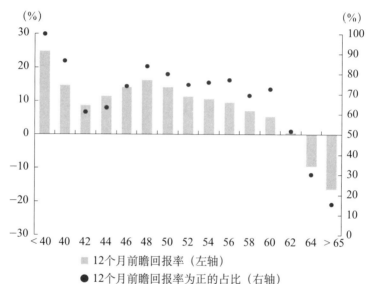

图表 2.9　只有当 PMI 达到极端值时（无论是高或低），才能作为一个单独指标来使用：基于标准普尔 500 指数的12 个月前瞻回报率、正回报率占比与 ISM 指数

资料来源：高盛全球投资研究报告。

将经济增长和估值结合，作为信号

在熊市复苏的过程中，尽管估值和经济增长都发挥了重要作用，但每个因素通常只有在极端情况下，才能单独使用作为判断依据。那么，如果我们将估值和经济增长两个信号相结合，能得出些什么？

图表 2.10 将 ISM 指数与之前提到的估值百分位（一个综合了市盈率、市净率和股息率的指标）结合起来分析。处于平均水平以下的估值和低于 50 的 ISM 指数，提供一个在 6 个月内相当不错的信号指标。当我们在分析 12 个月的前瞻回报率时，这两个指标的结合发挥出了更大的作用。在乐观阶段，即走向一个周期里顶峰的时期，经济增长强劲，通常伴随着股票估值升高，股市走强；而在绝望阶段，即估值低于 50 百分位，ISM 指数收缩（低于 50）时，12 个月的前瞻回报率倾向于有更好的表现。

通货膨胀、利率水平和市场拐点

除了低估值外，对于通货膨胀担忧的减少，常和利率因素相结合，对股市恢复起到积极的作用。

如图表 2.11 所示，由于人们担心利率提高所带来的不利影响，股市通常在通胀达到最高点前夕就开始下跌。通胀达到顶点过后，即使会受到其他一些因素的影响，股市下跌的趋势也难以改变。但是，平均来看，股市确实也会在一段时间后恢复，一般是 6～12 个月内。如果投资者预期经济将软着陆而非硬着陆，股市恢复的可能性会变得更大。

利率也在其中起到了一定的作用。平均而言，市场开始恢复，一般是在 2 年期美国国债利率开始下降前，而且通常不会发生在美国联邦基金利率达到峰值之前（如图表 2.12 所示）。多数情况下，如果当时的经济状况仍在迅速恶化，即使第一次降息之后，股票市场仍会继续保持疲软。

图表 2.10 估值低于 50 百分位，ISM 指数收缩（低于 50）时，前瞻回报率常有很好的表现：ISM 指数、标准普尔 500 指数的估值百分位和 12 个月前瞻回报率（%）

估值区间		ISM 指数								
		< 40	38~42	42~46	46~50	50~54	54~58	58~62	62~66	> 65
0	20	28	30	15	24	15	7	12	1	1
20	40	22	18	10	12	15	11	0	−12	
40	60		7	17	13	9	10	15	−24	−29
60	80		47	23	17	8	9	9	−33	−17
80	100		−18	−16	14	10	11	2	7	

资料来源：高盛全球投资研究报告。

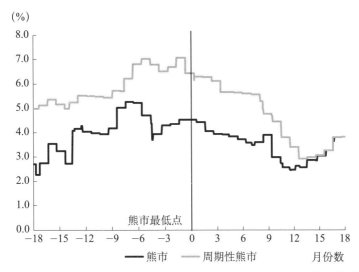

图表 2.11　对通胀担忧的减少常和利率因素一起，对股市的恢复起到积极作用：美国自 20 世纪 40 年代后的消费者价格指数（CPI）变化
资料来源：高盛全球投资研究报告。

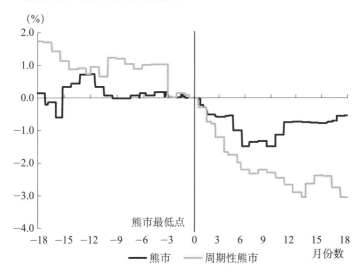

图表 2.12　平均而言，股市开始恢复，通常不会发生在联邦基金利率达到峰值前：自 20 世纪 50 年代后美国联邦基金的有效利率
资料来源：高盛全球投资研究报告。

经济增长趋势和市场利率结合

正如在估值和经济增长动力相结合时所分析的，真正帮助投资者判断股市低点，或至少在熊市期间购买股票能取得正回报的概率的是：多个影响因素的共同作用，而不是某个单一因素的影响。经济增长趋势与实际利率变动相结合，构成了另一组有用的分析指标。如图表 2.13 所示，不论实际利率如何变动，实际 GDP 的加速增长与正的投资回报相关联。而相反，经济增长放缓和实际利率上升结合，则是目前为止看来最差的一个组合。

在下一章中，我会重点讨论经济增长的长期趋势或超级周期的产生条件和主要影响因素。

图表 2.13　不论实际利率如何变动，实际 GDP 的加速增长都与正的投资回报相关，而经济增长放慢与实际利率上升结合，则是目前为止最差的一个组合：自 20 世纪 70 年代中期以来，美国实际 GDP 增长和 10 年期国债的实际利率比较

		10 年期国债的实际利率			
		全部	下降	稳定	上升
美国实际 GDP 增长率	加速增长	19%	16%	19%	18%
	稳定	14%	15%	12%	13%
	增长放缓	8%	0%	−4%	4%
	全部	12%	11%	11%	11%

注：GDP（高盛编制的美国当前经济活动指标）3 个月平均值与 12 个月前的 3 个月平均值比较：加速增长为大于 1%，稳定为−1%至 1%之间，增长放缓为小于−1%；10 年期国债的实际利率与 12 个月前比较：上升为大于 25 个基点（bp），稳定为−25 个基点至 25 个基点之间，下降为小于 25 个基点。

资料来源：高盛全球投资研究报告。

第三章

超级周期及其主要影响因素

当旧模式被打破时，新世界才会出现。

——图利·库普费尔贝格（Tuli Kupferberg）

经济活动和金融市场中的周期常表现为，在持续很长时间的结构性大趋势的范畴内，重复自身的模式，并有所发展。历史表明：经济活动和真实收入可以在数十年的时间里基本保持不变，甚至还略有下降，但在其他时期却保持持续的增长和繁荣。相似地，在金融市场中也有许多长周期，或超级周期，虽然整体的回报有限，但有的方面却展示出强有力的上升态势。当这些长周期的趋势或规律发生变化时，投资者常常没有对此做好准备，从而受到很大影响；一些假设根植在了脑海中，对于新的现实状况，往往调整得很慢。

我把长时间低增长的时期描述为"肥而平"的市场：这个时期，虽然点对点的实际回报低，但却有较大的波动或交易区间。这种时期和长期持续上扬的时期，即我说的超级周期，有很大区别。驱动这些超级周期的因素和条件是本书下一部分的主题。每章都会介绍自第二次世界大战以来的一个不同的超级周期。

在讨论二战后的超级周期和金融市场之前，我们将最新的研究进展放到更长期的历史背景中去考量。通过学术界编制的一系列长期数据的帮助，我们可以看到历史上发生了好几次重大的经济、政治和社会大势的结构性转变。正是这些长期结构性因素，引起了投资回报和金融市场周期的代表性特征在长周期里的转变。

经济活动中的超级周期

可能最著名的，并且被广泛使用的长期经济活动系列数据资料，是基于英国经济学家安格斯·麦迪逊（Angus Maddison，1926—2010 年）的开创性研究。麦迪逊的研究由他曾所在的格罗宁根经济增长与发展中心持续开展了下去（在一个被称为麦迪逊项目数据库的项目中）。此外，自他的开创性研究以来，许多其他长期数据集被开发，它们是建立在对他的研究进行后续重构的基础上。利用了历史档案（包括辖区数据、名册、人头税收入、学校和医院记录及许多其他资料），结合了多种数据资源，从而能更好、更深入地了解过去的经济和社会发展趋势及超级周期。[①] 英格兰银行和其他中央银行所做的研究，补充完善了这些数据集，也很能说明情况。

绝大多数研究表明，在距今 2 000 年前到 1 000 年前之间，全球 GDP 是下降的，虽然这期间总人口增加了约 15％。然而，在过去 1 000 年里，经济活动和生活水平都发生了令人惊叹的变化。在此期间，世界人口增加了近 30 倍，达到 80 亿人，人均预期寿命增长了近三倍。世界 GDP 总量和人均 GDP 分别增长了 100 倍和 50

①　Broadberry, S. (2013). Accounting for the Great Divergence: Recent findings from historical national accounting. London School of Economics and CAGE, Economic History Working Paper No. 184. Broadberry, S., Campbell, B., Klein, A., Overton, M. and van Leeuwen, B. (2011). *British Economic Growth, 1270 - 1870: An Output-Based Approach*. Cambridge: Cambridge University Press. Malanima, P. (2011). The long decline of a leading economy: GDP in central and northern Italy, 1300 - 1913. *European Review of Economic History*, 15 (2), pp. 169 - 219. van Zanden, J. L. and van Leeuwen, B. (2012). Persistent but not consistent: The growth of national income in Holland 1347 - 1807. *Explorations in Economic History*, 49 (2), pp. 119 - 130. Schön, L. and Krantz, O. (2012). The Swedish economy in the early modern period: Constructing historical national accounts. *European Review of Economic History*, 16 (4), pp. 529 - 549. Álvarez-Nogal, C. and De La Escosura, L. P. (2013). The rise and fall of Spain (1270 - 1850). *The Economic History Review*, 66 (1), pp. 1 - 37. Costa, L. F., Palma, N. and Reis, J. (2013). The great escape? The contribution of the empire to Portugal's economic growth, 1500 - 1800. *European Review of Economic History*, 19 (1), pp. 1 - 22.

倍（参见图表 3.1 和图表 3.2）。[1] 这样令人惊奇的大变化，通常是
分阶段或在不同的超级周期中发生的，而不是连续发生。

尽管麦迪逊的初始研究表明，经济活动和预期寿命的改善主
要始于 1820 年，但近期的进一步研究表明：甚至在 19 世纪初期经
济增长加速以前，经常能够持续数十年的、显著的经济增长趋势，
或者超级周期，就已存在。长期的经济衰退或结构性的衰退期[2]，
也已存在。

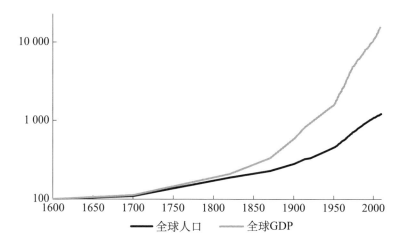

图表 3.1　1600 年以来，全球的实际 GDP 增长了 100 多倍：
全球实际 GDP 和人口情况
（纵坐标以 1600 年为基期，指数基准定为 100，取对数值）
资料来源：2010 年麦迪逊数据库。

　　① Maddison，A.（2010）. *The World Economy：A Millennial Perspective*. Paris：
OECD.
　　② Bolt，J. and van Zanden，J. L.（2020）. The Maddison Project. Maddison-Pro-
ject Working Paper No. WP-15.

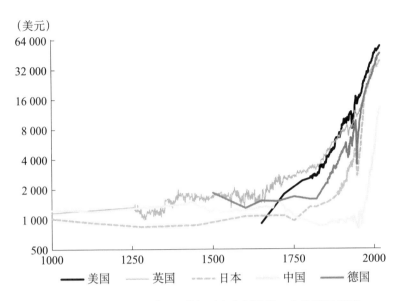

图表 3.2 人均 GDP 自 19 世纪以来大幅增长：人均实际 GDP（2011 年美元价格，取对数值）

资料来源：2020 年麦迪逊项目数据库。

　　这些较早期的经济增长浪潮主要开始于 11 世纪左右的欧洲。在此之前，更为强劲的经济增长发生在亚洲。到了 14 世纪，欧洲经济已经超越了中国和亚洲其他地区。亚洲此后进入了一个漫长的经济相对停滞的时期，人均收入基本保持不变，一直到 20 世纪的下半叶。

　　分析这些经济增长与停滞时期的影响因素，有助于我们更好地理解最近出现的全球超级周期。历史上，长期的经济繁荣期是由一系列重大变革因素共同推动的，包括技术进步、金融市场创新、移民潮和贸易繁荣。正如本书下一部分将论述的，所有这些在解释 20 世纪的经济增长和金融市场的超级周期时仍是重要的影响因素。

具体来说：

(1) 意大利 1305—1420 年：人均收入增长了 40%。意大利城市不断扩张，并建立起了横跨欧洲和亚洲①的主要贸易路线。威尼斯人在弗兰德斯、法国、德国和巴尔干地区之间，开辟了重要的贸易线路，而中国则打开了通往黑海沿岸港口的路线。与历史上的其他超级周期相似，也和最新近的情况类似，技术创新皆发挥了重要的作用。威尼斯依靠的主要是先进的造船技术以及包括使用指南针在内的导航技术的突破。此外，金融系统的不断发展和精密化，信贷市场的开放，加上强大的行政体系，都是重要的影响因素。② 威尼斯还成为一个主要的学习和教育中心，出现了像伽利略·伽利雷（Galileo Galilei）这样的知名教授，他不仅在图书出版，而且在多个领域均是创新先驱。（例如：威尼斯在玻璃吹制上的优势，使其成为眼镜制造业的领导者。③）

在被称作"地理大发现的黄金时代"（15—17 世纪），葡萄牙和西班牙也发展迅速。与其他时期的经济扩张相似，重心是探险和开放移民。比如，14 世纪初期，超过 20 万的犹太人生活在葡萄牙，占了总人口的近 20%。他们中的许多人在推动贸易和科学的发展上，发挥了至关重要的作用。例如：亚伯拉罕·扎库托（Abraham Zacuto）开发了适用于葡萄牙航海的星历表，瓦斯科·达·伽马（Vasco da Gama）将星历表用在了去往印度的航海路上。

---

① Fouquet, R. and Broadberry, S. (2015). Seven centuries of European economic growth and decline. *Journal of Economic Perspectives*, 29 (4), pp. 227-244.

② Maddison, A. (2001). *The World Economy: A Millennial Perspective*. Paris: OECD.

③ 1301 年，威尼斯艺术院院长朱斯蒂齐耶里·韦基（Giustizieri Vecchi）允许所有工匠制作 "vitrei ab oculis ad legendum"（用于阅读的玻璃透镜）。

16 世纪，葡萄牙已成为欧洲贸易的领导者，并对开辟途经大西洋的岛屿和通往非洲的航线，起到了至关重要的作用。由于地处欧洲南大西洋海岸，葡萄牙的地理位置具有战略优势。它在深海捕鱼上取得的成功，也可以归因于相比竞争对手不断增长的航海优势。

（2）荷兰 1505—1595 年：人均收入增长了 70％。主要驱动力亦是贸易的快速扩张，以及经济产出从农产品向具有更高附加值的商品转移。造船技术和生产能力的进步是其成功的另一个关键因素。到 1570 年，荷兰商船的容量，与德国、英国和法国加起来的规模一样大。它还拥有先进的建造运河的技术，同时也受益于风车发电所带来的电力资源增加。在随后的 17 世纪，即"荷兰黄金时代"，其贸易、科学和尼德兰艺术在欧洲占据了全面显赫的位置。在此期间，荷兰商人和本地居民们，同荷兰东印度公司（世界上第一家公开上市公司）、荷兰西印度公司一起，在强大的荷兰海军的庇护下，共同在美洲、非洲和亚洲建立起了贸易基地和殖民地。

（3）瑞典 1600—1650 年：人均收入增长 40％（通过拓展波罗的海上的贸易线路，取得了成功）。[①]

（4）英国 1650—1700 年：人均收入增长超过 50％。内战的结束、1688 年的光荣革命、君主立宪制和法治的实施，搭建起了一个有助于经济增长的制度框架。英国成功实现了人口和人均 GDP

---

① Schön, L. and Krantz, O. (2015). New Swedish historical national accounts since the 16th century in constant and current prices. Department of Economic History, Lund University, Lund Papers in Economic History No. 140.

的同步增长。在 1720—1820 年期间，英国的出口增长了七倍以上，人均收入的增长更是超过了其他所有欧洲国家。[1]

现代时期：19 世纪 20 年代以来的增长

从公元 11 世纪到 1820 年，在这些欧洲经济发展早期的超级周期内，欧洲的实际收入增长了大约三倍。[2] 然而，自 1820 年以来，世界经济的发展取得了令人瞩目的成绩（见图表 3.3）。人均收入增长的速度超过了人口增速。到 1998 年，人均收入已经是 1820 年的 8.5 倍，而人口在此期间增长了 5.6 倍。[3]

一直到 19 世纪，人口少往往意味着较高的人均收入，因为需要赡养的人数较少。由气候变化、粮食歉收或者疾病导致的人口总数减少，常常使得幸存下来的人变得更加繁荣、富足。在一个总量没有增长的经济体中，总"蛋糕"的大小是不变的，所以一个人（或国家）想变得更富的唯一方式，就是让其他人变得更穷。例如：在"黑死病"时期，瘟疫导致了英国近一半的人口死亡——在 1348 年之后的 3 年中，英国人口从 800 万以上降到了 400 万。幸存下来的人变得更富有了，因为这时农民们可以只去耕作那些高产的土地。而以前，为了养活更多人，他们不得不去耕作那些产量低的土地。经济增长与人口之间的关联关系是托马斯·马尔萨

---

① McCombie, J. S. L. and Maddison, A. (1983). Phases of capitalist development. *The Economic Journal*, 93 (370), pp. 428 – 429.

② Roser, M. (2013). Economic growth. Available at https://ourworldindata.org/economic-growth.

③ Maddison, A. (2001). *The World Economy: A Millennial Perspective*. Paris: OECD.

斯（Thomas Malthus）提出的，被称作马尔萨斯人口法则，也被称为马尔萨斯主义。该理论认为：虽然人口增长是指数级的，但资源的增长，如粮食产量增加，却是线性的。因此，如果人口增长太多，将导致人们的生活水准难以维系，最终引发灾难。但是，从 19 世纪初开始，所有这些都发生了变化，因为资本主义和技术发展的结合，激发出了更快速的经济增长。

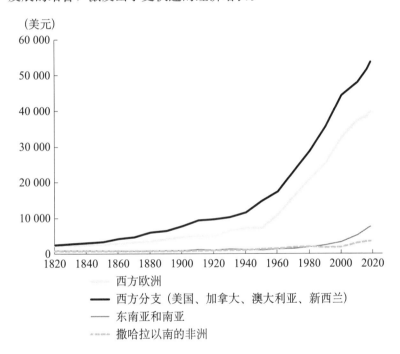

（美元）

西方欧洲

西方分支（美国、加拿大、澳大利亚、新西兰）

东南亚和南亚

撒哈拉以南的非洲

图表 3.3　1820 年后的西方资本主义时代，人均 GDP 增长迅速：
人均实际 GDP（以 2011 年为价格基准）

资料来源：2020 年麦迪逊项目数据库。

根据麦迪逊的研究，自 19 世纪开始的资本主义时代可以划分为五个不同阶段，这些阶段都是特定的"系统性冲击"所产生的结果[①]：

(1) 资本主义发展期：1820—1870 年；

(2) 旧自由秩序年代：1870—1913 年；

(3) 战争年代（以邻为壑的时期）：1913—1950 年；

(4) 黄金年代：1950—1973 年；

(5) 新自由主义年代：1973—1998 年。

其中，经济发展的最佳时期是黄金年代，至少对于西欧和美国来说是这样（见图表 3.4）。排在第二位的是 1973 年起的新自由主义年代（尽管 1973—1983 年间，全球经济受到了石油危机的影响，这点我会在第五章中详细讨论）。1870—1913 年间的旧自由秩

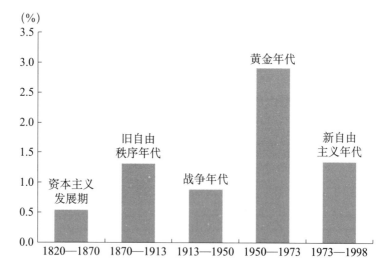

**图表 3.4　黄金年代是西方实际经济增长的最佳时期：
全球人均实际 GDP，年化增长率**

资料来源：2020 年麦迪逊项目数据库。

[①]　Maddison, A. (2001). *The World Economy: A Millennial Perspective*. Paris: OECD.

序年代，见证了第三高的经济增长。即使战争年代受到了贸易和
移民中止所带来的负面影响，全球最慢的经济增长依然出现在
1820—1870 年间的早期资本主义发展时期。这主要是由于在一个
尚未全球化的世界里，只有欧洲国家的经济增长较为强劲。总体
而言，相比之前几个世纪，全球经济高速增长的年份更多出现在
20 世纪（见图表 3.5）。

图表 3.5　年化 GDP 增长率高于＋1.5％和低于－1.5％的年份数：
纳入统计的国家包括英国、意大利、荷兰、瑞典、西班牙、葡萄牙

	连续 4 年 1.5％年增长率的阶段数	连续 4 年 1.5％年增长率的年份占比（％）	连续 3 年－1.5％年增长率的阶段数	连续 3 年－1.5％年增长率的年份占比（％）
14 世纪	1	1.1	2	1.6
15 世纪	1	1.0	10	8.0
16 世纪	3	2.3	14	8.7
17 世纪	2	1.3	9	4.3
18 世纪	2	1.3	12	5.8
19 世纪	8	5.3	4	2.0
20 世纪	38	40.0	4	3.2

资料来源：McCombie and Maddison（1983）.

其他一些学术研究也发现了类似的持续时间较长的经济周期，
或超级周期。例如：迪潘卡·巴苏（Deepankar Basu）识别出了
1949—1968 年的上升波段和 1968—1982 年的下降波段。[1] 最近的

---

[1]　Basu，D.（2016）. Long waves of capitalist development：An empirical investiga-
tion. University of Massachusetts Amherst，Department of Economics Working Paper
No. 2016 - 15.

一个超级周期是由 1983—2007 年的上升波段和 2008 年后的下降波段组成。有趣的是，这些与我在本书第二部分中讨论的金融市场的超级周期有着密切关联。

从理解金融市场的角度来看，在二战后时期出现的爆炸式经济增长是尤其引人注目的（见图表 3.5）。虽然也经历了数次经济衰退和较短的周期，但结合长期历史经验来看，这个时期总的经济增长趋势仍是十分强劲的。在 1950 年后的 50 年里，全球人口增加了 150％，而全球 GDP 增长了 600％。正是因为二战后这个时期的全球经济发展如此令人瞩目，所以我将在本书的下一部分中对其展开分析。

通货膨胀的超级周期

对于金融市场而言，最重要的两个影响因素是经济增长和通货膨胀。除了已有证据证明经济增长和衰退是长期波动的以外，有关通货膨胀的数据反映出，它也是周期性的。通货膨胀像经济增长一样，并不是沿直线上升的，而是会随时间推移历经多个结构性的阶段。如果有读者想了解更多的细节，简世勋最近的一本书对这个话题进行了深入的分析和讨论。①

尽管我们理解通胀现象是近代的事情，主要从 20 世纪开始，但是，在历史上确实早已存在多个明显的通胀时期和通缩时期，它们中的许多次还持续了很长时间。实际上，从公元 2 世纪中叶到 3 世纪末，通胀就已经是罗马帝国所遇到的问题之一。在这个

---

① King，S. D.（2023）. *We Need to Talk About Inflation：14 Urgent Lessons From the Last 2,000 Years*. New Haven，CT：Yale University Press.

漫长的时期中，小麦价格大幅上涨，翻了 200 倍，主要原因之一是金属货币的贬值——实际上，硬币中的贵金属含量减少了。这样的做法使得平民们纷纷效仿，都去削下硬币的边缘部分。[1] 同样的事情也发生在 1544—1551 年间。在这一时期，亨利八世下达的多条政令，引发了英格兰著名的"都铎王朝货币大贬值"。[2] 这导致了金币和银币中使用的贵金属量减少，或者被铜等更便宜的金属所取代。尽管通过《解散修道院法令》、提高税收的措施，政府已经筹集了大量资金，但仍然不得不采取这样的做法来应对国王奢靡生活的巨额支出缺口，以及支付与苏格兰和法国间战争的军费。一个多世纪后，量化宽松和英镑对黄金贬值所带来的问题，激发了一项重要的制度创新：1717 年，艾萨克·牛顿爵士，当时的皇家造币局局长，引入了历史上第一个金本位制。[3]

英格兰的长期数据表明，在历史上通胀时期和通缩时期都是很常见的。英格兰银行对三种主要食品和日用品价格所做的研究表明：1694 年伦敦面包的平均价格为每 4 磅 5.6 旧便士（约 2.3 便士）。[4] 到 1894 年，面包价格仅为 5.5 旧便士，尽管在拿破仑战争期间曾上涨到 1 先令 5 旧便士（约 7 便士）。在 20 世纪 70 年代的最后一次通胀浪潮中，面包价格急剧上涨。在 1974—1984 年

---

[1]　MacFarlane, H. and Mortimer-Lee, P. (1994). Inflation over 300 years. Bank of England.

[2]　Owen, J. (2012). Old Coppernose-quantitative easing, the medieval way. Royal Mint.

[3]　Shirras, G. F. and Craig, J. H. (1945). Sir Isaac Newton and the currency. *The Economic Journal*, 55 (218/219), pp. 217 - 241.

[4]　MacFarlane, H. and Mortimer-Lee, P. (1994). Inflation over 300 years. Bank of England.

间，面包价格翻了三倍。到 1993 年，它又上涨了 60%。①

伦敦每吨煤的零售价在 1700—1830 年间大幅上涨了近 70%，
达到 20 先令，但在接下来的 70 年（直到 1900 年）基本保持不变。
此后，在第一次世界大战期间，煤价上涨了近三分之一到 30 先
令，之后又回落到 20 先令。

通货膨胀是 20 世纪下半叶最显著的经济特征之一（见图表
3.6）。许多因素推动了这一时期的高通胀，政策失灵就是其中之
一。1964 年时通胀率仅略高于 1%，与前六年基本保持不变。然
而，从 20 世纪 60 年代中叶开始，通胀逐渐走高（见图表 3.7），

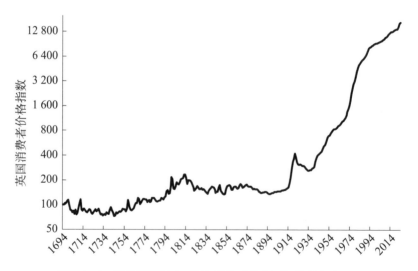

图表 3.6　通货膨胀是 20 世纪后半叶的主要经济特征之一：
英国消费者价格指数（基准为 100，1694 年为基准，用对数值 log 表示）
资料来源：英格兰银行千年数据集。

---

① Thomas，R. and Dimsdale，N.（2017）. A Millennium of UK Macroeconomic Data. Bank of England OBRA Dataset.

到 1980 年，通胀率超过 14％。最后，到 20 世纪 80 年代后半部
分，平均通胀率降低到了仅 3.5％。[1] 我会在第六章中再重点分析
这一时期。

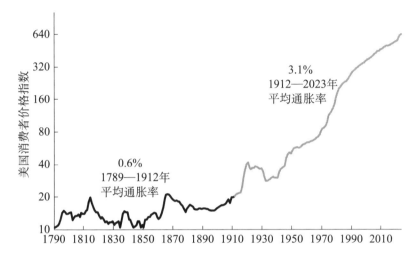

图表 3.7　20 世纪通货膨胀显著加速：美国消费者价格指数
（用对数值 log 表示）

资料来源：高盛全球投资研究。

利率的超级周期

利率的发展史与经济的发展史一样令人惊叹——实际上，两
者是密切相关的。英格兰银行的一系列数据显示：自 14 世纪以
来，全球的债券市场收益率总体上呈现下降的趋势。就像其他重
要经济指标和金融资产价格的影响因素一样，利率的变化也不是

---

① Bryan，M.（2013）. The Great Inflation. Available at https：//www. federalreserve
history. org/ essays/great-inflation.

呈一条直线的。虽然历史上也有一些利率上升的时期，但从整体轨迹上来看，利率呈现出显著的长期下降趋势。在二战后 20 世纪 70 年代高通胀的时候，债券收益率的提升特别引人关注，但在那之后债券收益率大幅跳水了，这也同样令人惊讶。

对于 20 世纪 70 年代后利率的长期结构性下降趋势，有着许多解释。一些人将利率的长期下降，与"便利收益率"的提高联系了起来。[①] 这个概念指的是，全球对于安全性和流动性的需求与其可获得的供给之间的失衡变得更加严重了。[②] 另外一部分人则将其归因于全球储蓄过剩，并且认为全球金融危机及之后的经济复苏缓慢说明，其原因是"长期停滞"。[③] 此外，还有一些人则认为主要是人口原因。[④]

例如：自 20 世纪 90 年代中期以来的一系列危机，提高了人们对资产安全性的需求。1997 年的亚洲金融危机、1998 年的俄罗斯债务违约和长期资本管理公司的崩溃可能是一些早期的导火索。受到科技股泡沫破灭和 2008 年全球金融危机的影响，对资产安全性的需求变得更强了。人们经常提到的其他触发因素包括与人口老龄化相关的人均消费率的变化。

2008 年全球金融危机后，利率进一步下跌了，再加上 2020 年

---

① Bernanke, B., Bertaut, C. C., DeMarco, L. P. and Kamin, S. (2011). International capital flows and the returns to safe assets in the United States, 2003 – 2007. International Finance Discussion Paper No. 1014.

② Bernanke, B. S. (2005). The global saving glut and the U. S. current account deficit. Speech at the Sandridge Lecture, Virginia Association of Economics, Richmond, VA, March 10.

③ Summers, L. H. (2014). U. S. economic prospects: Secular stagnation, hysteresis, and the zero lower bound. *Business Economics*, 49 (2), pp. 65 – 73.

④ Lunsford, K. G. and West, K. (2017). Some evidence on secular drivers of US safe real rates. Federal Reserve Bank of Cleveland Working Paper No. 17 – 23.

新冠疫情的暴发，利率降到了历史最低水平（参见图表3.8）。这是解释两次长期牛市的一个关键性影响因素：（i）1982年（通胀中利率见顶）到2000年（科技股泡沫见顶）；（ii）全球金融危机后的2009—2020年，在部分程度上受到了量化宽松政策的助力。[1]我会在第八章重点讨论这两个时期。

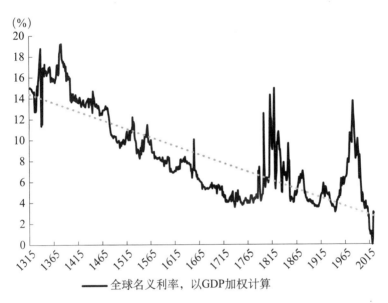

图表 3.8　名义利率从历史最低点回升：名义债券收益率，以 GDP 加权计算，1315—2023 年

资料来源：英格兰银行。

政府债务与超级周期

与经济增长、通货膨胀和利率相似，有证据表明政府债务也

---

[1]　Schmelzing，P.（2020）. Eight centuries of global real interest rates，R-G，and the 'suprasecular' decline，1311–2018. Bank of England Staff Working Paper No. 845.

有超级周期。同样，尽管当前经济状况中的一些因素对于政府债务会产生一定影响，但政府债务的长期波动仍然会展示出它与宏观经济、通货膨胀和政府政策间的紧密联系。波高斯扬（Poghosyan）分析了 1960—2014 年间多个国家的政府债务数据，鉴别出了 57 个国家的 209 次政府债务扩张和 207 次债务收缩。其中，新兴经济体共有 120 次扩张和 118 次收缩，发达经济体共有 89 次扩张和 89 次收缩。从中我们再次发现了周期性的规律。政府债务扩张期的平均持续时间为 7 年，而收缩期则为略超过 6 年。从规模上来看，扩张期的中位数为 GDP 的 14.5%，收缩期的中位数则为 GDP 的 10.7%。[1]

恩格尔伯特·斯托克哈默（Engelbert Stockhammer）和乔治·古佐利斯（Giorgos Gouzoulis）使用更长期的美国数据，对债务周期进行了研究。他们的研究表明，在 125 年的美国历史中，企业债务在 GDP 中占比的周期，一般平均持续 11～12 年，这比典型的经济周期持续时间更长。[2] 这一结论在二战前和 1973 年后这两个时期体现得很明显，但在二战结束后的一段时间中却不那么显著。也就是说，政府的债务水平在最近这些年显著上升了。2007—2008 年的全球金融危机和 2020—2021 年新冠疫情期间政府的巨额财政支出，导致了许多国家政府债务占 GDP 的比例大幅上升，这是自二战以来的最大增幅。欧洲也面临同样的情况，俄乌冲突爆

---

[1]　Poghosyan，T. (2015). How do public debt cycles interact with financial cycles? IMF Working Paper No. 15 (248).

[2]　Stockhammer，E. and Gouzoulis，G. (2022). Debt-GDP cycles in historical perspective：The case of the USA (1889 - 2014). *Industrial and Corporate Change*，32 (2)，pp. 317 - 335.

发后全球能源价格飙升，欧洲各国政府不得不进行干预，提高对企业和家庭的支持力度，再加上国防支出、减少碳排放上投入的财政补贴，都使得政府债务近年来大幅增加。在第十二章中，我还会更详细地分析这一问题。

社会公平性的超级周期

历史表明，和上述很多影响宏观经济的因素一样，社会公平性也是有周期的，尽管从长期来看，它的变化比较缓慢。[①]

通过对土地和税收的历史记录的研究，学者们能够对财富分配的长期不公平性进行分析，尤其是对欧洲的情况。吉多·阿尔法尼（Guido Alfani）的研究表明：在黑死病发生后的 1340—1440 年间，财富分配不公得到了大幅改善。但是，紧接着的 1440—1540 年间，财富分配不公平的状况又恶化了。对英格兰地区的评估报告显示：1524—1525 年的财富分配公平性已经降低到了 1327—1332 年的同一水平。当时前 10% 的富人掌控了全社会财富的 64%，相当于基尼系数为 0.76。[②] 林德特（Lindert）的研究估算出了一个中值：在 1670 年，大约 83% 的社会总财富掌握在英格兰总人口 10% 的人手中。这意味着从 1525 年左右以来，英格兰的社会财富分配失衡状况更加严重了。[③] 根据皮凯蒂（Piketty）的测

---

① Szreter, S. (2021). The history of inequality: The deep-acting ideological and institutional influences. IFS Deaton Review of Inequalities.

② Alfani, G. (2021). Economic inequality in preindustrial times: Europe and beyond. *Journal of Economic Literature*, 59 (1), pp. 3-44.

③ Lindert, P. H. (1986). Unequal English wealth since 1670. *Journal of Political Economy*, 94 (6), pp. 1127-1162.

算，到 1800 年，社会财富分配的不公平有所改善，低于 1740 年的水平。①

然后，在 1800 年后的一个时期，社会财富分配失衡再次迅速加剧。到 20 世纪初，社会财富集中度超过了此前历史上的最高水平。1900—1910 年间，前 10％的富裕人群拥有了社会总财富的 94％以上，其中 1％的富人占有了全英国财富的 70％（见图表 3.9）。1910—1990 年间，特别是在一战后，随着西方高福利国家出现，财富分配失衡的状况有所改善。二战后，这方面的改善更为明显

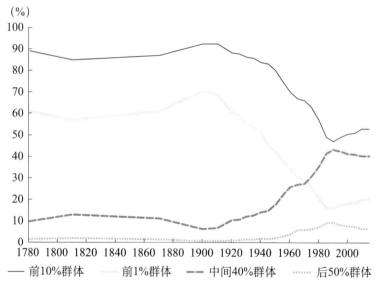

图表 3.9　20 世纪英国财富的集中度大幅下降：
前 1％群体、前 10％群体、中间 40％群体和后 50％
群体所拥有的财富在全部财富中的占比

资料来源：Piketty（2020）.

① Piketty，T.（2020）. *Capital and Ideology*. Translated by A. Goldhammer. Cambridge，MA：Harvard University Press.

了（见图表3.10）。到1990年，前1％的富人所拥有财富占全社会的比例降低到了18％，而50％的低收入人群拥有了全社会财富的10％。虽然数据显示财富不公平性已有所改善，但是自1980年以来，受20世纪70年代经济危机后税收制度和供给侧改革的影响（参见第五章），居民的收入不平衡却一直在上升（见图表3.11）。最近这些年来，大多数国家的社会公平性再次变差了，一定程度上，这是为了应对金融危机所采取的各项政策措施带来的负面效应。这些政策措施，如引入量化宽松政策，推动了富人持有资产的升值。[①]

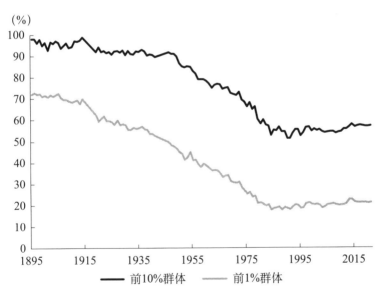

**图表3.10　英国的财富分配失衡状况在20世纪大幅改善：
英国个人财富排名前1%和10%的富人所拥有的财富占全社会的比例**

资料来源：世界财富分配失衡情况数据库。

---

① Piketty, T. (2014). *Capital in the Twenty-First Century*. Translated by A. Goldhammer. Cambridge, MA: The Belknap Press of Harvard University Press.

(%)

图表 3.11　美国的收入失衡状况从 20 世纪 80 年代开始显著提升：
美国国民收入前 10%人群所占比例
资料来源：Piketty（2014）.

金融市场的超级周期

　　考虑到经济周期与通胀、利率、政府政策和社会公平性的长期趋势之间的相互关系，金融资产有长期趋势，也就不足为奇了。一些学者将金融周期定义为：与信贷和房产价格的中等时长周期的协同变动。他们发现自 20 世纪 60 年代以来，金融周期平均持续时间为 16 年，比经济周期（通常不超过 8 年）的持续时间更长，波动性也更大。[1]

---

　　[1]　Drehmann，M.，Borio，C. and Tsatsaronis，K.（2012）. Characterising the financial cycle：Don't lose sight of the medium term! BIS Working Paper No. 380.

股票和债券通常会经历持续时间较长的高收益或低收益时期，这取决于它们所处的经济和政治环境。这些时期通常伴随着社会财富分配失衡的加剧或减少，因为在长期牛市中，资产持有者的财富一般会升值。事实上，自全球金融危机以来，就出现这样的情况，政府的零利率政策推高了资产价格。我会在第八章中再详细讨论这一点。

研究长期市场回报的规律以及它是如何随时间变化的一个有效方式，是分析一个特定持有期的投资回报状况。例如：图表3.12 展示了美国股市持有期为 10 年的回报率随时间的变化状况（每个柱体表示自所示日期起接下来的 10 年中经通胀调整后的年化回报率）。

随着时间推移，经通胀调整后的滚动实际回报率在不同时期存在明显的差异。如果只观察整个区间的总体回报率，那么这一点很可能会被掩盖。一个投资者可能会想：如果他在一个中等长的期间内持有一些股票，那么他的回报率会与其他时期相同时长的回报率情况接近。但实际上这并不一定。比如：在较大的冲突事件开始时购买股票（像第一次世界大战和第二次世界大战），则在很长时间里回报率会是负值，因为从起初的损失中恢复过来需要很长的时间。同样地，在 20 世纪 60 年代末的牛市顶峰期间买入估值高的股票，在全球通胀飙升前，也都是负回报率。

类似地，与低通胀时期相比，高通胀时期常与低实际回报率联系在一起。

从历史上来看，20 世纪 90 年代末科技股泡沫的形成及其破灭是特别令人震撼的。在科技股泡沫顶峰的 2000 年（甚至一直到2003 年）买入的股票，在此后十年中的实际回报率与 20 世纪 70

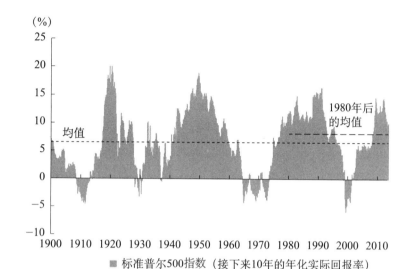

图表 3.12　经通胀调整后的滚动实际回报率在不同时期存在显著差异：
接下来 10 年中的年化实际投资回报率

资料来源：高盛全球投资研究。

年代差不多，都是 100 多年来美国股市中最低的。在此后买入的
股票，回报率则高出许多，与长期平均市场回报率一致。相比之
下，如果投资者在全球金融危机发生后进入股市，投资回报率则
会很高。

投资回报率最高的 10 年投资期，通常发生在经济高速增长的
时期；20 世纪 20 年代的繁荣期和二战后 20 世纪 50 年代的重建期
就是很好的例子。其他则是低利率或利率下降时期，如 20 世纪 80
年代和 90 年代，以及大熊市发生后的时期，那时的估值整体处于
很低的水平。

虽然股票在更长的持有期内通常表现得更好，尤其是像在全
球金融危机后，但是，20 世纪 80 年代以来债券市场的实际回报率
与历史上绝大多数时期相比，表现却惊人得好（见图表 3.13）。在

20 世纪 80 年代初通胀周期的高峰时购买的美国国债，10 年期的
年化实际回报率超过了 10％，20 年期则超过了 7％。这意味着，
如果一个投资者在 1980 年投资了 1 000 美元的美国国债债券，按
照经通胀调整后的实际价格计算，他所持有的债券在撰写本书时
值约 6 000 美元。

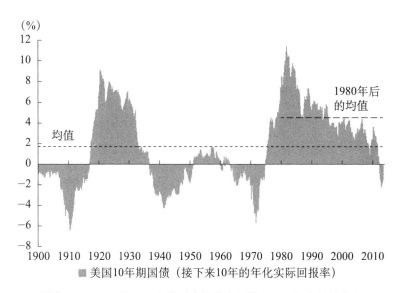

**图表 3.13　20 世纪 80 年代以来债券市场的实际回报率与历史上
绝大多数时期相比表现惊人得好：接下来 10 年的年化实际回报率**
资料来源：高盛全球投资研究。

　　即使是在 20 世纪 90 年代初买入国债，20 年期年化实际回报
率也达到了约 5％——这正好是投资者通常期望在股票上能获得的
回报率。这样优秀的实际回报率水平说明：投资者并没有在一开
始就将未来可能发生的通胀和利率下降充分纳入定价考量中，也
没有重视预期的变化在最终获得的投资回报中所起到的关键性
作用。

对股票和债券进行比较可以发现一些有趣的长期趋势。在经济衰退期中，债券通常比股票的回报率更高。这一时期的利率往往下降，相对于债券，股票通常受到经济增长预期下行的负面影响更大。但是，从长期的角度来看，1950—1968年见证了股票表现强劲，超过债券的一段长期趋势（见图表3.14）。1982—1994年间情况又反了过来，尽管这个时期对于金融资产整体来说都是有利的，但债券更加受益于通胀预期的大幅下降，而股市相比之下则要弱一些。

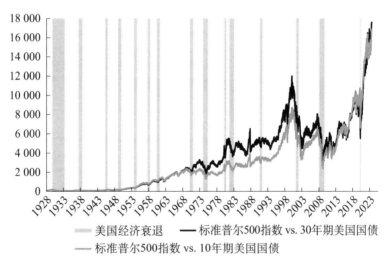

图表3.14 全球金融危机和新冠疫情后美股的表现优于债券：相对回报率表现

资料来源：高盛全球投资研究。

在全球经济高速发展和全球化趋势的共同影响下，1990—2000年间股票资产表现强劲。然而在2000—2010年的通胀下降时期，债券的表现则再次超越了股票。之后在全球金融危机时期，各国政府将利率降到了极低水平，这对于债券和股票都是利好。但相比之下，还是利好股票更多一些，尤其是美股。这主要是由于股票反映了新兴的信息化革命和企业利润的高增长。

因此，总体来看，影响金融市场的绝大多数重要因素都有着持续时间较长的超级周期（或称长期趋势），就像持续时间较短的商业周期一样。由于金融市场受到宏观经济因素变动、风险评价和政府政策的影响，所以它也有自己的长期趋势这一点就并不奇怪了。不仅如此，金融市场在长期趋势期间的回报率，也会或多或少受到这些因素的影响。在下一部分中，我将分析自二战以来股票市场的每一个超级周期，分析它们的关键驱动因素以及所带来的影响。

股票市场的超级周期

绝大多数股票市场周期都是围绕着经济周期运行的。但是，股票市场也有着自身持续时间长、影响力大的长期趋势。股市长期趋势的时间跨度，一般都长于一轮经济周期，甚至可以横跨多轮经济周期。一般来说，股市的长期趋势会受到宏观经济和政治因素结构性变化的影响。就像一个周期通常可以被划分成不同阶段，每个阶段的回报率会因受到不同因素的影响而不同，长期趋势决定的是股市整体回报率的强度状况，以及哪些行业或影响因素会领先或滞后于指数的变动。

通过对通胀调整后标准普尔 500 指数的实际变动值取对数（以便比较不同时期的指数），图表 3.15 展示了，尽管指数随时间推移不断上升，但最显著的收益却集中在某些特定时期。简单来说从图表上可以看出，自 1900 年以来共经历了四轮股票市场的超级周期或长期牛市和四个"肥而平"的时期（其中三个发生在二战后，见图表 3.16）。每一次牛市超级周期，都会被偶尔发生的急剧下跌或者相当剧烈的"迷你型"熊市所打断。

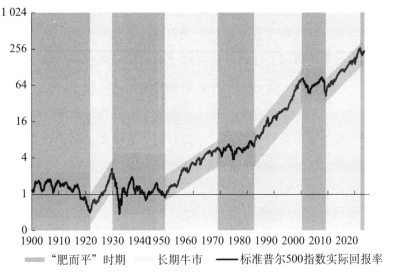

"肥而平"时期　　长期牛市　　标准普尔500指数实际回报率

图表 3.15　自 1900 年以来共经历了四轮超级周期或长期牛市和四个"肥而平"的时期：标准普尔 500 指数的实际回报率

资料来源：高盛全球投资研究。

图表 3.16　二战后经历了三次长期牛市和三个"肥而平"的时期

开始时间	结束时间	年数	阶段	名义回报率（%）		实际回报率（%）	
				总回报率	年化回报率	总回报率	年化回报率
1949 年 6 月	1968 年 11 月	19	长期牛市	700	11	1 109	14
1968 年 11 月	1982 年 8 月	14	肥而平	−5	0	−39	−4

续表

开始时间	结束时间	年数	阶段	名义回报率（%）		实际回报率（%）	
				总回报率	年化回报率	总回报率	年化回报率
1982 年 8 月	2000 年 3 月	18	长期牛市	1 391	17	1 356	16
2000 年 3 月	2009 年 3 月	9	肥而平	−56	−9	−58	−9
2009 年 3 月	2020 年 2 月	11	长期牛市	401	16	417	16
2020 年 2 月	2023 年 6 月	3	肥而平	31	8	18	5

资料来源：高盛全球投资研究。

例如：1982—2000 年的长期牛市曾被 1987 年的股市崩盘、20世纪 80 年代末的储蓄和贷款危机、1994 年的国债危机（当时美国30 年期国债利率在短短 9 个月内上升了近 200 个基点）和 1998 年的亚洲危机所中断过。但是，我们仍可将这些视作一个超级周期的一部分。在一轮超级周期中，由于受到多个有利的结构性因素的驱动，强劲的结构性牛市即使经历一些短期波动，仍然可以不受干扰地持续运行很长时间。二战结束后的三轮主要的结构性长期牛市如下：

1. 1949—1968 年：二战后的爆发式增长

二战后经济的爆发式增长在这一时期占据主导。这一时期通常被称作资本主义的黄金年代。在这一时期，美国通过马歇尔计划（或称欧洲复兴计划）帮助欧洲经济复苏，有效推动了经济的爆发式增长和失业的减少。尤其是在欧洲和东亚地区，生产力快速提高，需求端受二战后"婴儿潮"的影响也得到了进一步的增强。

2. 1982—2000 年：现代周期

解决通胀问题是 1982 年后的这轮长期牛市的关键驱动因素之一。此前对金融市场造成严重损害的通胀时期结束了，而这在一定程度上是由于实施了所谓的"沃尔克信贷紧缩"。"沃尔克信贷紧缩"，是美联储于 1977 年开启的货币政策紧缩周期，因为其所引发的经济衰退而闻名遐迩。在这一时期，美联储的基准利率从约 10% 提高到了接近 20%。从那时起，全球通胀水平开始下降，伴随着经历深度衰退后的经济强劲复苏，以及 1989 年柏林墙倒塌的影响，投资者信心和资产估值都开始提高。从 1982 年 8 月到 1999 年 12 月，道琼斯工业指数的年平均复合实际回报率达到了 15%，远超其长期平均回报率水平，也超过了在此期间企业部门的利润和公司账面价值的增长率。[1] 本轮长期牛市在很大程度上反映的是估值的扩张——股票和固定收益类投资（即债券）的回报率同时被推高的现象。

3. 2009—2020 年：后金融危机周期与零利率

20 世纪 90 年代末科技股泡沫破灭后，风险资产的长期驱动因素发生了实质性改变。自 21 世纪初以来，金融资产的主要结构性驱动因素是通胀预期下降和利率下降的组合，而这有助于推高股票和债券估值。

而在全球金融危机结束、政府开始实施量化宽松及零利率政策后，股票市场的状况发生了转变。虽然标准普尔 500 指数从

---

[1] Ritter, J. R. and Warr, R. S. (2002). The decline of inflation and the bull market of 1982 - 1999. *The Journal of Financial and Quantitative Analysis*, 37 (1), pp. 29 - 61.

2007 年高点下跌了 57%，但它随后就开启了历史上最长的牛市之一。如同 20 世纪 90 年代早期的牛市一样，股市复苏的强度受到了之前经济下行和股市下跌幅度的影响。尤其是在美国，房地产市场崩溃导致了居民家庭财富的巨额流失。有超过 1 万亿美元的次级按揭贷款没有偿还，这给整体经济和金融机构造成了巨大的损失。与此同时，根据时任美联储主席本·伯南克（Ben Bernanke）的说法："'大而不能倒'的金融机构，既是引发危机的一个原因（尽管不是唯一的原因），也是政府努力遏制危机所面临的主要障碍之一。"[1]在 2007—2010 年间，美国家庭财富的中位数降低了 44%，跌破了 1969 年的水平。许多股票的价格大幅下跌后变得相当便宜，金融系统也崩塌了，而政府启动量化宽松政策，为此后股市估值的大幅恢复创造了可能。

上面这些超级周期的共同点为都是由三个因素结合：刚开始时的低估值、不断下降或者已经很低的资金成本，以及初始时的低收益率。一般来说，强劲的经济增长和监管改革在降低股市的风险溢价上也起到了一定的作用。自 20 世纪 80 年代以来，供给侧改革、技术变革和全球化相结合，共同推高了市场收益率。在后金融危机周期中，这些影响因素中的绝大部分都得到了延续。

除了这些超级牛市外，还经历了两个主要的"肥而平"超级周期；大致来说，它们是专业术语中谈到的股票市场弱周期。在这些时期，股价的波动区间经常很大。

1. 1968—1982 年：高通胀和低回报率

由布雷顿森林协议确定的全球汇率体系的崩塌，加上 20 世纪

---

[1]　Bernanke, B. S. (2010). Causes of the recent financial and economic crisis. Testimony before the Financial Crisis Inquiry Commission, Washington, D. C.

60 年代末的政府政策，在很大程度上引发了这一时期的通胀上升。地缘政治局势的紧张引发了两次重大的能源冲击，进而引起了经济衰退以及企业部门的利润增长疲软。此外，政府监管趋严、罢工增多和税收增加也是重要的影响因素。在这一时期，标准普尔500 指数的总名义回报率仅为－5％，折合年化回报率为－0.4％。这十余年很差的股市回报率也蔓延到了市场上的其他资产。这一时期债券市场的回报率甚至比股票还低。只有"实物资产"在这一高通胀时期提供了一定的保障，实现了正的回报。

2. 2000—2009 年：泡沫和难题

从很多方面来看，这是一个典型的"肥而平"周期。投资者整体的回报率很低，但是回报率的分布区间很广。这一时期开始于新千年之交科技股泡沫的突然破灭。这轮股市的熊市调整很深，而且具有周期性。股价下跌更多的是因为股票价值的重估，而不是因为长期深度的经济衰退。当市场触底时，再一次受到了更多负面因素的影响，包括："9·11"恐怖袭击的冲击，以及极其不确定的地缘政治环境导致投资者要求更高的风险溢价。但是，最终经济还是恢复了。利率处在低水平，使得私营企业的借款增加，美国房地产也繁荣了起来。这次房地产的繁荣最终在 2007 年的破灭，给整个金融系统都造成了极大的冲击。受到银行业危机的影响，这波冲击进一步被放大，最终引发了另一轮大熊市，直到 2009 年才到达最低点。

关于金融市场和经济的超级周期还有一点要说明的是：这两种超级周期在不同地理位置和不同时间上可以有很大的区别。相比于其他市场，美国股市在全球金融危机后十年中的表现就是一个很好的例子，我会在第八章中详细分析。另一个经常被忽视的点是：日本在 20 世纪 80 年代末金融泡沫破灭后，经历了长时间的"肥而平"的周期。当其他主要发达市场进入 1982—2000 年的超级牛市周期时，由于经济增长缓慢并面临通缩风险，日本股市始终保持在一个狭窄的交易区间内运行。在写作本书时，尽管日本股市的指数在 2023 年上半年反弹了 20%，但是仍然比 1989 年顶峰时水平低了大约 20%（见图表 3.17）。

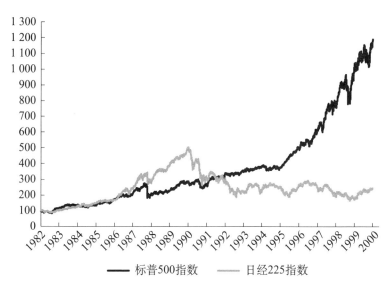

图表 3.17 日经 225 指数陷在了一个"肥而平"的交易区间中：
标准普尔 500 指数和日经 225 指数的表现（以本地货币计算）

资料来源：高盛全球投资研究。

本书第二部分将依次讨论这些超级周期，并展开分析影响股市的主要因素和相关条件。

第二部分：回顾分析二战后的超级周期

第四章

1949—1968 年：二战后的繁荣期

　　一种新的乐观主义，充满对未来的期待，盛行了起来。

——大都会艺术博物馆

全球经济的繁荣发展主导了二战后的时期，这一时期常被称作资本主义的黄金年代。得益于美国的马歇尔计划（或称欧洲复兴计划）的帮助，欧洲经济得以复苏并实现了高速发展，失业不断减少。这一时期的生产效率也快速提高，尤其是在欧洲和东亚地区。同时，二战后的"婴儿潮"也进一步提振了社会的总需求。

这一时期的宏观经济环境为股票市场的高回报率创造了良好的外部条件。同时，随着全球系统性风险的降低和股权投资风险溢价的长期下行，估值也从二战后的水平逐步回升。

和历史上大多数结构性牛市一样，这个时期经济增长强劲，同时伴随着低通胀。在这一时期刚开始的时候，股票估值也比较低。随着新的国际机构和基于国际规则的全球贸易系统的出现，标准普尔指数的市盈率从1949年的9倍恢复到了1968年的22倍。

在这轮超级周期中，标准普尔指数的实际回报率（含股息）达到近1 100%，即年化回报率为14%（见图表4.1）。

具体来说，这轮经济繁荣期包括了：

（1）国际协议的签订和风险溢价的下降；

（2）强劲的经济增长；

（3）技术创新；

（4）低实际利率；

（5）全球贸易兴盛；

（6）婴儿潮；

（7）消费和信贷的繁荣。

国际协议的签订和风险溢价的下降

经历了大萧条和二战对经济的破坏后，人们开始努力建立一

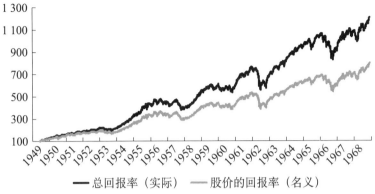

图表 4.1 这轮超级周期中，标准普尔指数的实际回报率（含股息）达到约 1 100%，即年化回报率为 14%

注：席勒市盈率是一个估值指标。它是用指数价格除以通胀调整后的 10 年期平均每股收益计算得出的。

资料来源：高盛全球投资研究。

个基于国际规则的经济管理和国际贸易的新体系。西方政策制定者们的一个首要关注点就是预防大萧条的再次发生，他们下决心避免重蹈二战前资本主义失败的覆辙，同时防止共产主义力量的扩张。他们采取了许多措施，用于重建基础设施，同时建立起一套经济体系，既能对抗经济衰退和大萧条，还能将高失业率导致的风险降到最低水平。

由于国际贸易体系崩塌是引发大萧条的重要原因之一，于是在 1944 年 7 月，同盟国在新罕布什尔州的布雷顿森林会议中，达成了一项旨在预防国际贸易体系崩塌的新货币秩序协议。目的是在二战后建立起一套新的国际体系，以支持二战后的重建。它虽然延续了之前的金本位制，但是充分考虑了曾经引发大萧条的一些问题，尤其是典型金本位制的僵化性。之前，典型的金本位制在一战后崩塌了，导致各国争相贬值货币，并且出台了许多限制贸易的政策措施。这次会议成果就是各国达成了一项共识——建立国际货币基金组织和世界银行。这两家机构于 1945 年成立，它们可以将储备货币借给出现经常账户赤字的国家。这套体系主要是由时任英国财政部顾问的约翰·梅纳德·凯恩斯和美国财政部首席经济学家哈利·德克斯特·怀特（Harry Dexter White）共同设计完成的。

尽管布雷顿森林会议取得了成功，但仍有一些分歧存在。凯恩斯希望建立一家清算组织，它通过发行一种新的国际货币"班克"（Bancor）从而实现干预经济危机的目的。这种货币可以让资金从有经常账户盈余的国家，转移到经常账户赤字的国家，从而使得这些国家在出现赤字时，并不是只有通过贬值本国货币才能贸易。但是，怀特的议案在辩论中获胜，所以被施行了；其主要提议是建立起一个平稳基金，这个基金会固定选择一些国家的货币和黄金用作储备。最终，怀特的议案成功了。平稳基金的作用，还包括为经常项目盈余国家的货币供给设置限额，从而限制从该国进口商品的规模。

起初有 29 个国家签署了协议加入这个新的体系。该新体系从 1958 年开始完全运行，目标是保持各国货币相对于美元的汇率在一个很窄的区间内（1%）波动，而美元又与黄金始终保持固定汇率，即每盎司 35 美元。于是，美国财政部不得不调整了美元的供给量，以确保黄金价格的稳定，并以此保持美国的信誉：美元始终可以兑换成黄金。之后由于美国持续的经常账户赤字，导致其他国家持有的美元超过了美国所拥有的黄金总量，因此美元以固定价格兑换黄金的机制就被打破了。因而整个体系在 1971 年瓦解了。布雷顿森林体系的失败，是导致 1968—1982 年间经济面临压力、产生波动的重要因素之一。这点我会在第五章中进一步讨论。

强劲的经济增长

除布雷顿森林体系外，二战后各国还采取了其他一些刺激经济的政策，改善了整体经济和企业部门的前景。全世界这些刺激政策中最为重要的一个，就是马歇尔计划。虽然该计划只是从 1948 年开始运行了共四年时间，但美国所提供的总援助额（其中也包括了美国对日本的援助）占到了美国在 1946—1949 年间出口总额的 40.5%。在欧洲重建上，美国投入了超过 130 亿美元。

马歇尔计划也得到了美国其他一些经济政策的补充，在刺激其国内经济发展的同时，遏制了共产主义的传播。1946 年颁布的就业法案，要求政府"最大限度地改善就业、发展生产、提高居民的购买力"，同时增进了货币政策和财政政策间的协调配合。后来，这项法案为美联储的两大主要目标提供了关键支持，因为它重点关注的正是就业率最大化和稳定物价水平的综合经济目标。就在最近不久前的政策声明中，这个综合经济目标又再次被美联储明确提了出来。举个例子，美联储委员会主席杰罗姆·H. 鲍威尔（Jerome H. Powell）在 2020 年重申："在执行货币政策时，我们仍将高度关注，推动建成一个尽可能强大的劳动力市场，从而造福所有美国人。与此同时，我们也将坚定不移地努力达成 2% 通胀率的长期目标。"①

由于这些政策的实施，美国和其他主要经济体都在二战后实现了强劲的经济增长。1948—1952 年间，西欧多个国家接受了大量援助，用来扩大生产、提高出口商品的竞争力，同时也为美国商品拓宽了市场。于是，美国和欧洲国家都从经济的高速增长中获益了。为了更好地支持欧洲经济发展，多个欧洲国家一起创立了欧洲清算联盟。这使得生产效率提高的同时，资源配置也得到了优化②，就此拉开了多边贸易的序幕。

美国 GDP 从 1945 年的 2 280 亿美元，增长到了 1975 年的近 1.7 万亿美元（见图表 4.2）。到 1975 年，美国已占世界工业总产值的 35%，是排名第二的日本的三倍多。③ 但是，和历史上所有其他的超级周期一样，在经济长期向上增长的大趋势中，也出现了多个持续时间很短的衰退周期。例如：美国在 1945—1970 年间就经历了五次衰退（1948—1949 年，1953—1954 年，1957—1958 年，1960—1961 年，以及 1969—1970 年）。

---

① Powell, J. H. (2020). New economic challenges and the Fed's monetary policy review. Speech (via webcast) at Navigating the Decade Ahead: Implications for Monetary Policy, an economic policy symposium sponsored by the Federal Reserve Bank of Kansas City, Jackson Hole, WY, 27th August.

② United Nations (2017). Post-war reconstruction and development in the Golden Age of Capitalism. *World Economic and Social Survey 2017*, pp. 23-48.

③ countryeconomy. com. Gross Domestic Product.

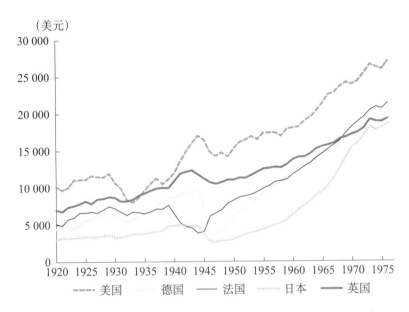

（美元）

图表 4. 2　二战后美国人均 GDP 高速增长：调整了通胀和不同国家生活成本差异后的人均 GDP 比较（1920—1976 年）

资料来源：Our World in Data. *

欧洲也同样受益了，在 1950—1969 年间，它成为世界上经济增长最快的地区，虽然在此期间，从单个国家来看，日本的经济增长速度最快。[1] 欧洲煤炭钢铁共同体于 1951 年在欧洲成立。成员包括：法国、联邦德国、意大利、比利时、荷兰和卢森堡。1957 年，根据罗马条约，欧洲经济共同体成立，推动了欧洲国家间更紧密的相互合作。这两个组织都进一步推动了区域经济的发展。在这期间，联邦德国的年化经济增长率超过了 6%。

---

* Our World in Data 是由一位牛津大学经济学家发起的在线数据分享项目。——译者注

[1]　Statista (2023). Average annual growth in the economic output of Western European countries during the Golden Age from 1950 to 1970. Available at https：//www. statista. com/statistics/730758/western-europe-economic-manufacturing-output-growth-golden-age/.

在 1949—1968 年期间，宏观经济环境变得更加稳定了（见图表 4.3），与 1870—1913 年期间相比，失业率水平下降了大约三分之一。[1]

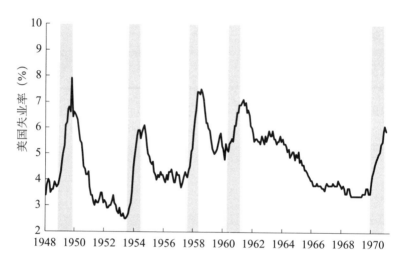

图表 4.3　二战后的十年中因为失业率的降低宏观经济环境变得更加稳定：16 岁以上居民的失业率
注：阴影部分表示美国经济研究局定义的衰退。
资料来源：高盛全球投资研究。

技术创新

二战后这一时期，技术和社会发展都发生了深刻的变化，很多创新在推动经济发展的同时也改变了人们原有的生活方式。电视越来越流行，到 1953 年美国也有了彩色电视。电视产业的不断

---

[1]　Glyn, A., Hughes, A., Lipietz, A. and Singh, A. (1988). The rise and fall of the golden age. United Nations University WIDER Working Paper 43/1988.

发展带来了深刻的社会变革，为社会影响力的传播和广告提供了新的渠道，也让人们可以实时收看正在发生的事件。光纤、录像机和晶体管的发展，推动了计算机的小型化；而磁芯存储器的引入，使计算机的存储能力提高了大约八倍。电池供电的电话（手机的前身）和文字处理器也开始陆续出现。

这一时期的医学发展也取得了巨大的进步。1928 年，苏格兰科学家亚历山大·弗莱明（Alexander Fleming）第一次发现了青霉素，但直到二战期间才开始大规模生产它。青霉素在战争中是非常重要的。在诺曼底登陆时，美国曾为盟军准备了 230 万剂的青霉素。[①] 自二战以后，青霉素和其他抗生素的使用让医疗方式也发生了转变。不久后，就推出了针对好几种疾病的疫苗，包括脊髓灰质炎疫苗、麻疹疫苗和风疹疫苗。1950 年 5 月，口服避孕药的发明，让女性能够更好地控制生育，这也成为推动社会进步的重要因素之一。

在此期间，电信业也发展迅速。1955 年开始铺设的第一个跨大西洋海底电信系统 TAT-1 于 1956 年 9 月启用。它承载了当时东西方的通信。到 1956 年，美国人和欧洲人就已经可以通过这个电信网络打电话给对方，尽管当时通话成本还很高，白天三分钟连线的费用就达到了 12 美元。

1961 年 4 月，苏联宇航员尤里·加加林（Yuri Gagarin）成为第一个进入太空的人类。之后不到一个月，宇航员艾伦·B. 谢泼

---

① The National WWII Museum（2013）. *Thanks to Penicillin … He Will Come Home*! *The Challenge of Mass Production*［Lesson Plan from the Education Department］.

德（Alan B. Shepard）成为首位进入太空的美国人。1969 年 7 月，阿波罗 11 号实现了首次登月，由此引发了一系列新的技术创新，包括记忆海绵、无线吸尘器和冻干食品，以及其他营养方面的技术。

另一项创新发生在音乐录制行业，从经济效益上来看，其所带来的影响也许不太明显，但是从社会文化发展的角度来看，却是很重要的。一直到 1948 年以前，音乐都是在直径为 10 或 12 英寸的黑胶碟片上录制的（黑胶唱片也被称为 "78 转"，因为它们以每分钟 78 转的速度播放），这些碟片非常易碎。之后，哥伦比亚唱片公司推出了不容易损坏的乙烯基唱片，播放速度为 33 $\frac{1}{3}$ 转，这使得单张唱片的存储量显著提高了。旧的 78 转唱片每面只能容纳大约 4 分钟的录音时间，而新的 33 转唱片每面可以容纳 25 分钟的内容。1949 年，美国广播唱片公司发布了新音乐格式的 45 REM 唱片。虽然这种格式的第一张唱片只是一个儿童故事 *Pee-Wee the Piccolo*，但是，新的音乐格式很快就成为当时流行音乐的一个主要催化剂。"猫王"埃尔维斯·普雷斯利（Elvis Presley）的第一张唱片《没关系》（*That's all right*）于 1954 年发售，1955 年，他签约了美国广播唱片公司。那一年他的第一首全球热门歌曲《伤心酒店》（*Heartbreak Hotel*）在四个国家的流行榜单上排名第一，并在许多其他国家的榜单上进入了前十。同年，比尔·哈利和彗星组合（Bill Haley and the Comets）发布了《昼夜摇滚》（*Rock Around the Clock*）并售出了 300 万张唱片。在新的音乐格式唱片上的消费，成为当时社会中新"青少年"文化变革的核心，而这在接下来的几十年里极大地改变了社会文化的发展。

低而稳定的实际利率

二战后的重建为这一时期的经济增长提供了重要的推动力，劳动力参与度的提高也对此作出了重要的贡献。此外，长期保持低而稳定的实际利率，也促进了这一时期的经济发展。[1]

尽管这个时期的通货膨胀和利率从整体上来看都是上升的，但也存在着一定程度上的金融抑制。美国在二战期间积累了大量的债务，因此，为支持政府财政，美联储采取了调控国债收益率曲线的方式，使得利率上限始终不得高于国债的收益率曲线。[2] 短期国债收益率的上限为 3.8%，长期国债收益率的上限为 2.5%。到 1947 年，美国的通胀率也快速升高，以 CPI 指数来衡量，已超过了 17%，到 1951 年，通胀率已经升高到了 20% 以上。为了防止通胀的进一步提高，1951 年联邦储备协议出台，短期利率与国债收益率间的挂钩关系被解除了。尽管对国债收益率曲线的调控已在 20 世纪 50 年代初解除，但另一种形式的金融抑制仍在继续。[3] 虽然通胀升高了，但名义利率仍处在很低的水平。实际利率（名义利率减去通胀率）则更低，甚至为负数，并在二战后的三十多年里持续处于低位（见图表 4.4）。这使得美国长期贷款的实际利

---

[1]　Rose，J. (2021). Yield curve control in the United States，1942 to 1951. Available at https：//www. chicagofed. org/publications/economic-perspectives/2021/2.

[2]　Miller，A.，Berlo，J. C.，Wolf，B. J. and Roberts，J. L. (2018). *American Encounters：Art，History，and Cultural Identity*. Washington，D. C.：Washington University Libraries.

[3]　Reinhart，C. M.，Kirkegaard，J. F. and Sbrancia，M. B. (2011). Financial repression redux. Available at https：//www. imf. org/external/pubs/ft/fandd/2011/06/pdf/reinhart. pdf.

率一直保持在 1％以下。

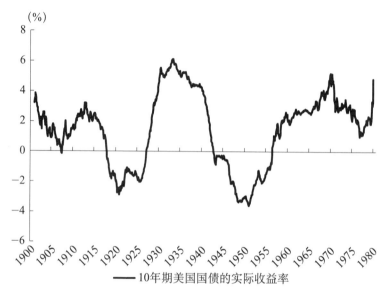

图表 4.4　美国短期国债和 10 年期国债的实际利率为负：
10 年期美国国债的名义利率减去 10 年期平均通胀率

资料来源：高盛全球投资研究。

按照世界银行副行长兼首席经济学家卡门·赖因哈特（Carmen Reinhart）的观点，为存款利率设置上限，会导致储蓄存款的实际利率甚至低于国债收益率。这会使得有储蓄意愿的人，都更愿意持有国债。当时这一现象就在多个发达经济体中发生了，各国的资本管制更加剧了这一现象。但是这一现象却有助于延缓那些为寻求更高收益的投资者出逃。

极低的实际利率，也有助于各国政府偿还它们在二战中积累的巨量债务。例如，英国政府负债占 GDP 的比重就从 1945 年的 216％下降到了 1955 年的 138％。

政府也采取了其他刺激经济发展的政策。税收改革就是其中的一项。例如，在 20 世纪 50 年代，美国的个人所得税最高税率超过 90％，公司所得税最高税率超过 50％；到 60 年代，约翰·F. 肯尼迪（John F. Kennedy）总统执政时大幅削减了税率，从而促进了消费的旺盛和股票价格的大幅上涨。

全球贸易兴盛

二战开始时，全球主要的工业化国家制造业出口是很低迷的，但到二战结束时，却迎来了一个国际贸易高速增长的时期。

国际货币基金组织、世界银行以及布雷顿森林体系的存在，减少了全球经济的波动和不确定性。除此以外，旨在推动全球贸易的一些新组织的设立也推动了全球贸易的繁荣——1948 年开启了关税及贸易总协定，1964 年开设了联合国贸易和发展会议。同年，还进行了第六轮关税及贸易总协定的谈判，即常被称为"肯尼迪回合"的多边贸易谈判。到 1967 年，这些贸易谈判使得许多商品的贸易关税平均降低了 35％～40％。这在当时被广泛认为是史上最重要的贸易和关税谈判。

不仅是跨大西洋的经贸增长了，亚洲的经贸往来也增加了，比如：20 世纪五六十年代，从日本到美国出口额的年增长率接近 20％；1950—1975 年间的贸易量比 1913—1950 年间的贸易量高出了八倍。[①]

---

① Glyn, A., Hughes, A., Lipietz, A. and Singh, A. (1988). The rise and fall of the golden age. United Nations University WIDER Working Paper 43/1988.

婴儿潮

在二战结束后的这一时期，绝大多数发达经济体的人口显著增长了（见图表4.5）。这轮婴儿潮极大地推动了总需求的增加。[①]结婚人数和生育率不断提高，新出生人口也显著增加。

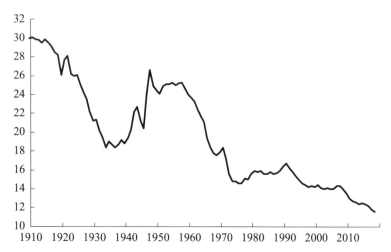

图表4.5　二战后这一时期见证了生育率显著增加：
美国出生率（每一千人中的新生人口数）

资料来源：美国卫生与公共服务部。

黛安·J. 马库诺维奇（Diane J. Macunovich）将这场在西方世界同步发生的婴儿潮称为"出生人口地震"。在不少西方国家，每年的新生人口数短短几年内就翻了一番。这点很出人意料，因为无论人口统计学家还是社会学家们都没有预期到这波婴儿潮。

---

① Anstey, V. (1943). *World Economic Survey*, 1941–42 [Book Review]. *Economica*, 10 (38), pp. 212–214.

在 1944 年时所做的对欧洲长期人口的预测认为：欧洲城市居民的
生活方式和生活理念，会逐渐传播到贫困地区，从而造成生育率
降低的压力。[①]

　　婴儿潮还带来了巨大的社会文化变革。从电影、绘画、音乐、
服装到家具设计，各个领域都出现了创意的大爆发。房屋建造速
度的加快，带动了家具更现代化、更实惠的一轮流行风潮。新材
料的使用，也推动了在创意产业中新的应用。正如纽约大都会艺
术博物馆所描述的："一种新的乐观主义，充满对未来的期待，盛
行了起来。"此时乐观的社会情绪，也外溢到了消费需求和股权投
资回报上。[②]

消费和信贷的繁荣

　　二战后的这个时期，失业率的急剧下降增强了消费者的信心。
在英国，社会高福利制度以及其他社会保障网的建立，在助长人
们乐观情绪的同时，鼓励大家借钱消费。[③] 例如：二战后这一时期
的英国，首次发布了《关于社会保障的贝弗里奇报告》，还于 1948
年设立了英国国家医疗服务体系（NHS）。英国政府在社会保障上的
支出从 1939 年占 GDP 的 4.9％增加到了 1974 年的 8.3％。税收占
GDP 的比重也从 1937 年的 21.6％增加到了 1951 年的 33.5％。20 世
纪 40 年代后期，英国一个高收入家庭应纳税额占总收入的比例大约

---

①　Notestein, F. W.（1983）. Frank Notestein on population growth and economic development. *Population and Development Review*, 9（2）, pp. 345 - 360.

②　Goss, J.（2022）. *Design, 1950 - 75*. Essay-The Metropolitan Museum of Art.

③　Vonyó, T.（2008）. Post-war reconstruction and the Golden Age of economic growth. *European Review of Economic History*, 12（2）, pp. 221 - 241.

为 80%。① 但是与此相对的是，消费者的借贷也在不断增多。

这场繁荣带来的后果是，消费者负债变多了。美国家庭的负债占家庭收入的比重，从 20 世纪 50 年代初不到 40%，上升到了 21 世纪第一个十年的近 140%。

社会转向更高的家庭负债，这主要是由信贷市场的多个创新引起的。消费信贷的理念并不是新的。篆刻在古老的黏土板上的楔形文字可以证明：早在 5 000 多年前，古代美索不达米亚的商人在和邻邦哈拉帕商人之间交易时，就已经使用过信贷的方式。②

信贷市场的创新在 20 世纪 50 年代发展迅速。一系列无须抵押的信用分期、循环贷款和学生贷款等新产品，在二战后的美国市场上变得越来越流行。这些消费贷款的提供方既有政府（提供学生贷款和政府支持的按揭贷款），也有私营企业，包括零售企业、银行和信用卡公司，以及非营利的信贷组织。

但是，最关键的创新可能是信用卡的引入。在这一时期，百货公司发行的信用卡变得越来越受欢迎。1950 年，第纳斯俱乐部卡成为第一张可以广泛使用的通用信用卡。它是由弗兰克·麦克纳马拉（Frank McNamara）和拉尔夫·施耐德（Ralph Schneider）发明的，起因是麦克纳马拉在一家餐馆付账时，发现自己把钱包忘在了家里。

美国运通公司在 1958 年发行了其第一张信用卡，允许消费者

---

① Crafts，N. (2020). Rebuilding after the Second World War：What lessons for today? Warwick Economics Department，CAGE Research Centre.

② Frankel，R. S. (2021). When were credit cards invented：The history of credit cards. Available at https：//www. forbes. com/advisor/credit-cards/history-of-credit-cards/.

在支付年费后，按月支付所消费的账单。信贷的增长，加上社会的其他一些变化，激发了经济增长和乐观社会情绪的良性循环。尤其是在美国，城市近郊的发展，意味着人们往返工作地点越来越多地依赖汽车出行，因而对汽车的需求激增。到 1955 年，通用汽车公司成为美国第一家年营业收入超过 10 亿美元的公司，它的汽车销量超过了主要竞争对手销量的总和。以年营业收入来衡量，它是最大的一家公司（到 2008 年，通用公司的股票价格已经回落到了它 1954 年时的水平[1]）。

随着汽车销量的增加，对公路的需求也增加了。1956 年，美国国会批准了建设州际公路系统。到 1960 年，美国已建成大约一万英里的州际公路，这反过来又为沿线的服务业（包括餐饮、汽车旅馆、加油站和电影院，见图表 4.6）提供了新的商业机会。同时在美国，位于主城区外的购物中心开始出现，到 1964 年全美已有超过 7 600 家购物中心，其中许多都毗邻快速发展的城区近郊。

消费主义无处不在

消费主义变成了一种生活方式。许多公司都鼓励人们"有计划地淘汰"——每年更新服饰，甚至是汽车的款式，从而让消费者想买得更多。[2] 在这之后的几十年里，这一趋势给人们生活带来了很大的影响，而且这些影响一直持续到数十年后才逐渐受到社会的关注。这些商品在营销时，往往被宣传成可以让人们生活得

---

[1]　*The Economic Times*（2008，July 1）. General Motors's stock skids to 1950s level.

[2]　Whiteley，N.（1987）. Toward a throw-away culture. Consumerism，'style obsolescence' and cultural theory in the 1950s and 1960s. *Oxford Art Journal*，10（2），pp. 3 - 27.

图表 4.6　汽车影院：20 世纪 50 年代，汽车影院里停满了车，
而银幕中的人们站在一辆新车旁

资料来源：照片由 New York Times Co. /Hulton Archive/Getty Images 提供。
https：//www. gettyimages. com/detail/news-photo/vehicles-fill-a-drive-in-theater-while-peo-
ple-on-the-screen-news-photo/ 3076062。

更轻松，但实际上无非是企业为了追求更高的销售额和利润。当
一位著名的工业设计师被问到对于好的产品设计以及审美的看法
时，他半开玩笑、半认真地回答道：“最美的曲线就是，不断增长
的销售额曲线。”这说明了消费主义对于许多公司都有着极大的吸
引力。[①] 这一时期的低失业率也鼓励消费者通过借贷来满足日益增
长的消费欲望。

　　20 世纪 50 年代电视行业的发展，进一步激发了对“新”生活
方式的广告宣传，为广告商们提供了一个方便触达更多观众的机

---

　　① Raymond Loewy Quotes-The Official Licensing Website of Raymond Loewy.

会。大众商业电视的发展，也给零售商品的销量带来了积极的影响。与此相关联地，加州大学伯克利分校的金宇珍（Woojin Kim）认为：美国情景喜剧的发展也有助于推广理想化的城郊生活和消费主义的生活方式。[1]

20 世纪 50 年代和 60 年代见证了消费文化和广告创意的爆发式增长。安迪·沃霍尔（Andy Warhol）在他的标志性艺术作品《可口可乐》中就体现了流行文化的这一变化。[2]

消费的繁荣在美国最为显著，并开始逐渐在大多数发达工业化国家中显现。1957—1963 年间，时任英国保守党首相的哈罗德·麦克米伦（Harold Macmillan），于 1957 年在贝德福德足球场的一次演讲中说道："坦率地说，我们绝大多数的人从未生活得像现在这么好。在国内走走，无论是去工业化城镇，还是农场，你会看到我们一生中从未有过的繁荣景象。这样的景象在这个国家的历史上确实也从未有过。"

消费者购物方式的创新营造了一种全新的时尚和兴奋感，进一步支撑了消费文化的崛起。在美国，一个广受欢迎的创新来自塔珀韦尔公司。塔珀韦尔聚会的兴起，推动了二战后的人们对形形色色消费品的渴望。塔珀韦尔公司的策略是，首先判断聚会主办方想要哪些商品，然后告诉他们需要举办多少次这样的聚会，就可以直接拿到这些商品。此外，公司还通过各种各样的促销方

① Kim，W. (2022). Television and American consumerism. *Journal of Public Economics*，208，art. 104609.

② Whiteley，N. (1987). Toward a throw-away culture. Consumerism，'style obsolescence' and cultural theory in the 1950s and 1960s. *Oxford Art Journal*，10（2），pp. 3 - 27.

式和奖品，如厨房家电，作为对高销售额的奖励，从而刺激消费者的购买欲望。这样将销售工作外包给消费者的方式，有助于提高公司的销售额和利润率。英国零售业的一个重要创新是自助式商店。客户可以自由地选择想要的商品，然后再拿到收银台付款。这一购物方式的兴起，最初是由于战争时期的售货员数量短缺。1947 年时，英国只有 10 家自助式商店；但到 1962 年，自助式商店的数量增长到了 12 000 家；到 1967 年，更是增长到了 24 000 家。到 1952 年，一半的特易购（Tesco）商店都是自助式的了。①

社会对于将来经济增长和消费品牌的乐观情绪，也蔓延到了股票市场。20 世纪 60 年代，快速扩张的跨国企业的出现，激发了人们对股市的信心，尤其是美国所谓的"漂亮 50"股票。投资这些股票背后的理念是：你永远不必担心它们的估值，因为这些公司要么现在利润快速增长，要么预期未来可以实现高速增长。不仅如此，这些企业中很多还拥有知名品牌。

美国消费的繁荣和公共开支的增加，对全球经济失衡造成了一定的负面影响。在 20 世纪 60 年代，随着时间推移，布雷顿森林体系下原本以固定汇率兑换黄金的美元的价格被高估。② 此外，美国政府公共开支的大幅增加，包括林登·约翰逊（Lyndon Johnson）总统的"伟大社会"计划和因越南战争增加的军费开支，进一步增大了金本位制面临的压力。到 20 世纪 60 年代末期，金本位制已经承受了极大的压力。最终，理查德·尼克松（Richard Nixon）总

---

① Eduqas（2018）. *Austerity，Affluence and Discontent：Britain，1951 - 1979* [GCSE History Resource].

② Federal Reserve Bank of Boston（1984）. *The International Monetary System：Forty Years After Bretton Woods*. Boston, MA：Federal Reserve Bank of Boston.

统在 1971 年宣布"暂时"停止美元和黄金的自由兑换[1]，放弃金本位制。"漂亮 50"股票泡沫也就随之破灭了。随着当时的高失业率和高利息支出，大量的消费贷款也从原本的良性循环，转而进入了恶性循环。

大多数股票市场的股指在经历了之前长达十五年的大幅上涨后[2]，于 1966 年前后都已经达到了一个高点。随之而来的熊市，从性质上来看属于结构性熊市。1966—1982 年间，由于通货膨胀和利率的急剧攀升，美国股市以实际价格水平衡量下跌了 75%。这就是我会在下一章中重点讨论的结构性周期。

---

[1] International Monetary Fund (2020). The end of the Bretton Woods System (1972 - 81). Available at https：//www. imf. org/external/about/histend. htm.

[2] Crafts, N. F. R. (1995). The golden age of economic growth in Western Europe，1950 - 1973. *The Economic History Review*，48（3），pp. 429 - 447；United Nations (2017). Post-war reconstruction and development in the Golden Age of Capitalism. *World Economic and Social Survey 2017*，pp. 23 - 48.

第五章

1968—1982 年：通货膨胀与低回报率

将来的某个时点，这个大坝将会崩塌，群体心理也会改变。

——保罗·沃尔克（Paul Volcker）

20 世纪 70 年代初到 80 年代初，对于投资者来说是史上最差的十年之一（见图表 5.1）。通货膨胀和利率飙升，加上两次严重的经济衰退和其间断断续续的经济增长，都对股票市场和固定收益市场造成了很大的压力。这样的宏观经济环境通常被称作滞胀。这些影响因素的结合，导致了一个持续超过十年的"肥而平"的周期。在此期间，股市的波动性高，但回报率却较低。这一时期的主要影响因素包括：

- 高利率与低增长

- 社会动荡与罢工

- 贸易崩溃、保护主义增加和监管趋严

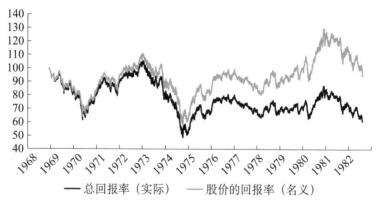

时期		股价的回报率 （名义）		总回报率 （实际）		席勒市盈率		每股 收益增速
开始时间	结束时间	回报率	年化	总计	年化	开始时	结束时	年化
1968年11月	1982年8月	−5%	0%	−39%	−4%	22.2x	6.6x	10%

图表 5.1　20 世纪 70 年代初到 80 年代初
对于投资者来说是史上最差的十年之一

注：席勒市盈率是一个估值指标。它是用指数价格除以通胀调整后的 10 年期平均每股收益计算得出的。

资料来源：高盛全球投资研究。

● 政府负债高，企业利润率低

在经历了此前 15 年股市大幅上涨后，全球大多数主要股票市场在 1966 年都已经到达了一个高点，美国股市是在 1968 年到达高点。接下来发生的熊市，从性质上来看是结构性的。在 1968—1982 年期间，受到通胀和利率同时快速上升的影响，美国股市从名义回报率上来看下跌了 5％。如果剔除通胀影响，从实际回报率上来看，美国股市年化回报也没有上涨。就像 20 世纪 30 年代和 40 年代的熊市一样，这次超级周期中包含了至少两次熊市，它们叠加成了一个大的超级周期。

投资者"失去的十年"

20 世纪 70 年代对投资者来说是一个股市波动率高而回报率低的时期。因此，可以将其描述为一个"肥而平"的超级周期。按照名义值水平来算，股票市场指数是有所上涨的，但是由于这一时期存在高通胀，经通胀调整后的实际回报率则要低得多。正如图表 5.1 所示，股息分红变成了这一时期权益市场投资回报的一个重要组成部分。因为分红是与通胀率保持同步的，所以它为投资者对抗物价提升提供了一定的保障。

高通胀和高利率结合，迫使经济陷入了深度衰退，导致了居民部门的财富净值缩水以及企业部门的利润率下降。

泡沫破灭前

虽然绝大多数股票市场都在 20 世纪 60 年代末达到了顶峰，但也有少数被称为"漂亮 50"的大型公司在 20 世纪 60 年代末到 70 年代初股价表现十分强劲。这些公司中的许多都享受了丰厚的资本回报率，这点与 20 世纪 90 年代末的科技泡沫时期不同，那时的市场主要由资本回报率低的创新型公司所主导。不仅如此，这些大型公司还让投资者们相信这样的高回报率将来是可以长期持续下去的，投资者们将从中获益。因此，它们常被称作"只要作一次决策"的股票。于是，投资者们兴高采烈地不顾股价高低，买入并持有它们。从"价值股"转向"成长股"投资，变成了当时的一个流行趋势。

尽管没有专门针对这些大市值跨国公司的官方指数，它们仍然在全球经济增长和低利率的宏观环境中蓬勃发展了起来。但是，这些公司的股价变得越来越贵了。1972 年，当标准普尔 500 指数的市盈率为 18 倍时，漂亮 50 的平均市盈率就是它的两倍多。宝丽来的市盈率超过了 90 倍，迪士尼和麦当劳的前瞻市盈率也超过了 80 倍。尽管估值很高，杰里米·西格尔（Jeremy Siegel）教授却认为：这些股票中的绝大多数，确实可以成长达到这样的估值水平，并会带来可观的投资回报。[①]

类似这样的说法，也推动了后来在 20 世纪 90 年代末对"新经济"股票的关注，而且在全球金融危机后又再次出现了。在这些时期，和 20 世纪 60 年代一样，价值型（或"旧经济"）股票变得不受青睐。

在高利率的压力下发生的金融资产崩溃所引起的估值下行，速度是非常快的。采用典型的均衡策略的投资组合通常由 60% 的

---

① Siegel, J. J. (2014). *Stocks for the Long Run：The Definitive Guide to Financial Market Returns & Long-Term Investment Strategies*. New York：McGraw-Hill Education.

股票和40%的债券组成。在不考虑2008—2009年全球金融危机（详见第七章）的前提下，它的最大回撤或下跌幅度在二战后的时期中是最大的（见图表5.2）。

在此期间，居民部门的财富受到了明显侵蚀（见图表5.3）。美国家庭净资产占GDP的比重下降了25%。主要原因之一是通货膨胀侵蚀了许多金融资产的实际价值，另一个原因是股价的下跌，虽然实物资产和房地产的价格上升了。

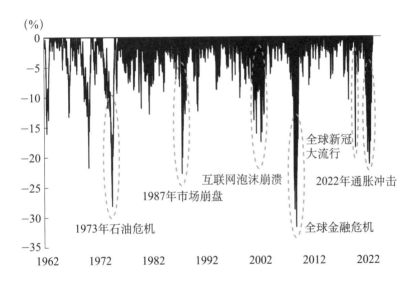

图表5.2 典型的均衡策略的投资组合，经历了历史上最大幅度的回撤：股票60%和债券40%的投资组合一年的回撤幅度。经月度平衡调整后的每日回报率

资料来源：高盛全球投资研究。

高利率与低增长

20世纪70年代"肥而平"长周期的主要驱动因素来自宏观、

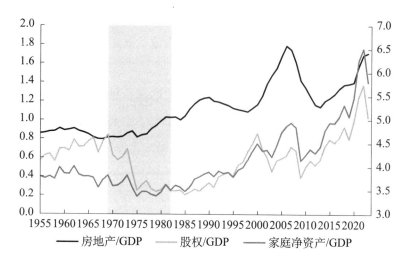

图表 5.3　20 世纪 70 年代居民部门的财富明显被侵蚀了：
住宅类房产、公司股权和家庭净资产占 GDP 的比重

资料来源：美联储发布的《美国金融账户》。

微观和地缘政治三个方面。从宏观上来看，通货膨胀和利率的快速上升引发了两次经济衰退，以及在两次衰退间隔期间的经济疲软；在微观层面上，更加严格的政府监管、劳动力市场的不稳定和利润率下降是重要的影响因素；从地缘政治上来看，冷战所引发的国际局势紧张、中东战争以及由此带来的石油危机，都对投资回报造成了负面的影响。

　　经济政策也发挥了一定的作用。二战后各国对经济政策的共识，很大程度上受到了大萧条对经济破坏的教训，以及凯恩斯经济稳定政策的影响。总的来说，这使得各国政府采取了互补性的财政政策（管理政府支出和税收）和货币政策（设定利率），来追求稳定的经济增长和充分就业。

　　在整个 20 世纪 50 年代和 60 年代，最为广泛接受的理论是失业率与通货膨胀之间存在稳定的关联关系，即所谓的菲利普斯曲线。而且人们认为在更低的失业率和更高的通胀之间，存在着某种平衡关系。制定政策时应重点考虑的，就是找到两者间的平衡点。

高失业率、社会动荡和战争的结合，也继续影响着整个 20 世纪 70 年代的政府经济政策。但是，随着布雷顿森林体系瓦解后经济下行压力不断增大，各国政府都越发明显地认识到：二战后形成的政策共识此时已经不再适用，我们需要一种新思路。

布雷顿森林体系的瓦解

根据布雷顿森林协议建立的全球汇率系统的崩溃，以及 20 世纪 60 年代各国政府的政策组合，共同导致了这一时期通胀率的升高。20 世纪 60 年代初，美国总统约翰·F. 肯尼迪的竞选承诺就是要让"经济再次运转起来"。在当选后，肯尼迪政府采取了大量积极的财政政策，包括了一系列的减税、投资税收抵免和加快资产折旧等措施。

原本按照布雷顿森林体系的固定汇率制，美元能以固定汇率兑换黄金。但是随着时间推移，到了 20 世纪 60 年代美元逐渐变得被高估了。当时美国与日本、德国之间的贸易逆差不断增长。许多美国跨国公司都在欧洲投资建厂，因为与美国相比，欧洲工厂的生产效率更高，而且美国工厂设施更老旧，这就使得融入创新技术的难度更大。同时，欧洲美元市场的出现，也为这些投资提供了新的便宜的融资渠道。贸易失衡，加上为资助美国在越南的战争而产生的巨额财政赤字，导致了美国国际负债的增加和黄金储备的不足。①

1966 年美联储开始快速提高利率，从年初的 1.5％提高到了 9 月的超过 6％。然而，1968 年林登·约翰逊总统计划为越南美军增兵，而这又进一步增大了美国经济和布雷顿森林体系面临的压力。于是同年 3 月，为了保持美元和黄金间的自由可兑换，美国仅在一天之内就不得不出售了 100 吨黄金。②

为了遏制资本外流，美国财政部与美联储采取了互补的政策。一方面，通过增发短期国债吸引资本；另一方面采取"控制收益率曲线"的政策，买入长期美国国债，以压低长期利率水平。美国政府则通过增加对外借款，来应对减税和越南战争支出的增加。通过维持低利率来"适应"政府支出的增长，使得货币供给快速增加，最终导致了物价上涨和通胀的压力，同时失业率仍处在高位。

20 世纪 70 年代阿拉伯和以色列的战争，加上石油输出国组织的石油禁运，进一步推动了通胀攀升。经济学家们开始区分"需求拉动型"通胀和"供给推动型"通胀，而这时各国政策制定者们却面临两难的局面。虽然各国央行可以通过提高利率来抑制过度旺盛的市场需求，但这并不能帮助减轻石油供给端的问题。而正是这些问题，导致了油价的不断上涨和更高的通货膨胀。

两位知名的货币主义经济学家——埃德蒙·菲尔普斯（Edmund Phelps）和米尔顿·弗里德曼（Milton Friedman），分别在

---

① Meltzer，A. H.（1991）. US policy in the Bretton Woods era. *Federal Reserve Bank of St. Louis Review*，73（3），pp. 54 - 83.

② Bryan，M.（2013）. The Great Inflation. Available at https：//www. federalreserve history. org/essays/ great-inflation.

1967 年和 1968 年指出：二战后各国经济共识的基础——菲利普斯曲线所描述的关联关系已经不再稳定，而且也不再适用于当前情况。他们认为：随着通胀的提高，工人们会以预期更高的通胀水平来调整他们的需求，从而使得菲利普斯曲线向上移动。换句话说，无论对应何种就业水平，通胀都会不断上升。因而要想维持低失业率，也需要通胀的不断提高。

国际市场的压力也在继续增大。与英国、法国等国相比，美国的利率水平较低，再加上黄金价格飙升，这就引发了大量的投机行为，资本也纷纷流出美国。到 1971 年中期，黄金价格已经上涨到了每盎司 40 美元以上。于是，许多国家都开始纷纷卖出它们的美元储备，买入黄金。1971 年 8 月，美国暂停了美元和黄金的自由兑换，同时向应缴税的进口商品开始征收 10% 的临时附加税，这引发了整个体系的崩溃。1971 年 12 月签订的《史密森协议》曾尝试挽救这个体系，但最终还是失败了。在布雷顿森林体系崩溃后，各国尝试采取各种不同的货币管理方式，但最终绝大多数货币汇率还是变成了自由浮动的，从而导致了市场波动性的增加。

随着阿以战争的紧张局势加剧，许多经济问题和金融市场紧张的氛围在 1973 年底变得更加严重了。当美国决定向以色列提供军事物资后，石油输出国组织成员国中的阿拉伯国家纷纷对美国实施了石油禁运。由此带来的结果是油价的飙升，到 1974 年初，油价直接翻了一倍。

油价的上涨不可避免地增加了企业的生产成本，因此引发了重大的供给端问题，进而导致了食品价格的飙升。这些情形和最近在全球新冠疫情后所看到的一样。全球的通胀率从 1971 年的略高于 5% 上升到了 1975 年的 10% 以上。一些国家则经历了更加严重的物价上涨：美国的通胀率从 1971 年的 3.3％上升到了 1975 年的 12.3％，而同一时期日本的通胀率从 4.5％飙升到了 24％以上。

在 1973 年的石油危机发生之前，全球 GDP 的年增长率为 5.3％，但在这十年中的后几年里降低了将近一半，仅为 2.8％。到了 20 世纪 80 年代初期，全球 GDP 增长率进一步放缓至 1.4％。[①]发达经济体所遇到的经济困难，在许多发展中国家被进一步放大。由于政府对外借款增加，这些国家的债务水平大幅上升。于是，它们只好通过大量回收石油美元，来解决一部分融资的问题。

高失业率和高通胀压力引发了经济危机的加剧，使得此前各国形成共识的政策方向发生了急剧转变。1979 年 10 月，时任美联储主席的保罗·沃尔克采取了一次强力的紧缩性货币政策，企图一劳永逸地控制通胀问题。世界各国央行也纷纷被迫大幅提高利率。其造成的影响是巨大的：实际利率飙升（如图表 5.4 所示），逆转了 1950—1973 年间形成的长期牛市的趋势。

美国和许多其他主要经济体在十年之中第二次陷入了衰退。对于新兴经济体而言，大量外债所带来的利息成本激增，使得它们负担更重了，筹集资金也变得越来越困难。在 1981—1982 年，当多家大型国际银行机构一致认为一些发展中国家可能无力继续偿还债务时，就突然停止了对这些国家短期贷款的续贷，这使得债务危机蔓延到了全世界。从 1982 年 8 月墨西哥的债务违约开始，

---

① United Nations Department of Economic and Social Affairs (2017). World Economic and Social Survey 2017: Reflecting on Seventy Years of Development Policy Analysis. New York: United Nations.

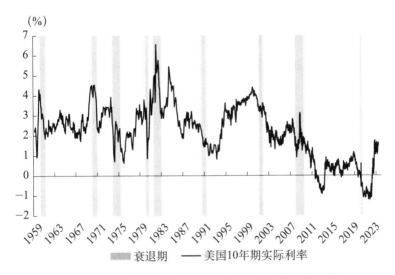

图表 5.4 20 世纪 70 年代实际利率飙升：美国 10 年期实际利率。阴影区域表示美国经济的衰退期（美国国家经济研究局数据）

资料来源：高盛全球投资研究。

危机迅速蔓延，全球新兴经济体接连发生一系列的债务违约。跨境银行借款的增长率急剧下滑。短短几年内，欧洲、非洲和拉丁美洲近 20 个国家都经历了一次或多次的债务危机，从而不得不寻求国际货币基金组织和其他多边国际组织的干预。[1]

社会动荡与罢工

随着 1970—1980 年间经济压力的不断加大，许多企业只好通过裁员来应对。失业率激增，导致需求进一步减少。由于失业率的上升，在这个十年的早期，工人罢工就已经变得很普遍了。例

---

[1] Boughton，J. M.（2002）. Globalization and the silent revolution of the 1980s. *Finance & Development*，39（1），pp. 40 – 43.

如，1970 年就有近 21 万美国邮政工人罢工，政府宣称罢工是非法的，这成了美国历史上最大的"野猫"罢工。理查德·尼克松总统也曾调动军队和国民警卫队平息罢工。仅 1970 年一年，参与罢工的工人数量就达到了自 1952 年以来的最高水平，比 1969 年高出了 33%。[①]

1970 年，美国有四个铁路工会组织罢工。1971 年，两次码头工人大罢工，导致了东西海岸和墨西哥湾主要港口关闭。1975 年，宾夕法尼亚州的 80 000 名工人联合州政府工作人员，进行了第一次合法的大罢工。1977—1978 年，罢工蔓延到了煤炭业。随着生活成本的持续攀升，罢工次数也在不断增多。1979 年，美国道路和卡车司机工会 20 多万工人发起了持续 10 天的大罢工。[②]

在大西洋的彼岸，罢工和社会动荡也越来越普遍。1968 年 5 月，法国发生的学生游行成为抗议活动的焦点（见图表 5.5）。这次抗议持续了七个星期，共有 1 100 万人参加。

英国也出现了类似情况。在 1970 年一年之中，由于罢工原因损失的工作时间累计超过了 1 000 万个工作日，其中包括护士和电力工人的罢工。这些罢工中有许多是非官方的，也没有得到工会的支持。到 20 世纪 70 年代末，由于一系列接连不断的罢工（见图表 5.6），英国经济遭受了很大的损失。这后来被称作 1978—1979 年的"不满的冬天"（这个词源于莎士比亚《理查德三世》的开篇语），导致民众对时任首相詹姆斯·卡拉汉（James Callaghan）投出了不信任票。四个月后举行了新的选举，玛格丽特·撒切尔

---

① Hodgson, J. D. and Moore, G. H. (1972). *Analysis of Work Stoppages*, *1970*. U. S. Department of Labor, Bulletin 1727.

② Schwenk, A. E. (2003). Compensation in the 1970s. *Compensation and Working Conditions*, 6 (3), pp. 29 - 32.

图表 5.5　1968 年 5 月，巴黎学生游行中一名学生向警察投掷石块

资料来源：Gamma-Keystone. https：//www. gettyimages. co. uk/detail/news-photo/un-%C3%A9tudiant-lance-des-pav%C3%A9s-sur-le-service-dordre-au-news-photo/1264479225.

（Margaret Thatcher）当选，由她领导英国政府前行。

政治环境的不确定性也变高了。美国 1973 年的水门事件和围绕中东地区不断加剧的地缘政治紧张局势，都加深了市场的担忧。投资者回报率大幅下降，使得与无风险政府债券相比的股票估值下降了，但股票的风险溢价（与安全的国债相比，投资高风险的股票所要求的回报）却提高了。沮丧和绝望的群体情绪在市场中蔓延。很多企业都倒闭了，尤其是能源密集型的制造业企业，这

图表 5.6　公共部门的工人集会：1979 年 1 月 22 日，在伦敦
海德公园，公共部门工人们举行集会，进行了为期 24 小时的罢工，
以抗议政府提出的在加薪幅度上 5% 的限制。集会后，人群游行到了
英国国会下议院。约有 150 万的公共服务员工参加了这次大罢工，
其中包括医院和救护车的工作人员

资料来源：照片由 Steve Burton/Keystone/Hulton Archive/Getty Images 提供。https://
www. gettyimages. com/detail/news-photo/public-sector-workers-at-a-rally-in-hyde-park-
during-a-24-news-photo/ 1477508105。

使得社会动荡进一步加剧。

在文化上，这些体现在了 20 世纪 70 年代后期出现的朋克音乐
风格上。该风格反映了一代年轻人的幻想破灭，这些年轻人找不
到工作，也几乎找不到未来的方向。[①] 正如冲突乐队（The Clash）

---

① Fletcher，N. (2018). "If only I could get a job somewhere"：The emergence of British
punk. Young Historians Conference，19. Available at https：//pdxscholar. library. pdx. edu/
younghistorians/ 2018/oralpres/19.

1976 年在接受《泰晤士报》采访时所说："如果有工作的话，我们就会去歌唱爱情和亲吻。"① 这一时期歌曲的歌词反映了一种失落和被遗弃的感觉，而不像 20 世纪 70 年代早期音乐中的希望和理想主义。性手枪乐队（Sex Pistols）的《没有未来》（*No Future*）[《上帝拯救女王》(*God Save the Queen*)] 和《没有未来/在英格兰的梦想》（*There is No Future / In England's Dreaming*）反映出了当时人们愤怒和被遗弃的感觉。② 流行乐队 UB40 的名称来自政府的失业救济表格，而且他们还在 1980 年的首张专辑《下岗》（*Signing off*）的封面上用了这个表格。法国也是一样，受各类事件启发的一大波流行歌曲涌现了出来，包括创作歌手雷欧·费雷（Léo Ferré）的《68 年的夏天》（*L'Été 68*）。当时社会的骚乱和动荡，产生了广泛而持久的影响。滚石乐队（The Rolling Stones）的歌曲《街头斗士》（*Street Fighting Man*）就影射了法国的骚乱。更近期一些，石玫瑰乐队（Stone Roses）的专辑中包含了一首有关这些事件的歌曲《再见坏人》（*Bye Bye Badman*）。这一时期也对电影业产生了重要影响。许多影片如弗朗索瓦·特吕弗（François Truffaut）的《偷来的亲吻》（*Baisers volés*，1968 年）就描述了当时的骚乱。当然，也不能过分夸张地说这波浪潮统治了当时的文艺圈，这一点也很重要。当时其他的主流音乐也很受欢迎，只是引发的争议较少。例如：性手枪乐队的《上帝拯救女王》发布的时间碰巧正值女王的银禧庆典，所以被 BBC 禁播了，

① Church，M.（1976，November 29）. Catching up with punk. *The Times*.

② Lydon，J.，Matlock，G.，Cook，P. T. and Jones，S. P.（1976）. *No Future (God Save the Queen)*.

这也增加了它的文化意义。[①]

贸易崩溃、保护主义增加和监管趋严

高通胀、高失业率和低经济增长相结合，导致了美国和英国在内的多个国家出现了一系列创历史纪录的贸易逆差。而另外一些国家，如日本（见图表5.7）和几个欧洲国家，则产生了创历史纪录的贸易顺差。这些贸易赤字国家的政策制定者们采取了各种方式，来减少进口或推动大额资本的回流。但是，后者却由于其他国家广泛实行的资本管制，而难以达到应有的效果。

其结果造成了贸易保护主义的增加。虽然在《关税及贸易总协定》"东京回合"的贸易谈判中，各国一直在讨论减免关税，但是由于日本不断增长的贸易顺差，美欧与日本之间的紧张关系仍在不断加深。当时的这些关注点在一定程度上与21世纪第一个十年中国贸易顺差不断增长时的情况非常相似。

最后采取的方法是，对于《关税及贸易总协定》中没有明确覆盖的一些领域，引用所谓的"自愿"贸易限制，来绕过《关税及贸易总协定》。[②]

美国和欧洲一起向日本施压，要求其自愿限制出口，特别是汽车业和钢铁制造业。美国发起了更多的反倾销诉讼，对发展中国家采取了更多的保护主义措施。1974年，美国引入了《国际纺织品贸易协议》。该协议对发展中国家出口到发达国家的服装和纺

[①] 在发行45年后的2022年6月4日，恰逢女王铂金庆典周末，这首歌重新发行，首次登上了英国音乐排行榜第一名。

[②] Irwin, D. A. (1994). The new protectionism in industrial countries: Beyond the Uruguay Round. IMF Policy Discussion Paper No. 1994/005.

（十亿美元）

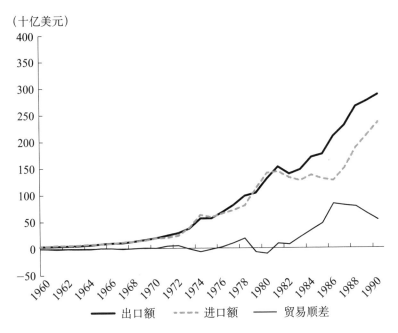

图表 5.7　日本贸易顺差快速增长：日本的出口额、进口额和贸易顺差（1960—1990 年）

资料来源：日本财政部。

织品数量增加了配额限制，这个协议一直持续到 1994 年。随着自由贸易潮流的退去，许多企业的成本增加、利润率下降了。

公共支出增加，企业利润率下降

在这一时期，美国和其他许多国家的公共支出都出现了急剧增长。美国时任总统林登·约翰逊提出的"伟大社会"计划以及为资助越南战争所增加的军费开支，导致了更严重的政府赤字。战争和地缘政治的紧张局势（包括太空竞赛），也导致了苏联政府开支的增加，进一步激化了美苏之间的军备竞赛。在 20 世纪 70 和

80 年代，苏联在军事和太空上的开支约占 GDP 的 15%，是美国的三倍、欧洲的五倍（麦迪逊数据库，2010 年）。[①]

与此同时，欧洲各国的政府开支也增加了，主要是用于建设福利国家以及提高政府管控和企业的国有化程度。例如 20 世纪 70 年代，英国就有许多工业被纳入了公共管理（在许多其他国家已经是公共管理的），包括：1969 年的国家巴士公司和邮政局，1971 年的劳斯莱斯公司，1973 年的地方供水公司和英国天然气公司，1975 年的英国石油公司，1976 年的国家企业局（一个国家控股公司，用于持有工业公司的全资或部分股权）和英国利兰公司（包括捷豹和路虎等公司），1977 年的英国航空航天公司。

公共支出的增加和员工工资的上涨，导致了企业部门利润占 GDP 的比例持续降低。实际上，企业部门的利润受到了多方挤压，包括：监管增加、高利率、高税负、外部环境的不确定性变大、高能源费用和高工资成本。如图表 5.8 所示，美国企业部门的税后利润占 GDP 的比例大幅下降。

经济衰退的终结

到了 20 世纪 70 年代末，股票市场经历了一段快速反弹。在美国，1980 年 11 月罗纳德·里根（Ronald Reagan）击败了吉米·卡特（Jimmy Carter）当选总统，被视为对市场更加友好的共和党控制了参议院。自 1976 年以来，道琼斯指数首次回升到了 1 000 点以上。但是这样的市场热情并没有持续多久。又一轮利率的大

---

① Maddison Database (2010). https://www.rug.nl/ggdc/historicaldevelopment/maddison/releases/maddison-database-2010? lang=en.

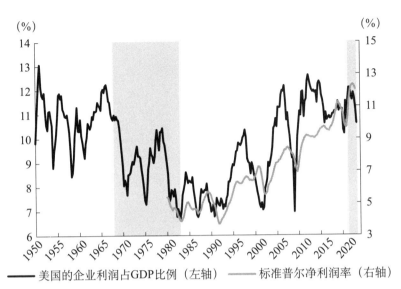

美国的企业利润占GDP比例（左轴）　　标准普尔净利润率（右轴）

图表 5.8　在 20 世纪 70 年代和 80 年代，企业利润占 GDP 的比重下滑：阴影标注的是通胀期间（1968—1982 年和 2022—2023 年）

资料来源：高盛全球投资研究。

幅提升（美联储将其贴现率提高到史上最高的 14％）使得股市再次暴跌。于是世界上绝大多数经济体再次陷入了衰退。1981 年，高通胀、高失业率和经济发展停滞，带动了全球股市的进一步下跌。但是，这时候股市崩塌后的低估值，也开始为历史上最大、持续时间最长的牛市之一种下了一颗希望的种子。

第六章

1982—2000 年：现代周期

戈尔巴乔夫先生，请打开这扇门！戈尔巴乔夫先生，请拆除这堵墙！

——罗纳德·里根

总体上来说，1982—2000 年的长期牛市是金融市场呈现高回报和低波动的一个时期（见图表 6.1）。尽管如此，就像大多数的长期牛市一样，它也包含了多个短周期。这一时期与 1968—1982 年间相似，绝大多数经济体经历了两次经济衰退（20 世纪 80 年代初和 90 年代的经济衰退，都很严重而且对经济伤害很大）。但是，与 20 世纪 70 年代"肥而平"的长期趋势不同，80 年代的经济衰退伴随着通胀和利率的同时下降，从而使得股市取得了强劲的回报。

在这一次完整的超级周期中，美国股市创造了超过 1 300％的实际总回报率，折合年化回报率为 16％。这个数字包含了股息，扣除了通胀率的影响。这一时期股息分红的增长弥补了通胀所带来的影响（见图表 6.1）。

许多复杂的因素共同造就了这一时期的高回报率，包括：

（1）伟大的现代化；

（2）通胀降温和资金成本下降；

（3）供给侧改革（包括放松监管和私有化）；

（4）苏联解体（地缘政治风险降低）；

（5）全球化与合作；

（6）中国和印度带来的影响；

（7）泡沫和金融创新。

1. 伟大的现代化

现代周期，常常归因于经济各个方面的"伟大的现代化"（见图表 6.2）。这种形容方式是由詹姆斯·斯托克（James Stock）和

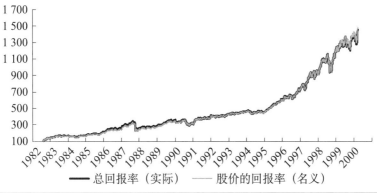

时期		股价的回报率 （名义）		总回报率 （实际）		席勒市盈率		每股 收益增速
开始时间	结束时间	回报率	年化	总计	年化	开始时	结束时	年化
1982年8月	2000年3月	1 391%	17%	1 356%	16%	6.6x	43.2x	15%

**图表 6.1　1982—2000 年的长期牛市，
是金融市场呈现高回报和低波动的一个时期**

注：席勒市盈率是一个估值指标。它是用指数价格除以通胀调整后的 10 年期平均
每股收益计算得出的。

资料来源：高盛全球投资研究。

马克·威尔逊（Mark Wilson）所提出的，指的是包括通胀、利
率、GDP 和失业率[①]在内的多个关键宏观经济变量的波动性显著
减少。奥利维尔·布兰查德和约翰·西蒙（Olivier Blanchard and
John Simon，2001）指出，从 20 世纪 80 年代初开始的 20 年间，
每季度实际经济产出增长率的波动幅度降低了一半（以标准差衡

---

① Stock，J. H. and Watson，M. W.（2002）. Has the business cycle changed and
why? *NBER Macroeconomics Annual*，17，pp. 159 - 218.

量），每季度通胀率波动幅度减少了大约三分之二。[1]

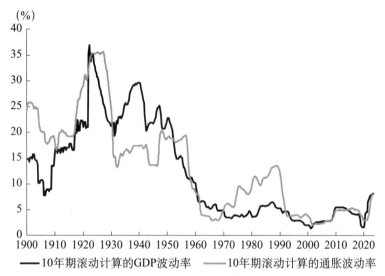

图表 6.2　独立的中央银行促使经济周期变长、波动幅度降低：
10 年期滚动计算的 GDP 和通胀率的波动

资料来源：高盛全球投资研究。

这些有利的变化为金融市场投资者们带来了许多积极影响。波动性的降低，使得公司规划未来发展变得更容易，且成本也更低，同时也降低了投资者对冲风险的需求和相关成本。[2] 经济产出波动性的降低，还有助于减少就业率波动。这又反过来降低了企业、家庭和投资者们面临的不确定性。不确定性的下降能够降低风险溢价（因为未来结果的不确定性，投资者要求更高的回报

①　Brookings（2001）. The long and large decline in U. S. output volatility. Available at：https：//www. brookings. edu/articles/the-long-and-large-decline-in-u-s-output-volatility/.

②　Bernanke，B.（2004）. The Great Moderation：Remarks before the Meetings of the Eastern Economic Association，Washington，D. C.

率），从而减少资金成本。这一周期中的多数时间都伴随着家庭财富的增加和收入水平的提高。与此同时，企业利润率在增加，也推动了资本回报率的提高。尽管这一时期波动性保持在较低水平，但也有人认为由于投资者们承担了更高的风险，所以这是造成将来波动性增大的原因之一。这种所谓的波动性悖论常常被认为是引发接下来的科技股泡沫和全球金融危机时风险上升的重要原因。[①]

2. 通胀降温与资金成本下降

20 世纪 50 年代末和 60 年代初，许多经济体的通胀率都维持在较低且稳定的水平，美国大约在 1% 左右。之后从 20 世纪 60 年代中期起通胀率开始攀升，并在 1980 年甚至超过 14%。20 世纪 80 年代后期，通胀率已回落到了大约 3.5% 的水平，与此同时，利率也显著下降了。这段时间里，利率的整体下行趋势也反映了通胀的显著降低。

从 1982 年 8 月到 1999 年 12 月，道琼斯工业指数的平均复合年化实际回报率为 13%，远高于长期平均回报率，或者说，也确实超出了这一时期企业盈利增长以及账面价值的增长。[②] 这一时期的长期牛市，很大程度上反映了估值的扩张，即因折现率的下降，同时推高了股票和固收类资产（债券）回报率的一种现象。但是，

---

①　Danielsson, J., Valenzuela, M. and Zer, I. (2016). Learning from history: Volatility and financial crises. FEDS Working Paper No. 2016 - 93.

②　Ritter, J. R. and Warr, R. S. (2002). The decline of inflation and the bull market of 1982 - 1999. *The Journal of Financial and Quantitative Analysis*, 37 (1), pp. 29 - 61.

这次长期牛市的最主要驱动因素，是企业每股收益的强劲增长（见图表 6.3），以及利率和通胀率的下降（见图表 6.4）。

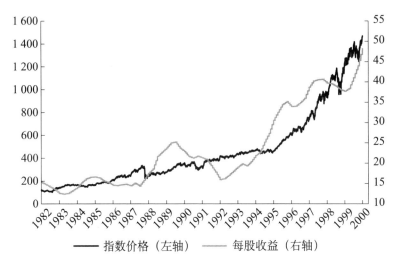

图表 6.3　现代周期的特点是公司每股收益的强劲增长：
标准普尔 500 指数价格和每股收益的变动情况

资料来源：高盛全球投资研究。

欧洲利率趋同

使得全球范围利率下降的另一个原因，是 20 世纪 90 年代中期发生的欧洲逐步转向单一货币制度。[①] 需要说明的是，在此前的 20 世纪 90 年代早期曾有一段时间欧洲局势相当紧张。这主要是由于当时德国统一，使得意大利和英国退出了单一货币制度的前身——欧洲汇率机制所引起的。意大利和英国之后都遭受了严重的经济

　　① Côté，D. and Graham，C. (2004). Convergence of government bond yields in the euro zone：The role of policy harmonization. Bank of Canada Working Paper No. 2004 - 23.

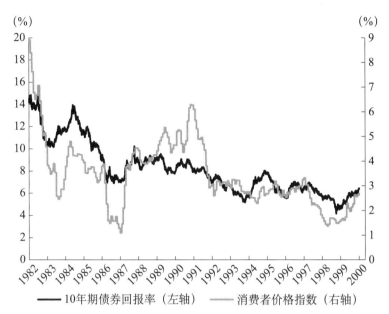

图表 6.4 现代周期的另一特点是通胀率和利率的降低：
美国 10 年期债券的名义回报率和年化的消费者价格指数

资料来源：高盛全球投资研究。

衰退，这使得提高利率来保护本国汇率变得更加困难。由于那时两国都有较高的财政预算和经常项目赤字，美元的走弱就使得它们原本脆弱的经济更加雪上加霜。

欧洲各国面临的经济压力一直在不断累积：1992 年丹麦否决了《马斯特里赫特条约》，民众还担忧即将到来的法国公投。于是，越来越多的投机者向英镑和里拉施压，迫使中央银行干预，买入本国货币。1992 年 9 月 16 日，英国政府将利率从已经很高的 10％ 提高到了 12％，试图吸引国外投资者买入英镑。由于英镑继续走弱，财政大臣诺曼·拉蒙特（Norman Lamont）于是承诺将利率提高到 15％。但是，金融市场认为这次利率的提高是不可持续的，因为这可能会引发严重的经济衰退。到了这天结束时，英国政府只好宣布，将退出欧洲汇率机制。这一事件在历史上被称为"黑色星期三"，第二天英格兰银行将利率降回到了 10%。

尽管欧洲汇率机制面临过危机，但到了 20 世纪 90 年代中期，欧洲的"趋同交易"在金融市场上占据了主导。高通胀国家的债券收益率也随着它们趋同于德国债券而崩塌了（见图表 6.5）。

欧洲各国的股票市场表现强劲（见图表 6.6），尤其是一些所谓的外围国家（特别是意大利、西班牙）的股市表现，更是超过了其他国家。

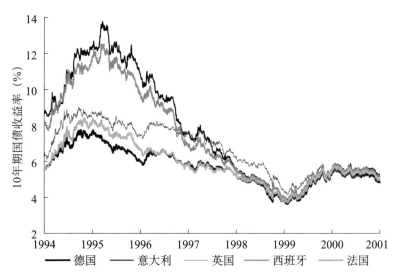

图表 6.5　欧洲各国 10 年期国债收益率逐渐趋同
资料来源：高盛全球投资研究。

货币政策和"美联储救市"

尽管 1982—2000 年的长期牛市表现强劲，但这期间也发生了

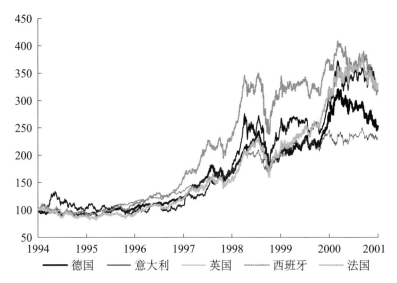

图表 6.6 随着债券收益率下降欧洲各国股指的回报率快速提高，以 1994 年的股指为基数 100 来衡量

资料来源：高盛全球投资研究。

多次金融危机，其中主要包括：拉丁美洲的债务危机（1982 年和 1994 年）、1984 年美国大陆伊利诺伊银行倒闭、20 世纪 80 年代开始的美国储蓄和贷款危机、1997 年亚洲金融危机、1998 年长期资本管理公司崩塌和 2000 年的互联网泡沫破灭。

每次危机中，利率都被降到了一个相对很低的水平。各国央行，尤其是美联储，在遇到市场下跌时就降低利率的做法，是这一轮长期牛市重要的调节机制之一。这被人们称为"美联储救市"。

在这个超级周期中，第一次用调低利率来应对冲市场冲击，发生在 1987 年股市崩盘的"黑色星期一"，当时美国政府反应速度很快。① 在股市崩盘后的第二天（10 月 20 日）股市开盘前，美联储就发表了一份声明，说道："美联储一直承担着国家中央银行的职责。今天我们已经做好了准备，为保障美国的经济和金融系统提供流动性支持。"②

中央银行声明它是市场上最后的资金提供方。这样承诺的目的就是为了扭转危机发生时的大众心理，从而确保银行系统的安全和稳定。发出声明的同时，中央银行将联邦储备基金利率下调 1％（从 7.5％降至 6.5％），增加了市场的流动性，防止股市崩塌蔓延到债券市场。

艾伦·格林斯潘（Alan Greenspan）在 1987—2006 年间担任了五届美联储主席。他在任职期间，曾多次采取这种激进的央行干预措施，包括：1986—1995 年间的储蓄和贷款危机、1991 年的海湾战争、1994 年的墨西哥债务危机，以及 1998 年国际上发生的一系列危机。

这些危机中的最后一次，于 1997 年从泰国开始，迅速扩大到亚洲和拉丁美洲的大部分地区。到 1998 年晚些时候危机已经蔓延到了俄罗斯，其随后的动荡更是导致了一家规模巨大的高杠杆对冲基金倒闭。尽管当时美国的失业率只有 4.5％，而且市场上普遍存在对通胀的担忧，美联储仍然在 1998 年秋季三次降息，每次降低 25 个基点，即 0.25％。它在 9 月份的降息声明中，重点谈到了美国经济增长的风险。声明指出："考虑到海外多个经济体的经济

① Miller, M., Weller, P. and Zhang, L. (2002). Moral hazard and the US stock market: Analysing the 'Greenspan Put'. *The Economic Journal*, 112 (478), pp. C171-C186.
② Parry, T. R. (1997). The October'87 crash ten years later. FRBSF Economic Letter, Federal Reserve Bank of San Francisco.

增长疲软和可能的金融条件收紧，我们积极采取措施，来对冲它
们对美国经济增长前景的影响。"[1]

为避免这些危机对经济可能带来的负面影响，央行发出公开
声明可以提升投资者的信心。在央行的快速干预和政策支持下，
投资者们会认为股市下行风险得到了有效抑制，他们的信心就变
得更足了。

经济刺激政策的规模太大，带来了经济的快速扩张，但反过
来又引起了 1998—2000 年的科技或互联网泡沫。在这两年的时间
里，标准普尔 500 指数上涨了 51%，即年化 23%。在这次泡沫破
灭后，美联储开始转而购买不动产抵押贷款证券作为一种经济刺
激手段，而这反过来又引发了之后的房地产泡沫和接下来的
2007—2008 年全球金融危机（详见第七章）。[2]

3. 供给侧改革（包括放松监管和私有化）

20 世纪 70 年代的诸多经济问题，加上罢工的增加和高企的物
价，使得对改革的呼唤日渐增加。20 世纪 80 年代，大多数发达经
济体的经济政策制定从政治视角上来看有"右倾"的趋势。随着
监管和政策环境变得更加宽松，一批热衷于采取"自由市场"方
式解决经济问题的领导人引领了这一潮流。在美国罗纳德·里根

---

①　Wessel, D. (2018). For the Fed, is it 1998 all over again? Available at https://www.brookings.edu/articles/for-the-fed-is-it-1998-all-over-again/.

②　Corsetti, G., Pesenti, P. and Roubini, N. (1998a). What caused the Asian currency and financial crisis? Part I: A macroeconomic overview. NBER Working Paper No. 6833. Corsetti, G., Pesenti, P. and Roubini, N. (1998b). What caused the Asian currency and financial crisis? Part II: The policy debate. NBER Working paper No. 6834.

总统和英国玛格丽特·撒切尔夫人的联合带动下，开创了供给侧改革的时代。德国的赫尔穆特·科尔（Helmut Kohl）和日本的大平正芳（Masayoshi Ohira）当时也进行了经济改革。席卷各国的经济改革政策包括：将公共事业私有化（尤其是英国）、放松监管从而扩大市场竞争、削弱工会权力和税收改革。[1]

供给侧改革的理论核心是拉弗曲线——一条反映税收和经济增长之间相互关系的曲线。按照拉弗曲线，当税收过高时，降低税收可以通过刺激消费支出带动更高的经济增长，从而实现政府收入的增加。[2]

税收改革

税收改革以及各国间争相降低税率变得愈发普遍了。例如：美国 20 世纪 80 年代初的几次税收改革，是自二战时期增加个税以来力度最大的。在此期间主要有两次大的减税：1981 年的《经济复苏税收法案》和 1986 年的《税收改革法案》。个人所得税的最高边际税率，从 1981 年的 70% 先降低到了 50%，之后降到了 28%。[3]

低收入家庭不再需要交税，而中等收入家庭的边际税率降低了大约三分之一，同时失业率也大幅下降了（见图表 6.7）。但是，

---

① Boughton, J. M. (2002). Globalization and the silent revolution of the 1980s. *Finance & Development*, 39 (1), pp. 40 - 43.

② Feldstein, M. (1994). American economic policy in the 1980s: A personal view. In M. Feldstein (ed.), *American Economic Policy in the 1980s*. Chicago, IL: University of Chicago Press, pp. 1 - 80.

③ Laffer, A. (2004). The Laffer Curve: Past, present, and future. Available at https://www.heritage.org/taxes/report/the-laffer-curve-past-present-and-future.

在 20 世纪 80 年代初期，里根总统任期内采取的许多新的税改措施，后来都被放弃了。[①] 在英国，撒切尔夫人执政期间将最高一档的个人所得税税率，从 1979 年的 83％降低到了 1988 年的 40％，同时基本税率则从 33％降到了 25％。但是，这里减少的个人所得税收，一定程度上被提高的消费税部分抵消了——1979 年，增值税税率从 8％上升到了 15％。

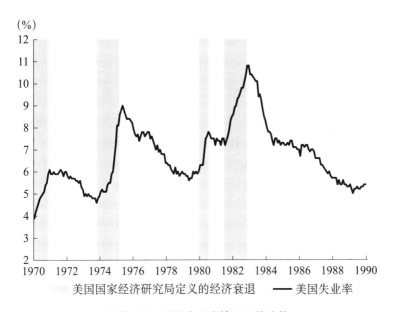

图表 6.7　美国失业率情况开始改善

资料来源：高盛全球投资研究。

虽然多个国家成功实现了更高的经济增长和更低的失业率，但是财政赤字却增长了。在里根政府期间，联邦政府的债务增长

---

① Fox，J. (2017). The mostly forgotten tax increases of 1982‑1993. Available at https：//www. bloomberg. com/view/articles/2017 ‑ 12 ‑ 15/the-mostly-forgotten-tax-increases-of‑1982‑1993.

了近三倍，超过了 2 万亿美元，美国从世界最大的债权国变成了最大的债务国。

为了应对不断上升的财政赤字，美国和英国大力削减了非国防性的政府开支。但是，削减公共事业上的政府支出遭受到了社会的广泛批评，也印证了当时社会的分裂。英国许多的建制派都反对改革。牛津大学拒绝了授予玛格丽特·撒切尔夫人名誉博士学位，以此抗议她削减教育预算。这是自二战以来，牛津大学第一次没有给英国首相授予该荣誉。1981 年 3 月，364 名知名经济学家联名致信《泰晤士报》，批评英国政府的财政和货币政策。事实上，这的确是一个社会动荡加剧的时期，伴随着高失业率，还有许多曾经依靠工业发展的地区制造业纷纷崩塌。随着工业私有化和服务业监管的放松，社会上的不公平现象也越来越多，这更是加剧了社会局势的紧张，降低了国家的凝聚力（见图表 6.8）。1986 年"大爆炸"中，英国放松了金融业监管。在此之前的 1984 年，英国发生了煤炭行业罢工，主要是因为原计划要开的 20 个矿井被关闭了，影响到了 20 000 名矿工的工作岗位，所以矿工们纷纷走上街头抗议。抗议在 1984 年 6 月 18 日的"奥格里夫战役"中发展成了暴力冲突，其间有很多矿工被警察逮捕。最终，罢工在 1985 年 3 月以矿工们的失败而结束。

监管放松和私有化

这一时期，许多政府奉行的政策是放松监管和私有化。美国许多行业的监管都得到了放松，包括航空运输业和金融业。对于后者而言，《1933 年格拉斯-斯蒂格尔法案》的部分废除，消除了金融市场发展面临的不少阻碍，例如此前受到限制的银行、证券

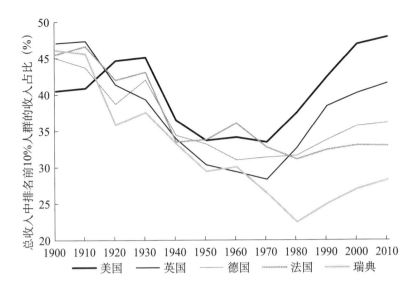

图表 6.8 20 世纪 70 年代以来，总收入中排名前 10% 人群的收入占比快速提高，尤其是在美国和英国

资料来源：Piketty，T.（2014）. *Capital in the Twenty-First Century*. Translated by A. Goldhammer. Cambridge，MA：The Belknap Press of Harvard University Press.

和保险机构间的跨行业整合。

英国此前有许多关键行业是由政府直接控制的，但是这次的私有化，在包括公用事业在内的多个产业里得到了推行。目的是将原有的国有企业从政府的低效运营中解放出来，同时提高对国有股份的管理，增强所谓的"股份制民主"。

这一轮私有化的英国国企，包括了英国电信公司、英国天然气公司、英国石油公司和英国航空公司等多家公司。它们通常都是以低于市场价格出售的，所以引发了一轮购买狂潮。1984 年 11 月，第一家公司英国电信公司被出售，认购量就超额了三倍。第一个交易日结束时，它的股价就上涨了三分之一。1987 年出售的英国航空公司，交易首日股价上涨了 35%。

私有化带来了很深远的影响。1979 年英国国有公司占 GDP 比例的 12%，但到了 1997 年，只占了约 2%。[①] 20 世纪 90 年代中期，私有化的浪潮席卷了欧洲其他地区，甚至影响到了社会主义者领导下的国家，如：法国的利昂内尔·若斯潘（Lionel Jospin）在与雅克·希拉克（Jacques Chirac）总统的"共治时期"，推动了 1997 年价值 71 亿美元法国电信首次公开上市，随着科技股泡沫时期对电信公司热情的高涨，一年后又推动了 104 亿美元的二次发行。

与此同时，随着全球化的发展和资本市场的开放，外国投资者也可以直接投资这些行业了。20 世纪 80 年代初开始，所有的经合组织国家都进行了改革。

例如，在放松对电信行业的管制之前，绝大多数的电信服务都是由长途通话来补贴的。长途通话的定价需要比其边际成本高出五到六倍，以此来补贴本地通话。[②] 在放松管制以后，通话费进行了较大幅度的调整，尤其是长途通话费明显降低了。

研究这些改革在不同国家所带来的影响，也展现出类似的结果。例如自 1985 年日本电信和电话公司（NTT）私有化以来，新进入行业的电信公司所创造的新工作岗位数量，与 NTT 停业后失去的岗位数一样多。同样地，芬兰国家 PTO 电信公司的私有化所创造的就业岗位数，也比直接流失的岗位数要更多（根据芬兰交

---

① *The Economist* (2002, June 27). Coming home to roost.

② Pera, A (1989). Deregulation and privatisation in an economy-wide context. *OECD Journal：Economic Studies*, 12, pp. 159 - 204.

通运输部和通信部 1995 年公布的数据）。[1]

在美国，航空业的自由化改革使得机票价格也下降了。根据《经济学人》杂志的统计，随着多家新的廉价航空公司的涌入，并提供飞往许多小城市的不同航班，到 20 世纪 80 年代末，美国整体的机票价格下降了 33％，而航空出行量增加了 100％。[2] 尽管如此，这也不算是完全成功了。虽然小城市航班的竞争变得更激烈了，但长途航班上的竞争仍然较少。《经济学人》的报道称：由于实现长途航线盈利是需要规模经济的，美国三大航空公司所占的市场份额从 1978 年到 20 世纪 90 年代末翻了一倍，达到了 60％。

建筑相关的法规也被放松了。在英国，《1984 年建筑法案》使得建筑法规数量从 306 页减少到了 24 页。[3] 新的强制竞争性投标政策，使得地方政府必须与私营企业竞争才能提供服务。其他一系列地方公共服务也被私有化了，包括伦敦巴士服务，以及其他地区的巴士和铁路服务（根据《1993 年铁路法案》）。

随着国内改革如火如荼地进行、全球化的发展和资本市场的开放，外国投资者也可以直接参与投资这些刚刚完成私有化和监管放松的行业了。

4. 苏联解体（地缘政治风险降低）

1987 年 6 月 12 日，罗纳德·里根在访问西柏林时呼吁米哈伊

---

[1] Hoj, J., Kato, T. and Pilat, D. (1995). Deregulation and privatisation in the service sector. OECD Economic Studies No. 25.

[2] *The Economist* (1997, April 3). Freedom in the air.

[3] Hodkinson, S. (2019). *Safe as Houses: Private Greed, Political Negligence and Housing Policy After Grenfell*. Manchester: Manchester University Press.

尔·戈尔巴乔夫（Mikhail Gorbachev）"拆除这堵墙"。[1] 他当时并不知道，仅仅几年后，即 1989 年 11 月 9 日，柏林墙会倒塌，而随后一年内东西德将实现统一。波兰、捷克斯洛伐克、罗马尼亚和保加利亚等前社会主义阵营东欧国家掀起的一系列抗议，为苏联解体铺平了道路。到 1990 年夏天，前东欧集团的全部社会主义政权，都已经被民主选举产生的政府所取代了。从 1992 年春到 1993 年间，组成苏联的 12 个前苏维埃社会主义共和国，连同 1940 年被苏联吞并的三个波罗的海国家，都已经加入国际货币基金组织。[2]

这些国家中的绝大多数迅速开展了包括市场自由化和私有化在内的制度改革。乐观的情绪充斥了整个金融市场，大量的资本涌入了那些改革进度最快的国家。但是，其中一些国家慢慢地意识到，这些改革的益处是用国家债务水平提高所换来的。例如，1990 年波兰的总体债务规模就占到了本国 GDP 的 80%。但是，像捷克和匈牙利这样的国家，就因为被认为债务违约的风险较低而获益了。[3]

对许多这样的国家来说，最初的经济改革都是痛苦的，它们中的一些在 20 世纪 90 年代经历了多年的经济衰退。[4] 从地缘政治的角度上来看，苏联解体是至关重要的。它标志了冷战的结束。

---

[1] *Encyclopaedia Britannica* (1987). President Ronald Reagan speaking at the Berlin Wall，1987.

[2] Boughton，J. M. (2012). *Tearing Down Walls：The International Monetary Fund，1990 - 1999*. Washington，D. C. ：International Monetary Fund.

[3] Lankes，H.，Stern，N.，Blumenthal，M. and Weigl，J. (1999). Capital flows to Eastern Europe. In M. Feldstein (ed.)，*International Capital Flows*. Chicago，IL：University of Chicago Press，pp. 57 - 110.

[4] Dabrowski，M. (2022). Thirty years of economic transition in the former Soviet Union：Macroeconomic dimension. *Russian Journal of Economics*，8 (2)，pp. 95 - 121.

从此，美国开始了在政治和经济上都不受任何竞争国家威胁的长期霸权。这不仅使得美国可以干涉其他国家事务，而不必担心被报复，而且也为自由式民主和资本主义的扩张奠定了基础。

总的来说，这些事件有助于降低股权投资的风险溢价（与低风险债券相比投资于风险资产所要求的回报率），并推高股票市场。[1] 德国主要股票市场指数 DAX 在 1989 年 10 月到 1990 年 7 月间快速上涨了 22%。

5. 全球化与合作

布雷顿森林体系解体后，国际社会进行了许多不同的尝试，希望找到新的方式来增进国际合作，并且减缓各国货币币值的波动。20 世纪 80 年代初期，各国货币的波动和债务危机已经成为当时反复发生的一种风险。因而，在货币不再与黄金挂钩的前提下，需要找到合适的方法来控制汇率市场的大幅波动。在 20 世纪 80 年代中期，随着所谓的"广场协议"（指 1985 年在纽约广场酒店举行的会议中，商定的一系列汇率管理的政策）的签订，亚洲、欧洲和美国对货币波动更加关注了。按照"广场协议"的约定，法国、德国、日本和英国达成了央行间的协调协议，共同卖出美元，于是美元价格下降了近 50%。在此之后的两年，为稳定美元价格，

---

① 地缘政治风险溢价的下降，在很大程度上是由于人们认为大规模战争的风险降低了。然而，应当指出的是，在 1989—2000 年间，国际货币基金组织报告称，估计有超过 400 万人在冲突中死亡。国际恐怖袭击事件数量也从 1995—1999 年间的每年大约 342 起，增加到了 2000—2001 年间的每年 387 起。尽管美国的军事霸权降低了发达经济体之间发生大型战争的风险，但低收入和中等收入国家在 1996—2000 年期间仍然经历了近 70% 的地区冲突事件和超过 20% 的恐怖袭击。

各国又签订了卢浮宫协议。

这些协议在当时有助于货币币值的稳定，而另外的一些协议则有助于政府债务的稳定。这其中的代表之一，就是美国财政部部长詹姆斯·贝克（James Baker）于 1985 年提出的贝克计划。[1]该计划希望通过利用中国一部分的贸易顺差，来帮助当时一些高负债的新兴经济体。该计划通过美国和其他国际性组织，如世界银行、国际货币基金组织，以及商业银行债权人三者间的合作，帮助加入该计划且希望寻求结构性调整的发展中国家，进行债务重组。这个计划起初只取得了部分的效果，因为它更多关注的是重新安排还款计划，而不是取消债务本身。但是到了 1989 年，贝克提议取消了一部分有问题的债务。同年，国际货币基金组织总裁米歇尔·坎德苏（Michel Camdessus）把许多通过实施改革计划来促进经济发展的国家所经历的变革称为"无声革命"。不仅许多非洲新兴国家纷纷开始改革，中国、韩国、墨西哥和波兰也通过采取改革措施，鼓励与政府不相关的私营企业创业和发展。随着工业化的发展，通过采取更长期的宏观经济调控措施来降低通胀、放松私营企业管控的趋势，开始在全球各地出现。[2]

在这一时期，国际化企业，尤其是那些总部位于美国的企业，开始快速扩张，抢占那些刚刚开放的新兴市场。随着国际关系的逐渐升温和贸易限制的减少，新兴经济体的消费者们第一次买到

---

① International Monetary Fund. Money Matters: An IMF Exhibit-The Importance of Global Cooperation. Debt and Transition (1981 - 1989), Part 4 of 7. Available at https: //www. imf. org/external/np/exr/center/mm/eng/dt _ sub _ 3. htm.

② Boughton, J. M. (2002). Globalization and the silent revolution of the 1980s. *Finance & Development*, 39 (1), pp. 40 - 43.

了西方商品。随着香烟、牛仔裤和快餐成为美国文化和西方生活方式的代表，西方的各类商品都在新兴市场上大受欢迎。

　　一个极具象征意义的事件，是 1990 年 1 月 31 日第一家麦当劳餐厅在苏联开业（见图表 6.9）。新店开业的第一天，在莫斯科市中心的普希金广场上排起了数公里长的队伍，首日的客户数超过了 30 000 人。这是此前布达佩斯新店开业时创造的首日客户数纪录的三倍。

图表 6.9　麦当劳在苏联开业：1990 年 1 月 31 日，
顾客们在莫斯科普希金广场上苏联第一家新开的麦当劳店外排队等候
　资料来源：照片由 VITALY ARMAND/法新社通过 Getty Images 提供。
https://www.gettyimages.com/detail/news-photo/soviet-customers-stand-in-line-outside-the-just-opened-news-photo/1239070707。

　　随着多个新兴市场的开放，最会把握新市场机会且拥有众多国际品牌的跨国公司市值大幅提高。到 2000 年，按照咨询公司 Interbrand 的方式衡量，世界上价值最高的 100 个品牌中有 62 个是美国品牌，虽然美国只占全世界 GDP 的 28％。

1994 年，国际货币体系临时委员会发布了"马德里宣言"，呼吁所有国家采取稳健的国内政策，拥抱国际合作和一体化。这次宣言得到了世界各国财政部部长的广泛支持。之后，国际货币基金组织负责推动了关于数据传播和财政透明度的新国际标准。巴塞尔委员会制定的有效银行监管的核心原则也得到了执行，这为国际银行业监管奠定了基石。

20 世纪 90 年代中期，俄罗斯总统鲍里斯·叶利钦（Boris Yeltsin）和美国总统乔治·H. W. 布什（George H. W. Bush）签署了贸易协议，这让美国公民在俄罗斯做生意变得更加容易了。1997 年，俄罗斯第一次在科罗拉多州丹佛举行的 G7 峰会上参与了经济讨论，并在 1998 年成为正式成员国，于是 G7 变成了 G8。21 世纪第一个十年的早期，俄罗斯总统弗拉基米尔·普京（Vladimir Putin）在俄罗斯建立起了一个自由贸易区。2012 年，俄罗斯成功加入了世界贸易组织。

突然涌现出一股新的力量，推动了全球一体化的发展。全球商品出口额占 GDP 的比例从 1990 年的 12.7％增加到了 2000 年的 18.8％，全球贸易总额在 1980—2000 年间增长了近三倍。外国直接投资（FDI）也呈现爆炸式的增长。特别是在发展中国家，外国直接投资从 1970 年的 22 亿美元，增加到了 1997 年的 1 540 亿美元。[①]

全球的资本流动也急剧加速了。外国居民拥有的资产占 GDP

---

① Williamson, J. (1998). Globalization: The concept, causes, and consequences. Keynote address to the Congress of the Sri Lankan Association for the Advancement of Science, Colombo, Sri Lanka, 15th December.

的比重，从 1980 年的 25％激增到 1990 年的近 49％，到 2000 年更是高达 92％。这是 20 世纪初峰值水平的五倍。[1]

技术与劳动力市场

20 世纪 80 年代末，许多苏联加盟国家纷纷解除了出国限制。于是，有些居民离开了本国，而留下的人们也被有效纳入了全球资本主义贸易体系中。与此同时，欧盟取消了成员国间的人员流动限制，美国和加拿大也开始放松移民政策。

推动这轮重大的全球一体化的因素，主要是政策和技术。大约从 1990 年开始，个人电脑的发展对全球化造成了巨大的影响。发达国家的工人们不得不与刚刚加入全球贸易体系的新兴国家的工人们直接竞争。新兴国家的工人们不仅能使用由发达国家的公司所提供的新技术，而且工资低。

这些变化带来的结果就是，劳动力有效供给的显著增加。今天，中国、印度和那些苏联加盟国家的活跃劳动力人数约为 13 亿，占世界劳动力总数的 40％。这其中许多劳动力都是因为从 20 世纪 90 年代开始融入了全球经济发展，才能在经济活动中活跃起来。

6. 中国和印度的影响

中国的发展对世界产生影响是从 1980 年东部沿海设立"经济

---

[1] Crafts，F. R. N.（2004）. The world economy in the 1990s：A long run perspective. Department of Economic History，London School of Economics，Working Paper No. 87/04.

特区"开始的。这些经济特区不仅放松了一些行政限制，而且还给予了地方政府在税收优惠和现代化基础设施建设方面的相机决策权。所以，这些开发区能成功吸引许多海外投资者的大规模投资，之后这些投资也部分溢出到了其他地区。

20世纪90年代中期的国企改革也进一步推动了中国经济的发展。这一举措将企业从繁重的社会责任中解脱出来，自由地选择投资新兴技术。中国采取了同日本和韩国相似的经济发展模式，通过将本国过剩和廉价的劳动力与全球市场连接起来，发展出口导向型经济。

中国在全球制造业产出中的占比从1990年的2.7%增加到了2000年的7%，在全球制造业出口额中的占比到2020年也翻了一倍多，达到4.7%。

印度的改革始于1991年。由于已有产权制度，印度最初改革的重点放在了解除对制造业和国际贸易的限制上。1991年之前，外国企业参与竞争曾受到一系列许可和牌照要求的严格限制。政府对产业的直接涉足也限制了创新和投资。印度通过改革取消了这些要求，同时下调了关税，向全球开放印度金融市场。由于印度拥有一些优势，包括庞大的人口数量、企业部门用英语作为工作语言，所以资本大幅流入印度。最初，由于通信成本的降低和计算机的发展，外国投资者主要利用印度的优势条件发展客服外包。然而没过多久，由于印度在工程、技术方面拥有大量受过良好教育的劳动力，服务外包很快就扩展到了软件、金融、法律、医疗服务和制药业。印度于1995年加入了世界贸易组织，中国在2001年底也加入了该组织。[①]

---

① Syed, M. and Walsh, J. P. (2012). The tiger and the dragon. *Finance & Development*, 49 (3), pp. 36-39.

7. 泡沫和金融创新

如此长时间的经济增长和稳定发展期，加上低利率和对"美联储救市"的信心，不出所料地导致了金融投机增多。与历史上许多其他泡沫一样，这次泡沫也是由金融创新推动的，尤其是衍生品上的创新。

20 世纪 70 年代，布雷顿森林体系的崩溃和 1973—1974 年石油危机导致了市场不确定性和波动性的增加。在寻找这一局面的应对措施和解决办法时，衍生品市场得到了快速的发展。金融创新的一个重要的著名支持者是米尔顿·弗里德曼（Milton Friedman）教授。他为芝加哥商品交易所写了一篇很有影响力的论文，呼吁发展外汇的期货市场。之后，美国财政部批准了在芝加哥商品交易所设立国际货币市场，并于 1972 年开业。高通胀、高利率又导致了一些其他合约产品的产生，包括黄金期货、1975 年的政府抵押贷款协会期货、1976 年的国债期货以及 1978 年的石油期货。

该创新意味着，商品的买卖双方第一次不用在合约到期时交付实物商品。另一个重要的创新是，1976 年芝加哥商品交易所引入的欧洲美元利率期货合约。此后，监管机构同意不再需要实际交付合约，而可以用现金交付来代替。这激发了后来股指期货的爆炸式增长，比如 1982 年在芝加哥商品交易所开始交易的标准普尔 500 指数期货。其他的金融衍生品也开始不断演化，"证券化"开始变得流行起来，例如将一个金融工具拆分成现金流和资本金两个部分。

日本泡沫和科技股泡沫

1982—2000 年间的长期牛市，因为其间的两次投机性金融泡沫而闻名。

20 世纪 80 年代日本巨大的资产泡沫导致了股票和土地价格的上涨。其上涨幅度不管从什么角度来看都是令人瞠目结舌的。受到利率下降（日本银行在 1987 年初将利率从 5％降至 2.5％）和 1985 年签订的广场协议（通过美元相对日元贬值，让美国出口变得更便宜，以达到减少美国经常账户赤字的目的）的刺激，资产价格经历了一段长期而稳定的上涨。利用日元升值，很多日本公司开启了一轮海外购买狂潮，包括购买纽约的洛克菲勒中心、夏威夷和加利福尼亚的高尔夫球场。

这次泡沫在房地产市场上显得更加疯狂。据报道，在东京的日本皇宫的总价比整个法国或加州的总价都高。1988 年，日本的土地总价值理论上是美国土地总价值的四倍多，即使后者的面积是前者的 25 倍。[1] 据说，在东京银座区掉落的一张 10 000 日元纸币的价值比它所覆盖的地面面积的价值还要低。[2] 资产泡沫变得非常之大，以至于 1986—1989 年间的股票和土地的累计资本收益达到了名义 GDP 的 452％，而之后在 1990—1993 年间的损失也达到

---

[1] Cutts, R. L. (1990). Power from the ground up: Japan's land bubble. *Harvard Business Review*，May/Jun. https://hbr.org/1990/05/power-from-the-ground-up-japans-land-bubble.

[2] Johnston, E. (2009，January 6). Lessons from when the bubble burst. *The Japan Times*.

了名义 GDP 的 159％。[1] 股价的飙升，意味着很多日本公司都成了世界上最大的一批公司。三井物产、住友商事、三菱商事和伊藤忠商事的销售额，都高于美国最大的公司——通用汽车。[2]

一次离我们更近的大众满怀信心和资产价格高估的景象，发生在 20 世纪 90 年代末的科技股泡沫破灭前。在这个泡沫被戳破前，许多新公司的股价都呈指数级上升。我会在下一章中分析这一时期的情况。

---

① Okina, K., Shirakawa, M. and Shiratsuka, S. (2001). The asset price bubble and monetary policy: Experience of Japan's economy in the late 1980s and its lessons. *Monetary and Economic Studies*, 19 (S1), pp. 395 – 450.

② Turner, G. (2003). *Solutions to a Liquidity Trap: Japan's Bear Market and What it Means for the West*. London: GFC Economics.

第七章

2000—2009 年：泡沫与困境

2008 年 9—10 月的金融危机，是世界历史上包括大萧条在内，发生过的最严重的一次。

——本·伯南克

2000—2009 年间的周期和 20 世纪 70 年代相似，可以被归为
"肥而平"的周期。股市多次的急剧下跌和快速反弹，导致了这一
时期投资者的普遍低回报。按照经通胀调整后的整体投资回报率
来看，其波动甚至更加剧烈。然而，从总体上看这是一个充斥着
泡沫和股市崩盘的十年，其背后是日益增长的地缘政治的不确定
性。引起股市动荡的主要事件包括：2000—2002 年间的科技股泡
沫破灭、2001 年美国发生的"9·11"恐怖袭击事件、2003 年的
伊拉克战争，以及 2007—2009 年的全球金融危机。其中，科技股
泡沫破灭和全球金融危机造成的影响最为深远。

在调整通胀率和股息分红后，这轮超级周期的总回报率为−58%，
即年化−9%（见图表 7.1）。

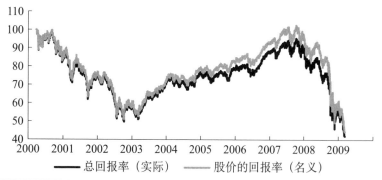

时期		股价的回报率 （名义）		总回报率 （实际）		席勒市盈率		每股 收益增速
开始时间	结束时间	回报率	年化	总计	年化	开始时	结束时	年化
2000年3月	2009年3月	−56%	−9%	−58%	−9%	43.2x	20.3x	0%

**图表 7.1　在调整通胀率和股息分红后，2000—2009 年这轮超级
周期的总回报率为−58%，即年化−9%**

注：席勒市盈率是一个估值指标。它是用指数价格除以通胀调整后的 10 年期平均
每股收益计算得出的。

资料来源：高盛全球投资研究。

如图表 7.1 所示，科技股泡沫的破裂，使得像标准普尔 500 指数这样的股票宽基指数在 2000 年 3 月到 2002 年 3 月间下跌了近50%。之后股市迅速反弹，从 2002 年的低点到 2007 年 10 月的高点上涨了近 100%，约合近 15% 的平均年化回报率。尽管如此，从整体上来看，在 2000 年的高点和 2007 年的高点之间，市场所带来的回报是很少的，仅为 2.5%。而且，在整个这轮周期中，整体市场下跌了 55%，折合年化下跌 9%，在调整通胀和分红后的年化下跌幅度也是 9%。

全球金融危机造就了这十年中的第二个大熊市，导致标准普尔 500 指数在 2007 年至 2009 年 3 月期间下跌了 57%（年化下跌44%）。2009 年 9 月 3 日，标准普尔 500 指数收盘于 676 点。

这些泡沫和危机的组合表明了：

（1）对经济增长的预期降低了；

（2）随着市场不确定性上升，股票风险溢价提高了；

（3）股票和债券相关性变为负值——利率下行反映了对通缩的恐惧，因而通常给股票带来负面效应。

科技股泡沫的破灭

20 世纪末科技股的泡沫化程度是很惊人的，将估值推高到了创历史纪录的水平（见图表 7.2）。许多股票价格的快速上涨，得益于便宜的资金（一部分是因为 1998 年亚洲金融危机后的利率下调）和很强的"讲故事"的能力。

由于投资者们都希望参与这些高成长性公司的投资，许多资金纷纷涌入了新兴的科技公司。到 1999 年，私募股权投资中的 39%

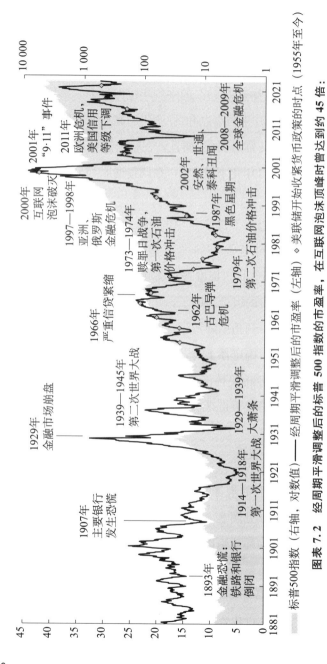

图表 7.2 经周期平滑调整后的标普 500 指数的市盈率（左轴），在互联网泡沫顶峰时曾达到约 45 倍；实际股价除以 10 年期滚动的实际平均收益

资料来源：罗伯特·席勒，高盛全球投资研究。

都投给了互联网公司。根据保罗·冈珀斯（Paul Gompers）和乔什·勒纳（Josh Lerner）的研究，在泡沫的高峰期，私募股权基金总额占了美国 GDP 的大约 1%，而这其中大约 85%～90% 都投给了科技行业。[①] 科技行业在股票市场中所占的份额快速增长，在 2000 年达到峰值，占 35%。仅仅是互联网行业在美国资本市场的占比，就达到了大约 10%。在许多其他国家，新兴科技股票指数也出现了类似的急剧上涨。

正如历史上的许多金融泡沫一样（参见 Peter Oppenheimer，2020），一个好的故事逐渐形成了：像互联网这样的科技创新将会改变整个世界。[②] 如我们现在所知，像这样的一些预测其实也并非完全没有根据。

1999 年 457 只新上市首发的股票中，有 295 只与互联网公司有关。紧接着在这之后的仅 2000 年第一季度，这个数字就变成了 91 只。[③] 当互联网公司雅虎在 1996 年 4 月上市时，仅一天时间，它的股价就从 13 美元涨到了 33 美元，市值翻了快三倍，在高峰时股价甚至超过 40 美元。在此之后，这变成了这一时期的令人熟悉的一种模式。例如，1999 年高通公司的股价上涨了 2 619%。这样的涨幅在市场上都变得司空见惯了。13 只主要大盘股的股价涨幅都超过 1 000%，另外 7 只大盘股每只的涨幅也都超过了 900%。[④]

---

①　Gompers, P. A. and Lerner, J. (2004). *The Venture Capital Cycle*, 2nd ed. Cambridge, MA: MIT Press.

②　Oppenheimer, P. C. (2020). *The Long Good Buy*. Chichester: Wiley.

③　Hayes, A. (2023). Dotcom bubble definition. Available at https://www.investopedia.com/terms/d/dotcom-bubble.asp.

④　Norris, F. (2000, January 3). The year in the markets: 1999: Extraordinary winners and more losers. *New York Times*.

另一个影响因素——金融创新，对 2008 年金融危机前的泡沫形成起到了重要作用。而在这一时期衍生品市场的发展对金融创新起到了推波助澜的作用。1994—2000 年，利率和货币衍生品的名义总市值增长了 457%，这与在 2001—2007 年间的增长幅度 452% 差不多。[①] 沃伦·巴菲特（Warren Buffett）将衍生品称为"大规模杀伤性武器"。[②]

1997 年，流入纳斯达克的资金量创造了纪录。纳斯达克指数在 1995—2000 年间上涨了五倍，最终达到了 200 倍市盈率，甚至远高于日本股市泡沫期间日经指数的 70 倍市盈率。2000 年 4 月，仅仅在见顶后的一个月内，纳斯达克指数就下跌了 34%，而在接下来的一年半，数百家公司的股票价格跌幅达到了 80% 甚至更多。例如，Priceline 公司股价下跌了 94%。到 2009 年 10 月见底时，纳斯达克指数下跌了近 80%。这次股市估值过高的程度，具有典型的投机泡沫的所有特征。[③]

如果从股市顶点时算起，到 2002 年陷入谷底的时候，市场总市值一共损失了 5 万亿美元。在 2002 年 10 月 9 日到达底部时，纳斯达克 100 指数——前几年表现出色的以科技为主的指数，下跌到了 1 114 点，从顶峰下跌了 78%。

股市泡沫的破灭，结束了 1982—2000 年的结构性牛市和通胀下降时代，引发了金融市场的一次重要回归，同时利率也降低了。

---

① Perez, C. (2009). The double bubble at the turn of the century: Technological roots and structural implications. *Cambridge Journal of Economics*, 33 (4), pp. 779 - 805.

② Berkshire Hathaway (2022). Annual Report.

③ McCullough, B. (2018). A revealing look at the dot-com bubble of 2000 — and how it shapes our lives today. Available at https://ideas.ted.com/an-eye-opening-look-at-the-dot-com-bubble-of-2000-and-how-it-shapes-our-lives-today/.

然而不久后一个重大事件的发生，不仅对市场造成了冲击，更是震惊了全世界——2001 年 9 月 11 日，对纽约世界贸易中心的恐怖袭击，引发了全球政局动荡，甚至还导致了之后的伊拉克战争。*

股市崩盘本就使得人们对市场的信心十分脆弱，2001 年夏季披露的主要经济数据仍然疲软。企业部门的利润依旧较差，太阳微系统公司（Sun Microsystems），科技股泡沫破裂前的龙头股之一，利润触发了预警，于是再次引起了市场新一轮的抛售——道琼斯指数自当年 4 月以来首次跌破了 10 000 点。当年夏季美国劳动力市场数据也变差了。受到欧洲 7 月工业生产数据崩溃的影响，许多投资者对欧洲经济增长的前景也更加悲观。人们对全球经济再次陷入衰退的担忧，使得各国股市进一步下跌。从 2001 年 5 月下旬到 9 月 10 日，标准普尔 500 指数跌幅达到了 17％，而那些周期性更明显的股票市场，如德国和日本则下跌了近四分之一。绝大多数国家的股市，都跌回到了 1998 年亚洲金融危机以来的最低水平。①

2001 年 9 月 11 日发生的对世贸中心大楼的恐怖袭击造成了巨大的冲击。美国股市随即停止交易，而且连续关闭了四天之久。在这以前，美国股市只有在第一次世界大战和大萧条期间关闭了较长时间。美国国债交易也被中止了，因为主要的政府债券经纪商建达公司（Cantor Fitzgerald）的办公室就在世贸中心大楼里面。此外，大宗商品期货交易所（纽约商品交易所）的交易也被迫中止。② 在恐

---

* 阿富汗战争，或者说美国在阿富汗的军事行动，作者没有提到，但是也同样导致了全球政治的不确定性上升。——译者注

① Cohen，B. H. and Remolona，E. M.（2001）. Overview：Financial markets prove resilient. *BIS Quarterly Review*，Dec，pp. 1-12.

② Makinen，G.（2002）. *The Economic Effects of 9/11：A Retrospective Assessment*. Congressional Research Service Report RL31617.

怖袭击初期，许多其他国家的股市仍可交易，但也遭受了巨大的损失。MSCI 全球股票指数在 9 月 10—26 日间下跌了 12％，市值损失了大约 3 万亿美元。

但是，这一次政府的干预政策来得很快。9 月 17 日美联储宣布降息 50 个基点，紧接着许多其他国家的央行也纷纷采取了行动。

尽管科技股泡沫破灭造成了严重的后果，但之后科技行业又恢复过来，而且再次有着不错的表现。低增长和低利率的宏观环境，进一步激发了投资人对高成长型公司的兴趣。2007 年第一部 iPhone 的推出（见图表 7.3），孵化了许多新一代的应用程序和公司。

图表 7.3　期待已久的 iPhone 在美国各地开售：2007 年 6 月 29 日，人们在位于纽约第五大道的苹果旗舰店外排队等待，希望成为第一批买到 iPhone 的人

资料来源：照片由 Michael Nagle/Getty Images 提供。https://www.gettyimages.com/detail/news-photo/people-line-up-to-be-the-first-to-buy-an-iphone-at-apples-news-photo/74959434。

2007—2009 年的金融危机

1998 年亚洲金融危机后利率的大幅降低，至少是间接地放松了信贷条件，而这就使得 20 世纪 90 年代末发生的科技股泡沫的规模变得更大了。与此相似，9 月 11 日恐怖袭击后的快速降息为新一轮的市场投机行为创造了良好的环境——为了追求回报，投资者们愿意提高风险偏好，再加上金融创新的发展，这些正是 21 世纪第一个十年中期美国房地产泡沫形成的基础。这两次危机都是为了应对外部冲击而降低利率所造成的后果。2009 年，卡洛塔·佩雷斯（Carlota Perez）在《经济学》期刊的一篇学术文章中巧妙地表达了这一点："世纪之交的两次繁荣和衰退，即 20 世纪 90 年代的互联网热潮和崩塌与 21 世纪第一个十年流动性宽松带来的经济繁荣与衰退，都是一次结构性现象中的两个不同的组成部分。本质上，它们相当于 1929 年发生的大萧条的两个阶段：一个以技术创新为中心，而另一个则以金融创新为中心。"[1]

但她认为，虽然科技股泡沫在刚开始时更多关注的是"讲的故事"以及故事的吸引力，而不是特别低的利率水平，但"低利率和过度的流动性，却一起推动了 2004—2007 年的经济繁荣"。低利率导致了房价上涨，1998—2006 年间美国住房的平均价格经历了历史上最快的一次上涨，涨幅超过了一倍。与此同时，居民

---

[1]　Perez，C.（2009）．The double bubble at the turn of the century：Technological roots and structural implications. *Cambridge Journal of Economics*，33（4），pp. 779 - 805.

持有住房的比例也从 1994 年的 64％ 上升到了 2005 年的 69％。①
飙涨的房价和低廉的融资成本一同推动了住宅的建设，这一时期
住宅投资额从占美国 GDP 的约 4.5％ 增长到了近 6.5％。美联储的
报告称，2001—2005 年间私营部门净创造的工作岗位中大约有
40％ 来自房地产相关行业。在低利率和高物价的推动下，美国居
民的按揭贷款总额从 1998 年占 GDP 的 61％ 增长到了 2006 年
的 97％。

杠杆与金融创新

正是在这个时期，抵押贷款支持证券（MBS）兴起了。低利
率和金融创新的结合，使得许多银行将大量新业务以不动产抵押
贷款证券的形式证券化。这使得房地产贷款的规模快速增长，但
是反过来也激发了人们对房产更大的需求，这给房价带来了越来
越大的上行压力。低利率和房地产价格的上涨，导致贷款的抵押
乘数越来越高，银行所承担的风险也变得更高了，高风险的贷款
慢慢变得很难卖出去。于是，银行就开始将许多贷款打包，将高
风险和低风险的按揭贷款一起打包在所谓的担保债务凭证（CDO）
中。② 这样做的逻辑是，一旦贷款违约，那么这些资产可作为其抵
押品来处置。按照风险级别不同，CDO 被划割成不同信用投资等

---

① Weinberg, J. (2013). The Great Recession and its aftermath. Available at https：//
www.federalreservehistory.org/essays/great-recession-and-its-aftermath.

② 担保债务凭证是一种结构化金融产品，它将产生现金的资产（如按揭贷款）集
合在一起，然后将这些资产池打包成不同级别的证券，出售给投资人。每个级别的证券
在风险上有很大的不同。

级的产品来出售。这些风险级别反映的是底层资产风险水平的差别。①

许多刚开始发行 CDO 的机构认为，如果将多个较低风险的 BBB 级贷款组合在一起，这样可以分散风险，从而降低整个组合的风险。很多评级机构通常也认可这一观点。他们认为：即使一笔底层贷款变成不良贷款，它的影响也会被组合中许多其他贷款所覆盖，从而使得投资了整个资产池的人们仍然可以获得不错的收益。

如同佩雷斯所说的："'宇宙级的大师们'，经常被用来代指那些金融天才们。作为强大的创新者，他们先是让风险分散，然后不知怎么就神奇地消失了在广袤复杂的金融宇宙中。正是这些金融天才们带来了 21 世纪第一个十年中期经济的无尽繁荣。"②

在货币和利率市场中，衍生品的风险敞口急剧扩大（见图表 7.4）。根据国际清算银行的估计，2007 年衍生品的风险敞口高达 432 万亿美元，相当于每年全球 GDP 的大约 8 倍（2007 年全球 GDP 为 54 万亿美元）。除此以外，按照同一来源的数据，信用违约掉期和股票掉期也达到了 68 万亿美元。③

金融危机调查委员会报告的作者曾解释道：由于当时越来越

---

① The Financial Crisis Inquiry Commission (2011). The CDO machine. *Financial Crisis Inquiry Commission Report*, Chapter 8. Stanford, CA: Financial Crisis Enquiry Commission at Stanford Law.

② 金融行业中的"宇宙大师"一词是通过汤姆·沃尔夫（Tom Wolfe）在其 1987 年出版的《虚荣的篝火》（*The Bonfire of the Vanities*）一书向大众普及的。

③ Perez, C. (2009). The double bubble at the turn of the century: Technological roots and structural implications. *Cambridge Journal of Economics*, 33 (4), pp. 779 - 805.

多的高抵押乘数贷款，不仅是底层按揭贷款需要通过对外借债才能还款，MBS 和 CDO 也需要通过对外举债来融资，这就进一步加大了杠杆。此外，其他新的 CDO 产品还经常用现有的 CDO 作为抵押物，于是这又叠加了一层债务。由信用违约掉期组成的合成型 CDO 也进一步放大了杠杆，投资者们甚至还可以加杠杆来购买 CDO。结构化投资工具（SIV），一种主要投资于 AAA 级证券的商业票据，平均杠杆率略低于 14：1。换句话说，这些 SIV 中每 1 美元的资本金，对应 14 美元的资产，而且这些资产还可以通过融资来买入。问题还不止这些：许多这些产品的投资者，尤其是对冲基金，本身就使用了高杠杆。[1] 这些问题都叠加在了一起的原因主要是：对这些复杂金融产品的监管相比其他产品更宽松，而且大型金融机构通常是在资产负债表外持有它们，这就减轻了对发行机构资产和负债端的影响。

巨额杠杆依赖于房地产价格不断攀升到新的高度，正如 20 世纪 80 年代末日本泡沫破裂前的情况一样。这种看似良性的循环，推高了私营部门的债务水平——许多银行、非银行金融机构（如对冲基金）、企业和家庭，都经历了显著的加杠杆过程。唯一能够适当缓解这一状况的就是政府。以今天的标准来看，当时政府的债务水平相对较低且较为稳定。最终当这场热潮结束时，就像 20 世纪 80 年代末日本资产泡沫破灭一样，金融市场和整体经济都遭受了极大的破坏。由于背负着巨额债务，私营部门不得不去杠杆

---

① The Financial Crisis Inquiry Commission (2011). The CDO machine. *Financial Crisis Inquiry Commission Report*, Chapter 8. Stanford，CA：Financial Crisis Enquiry Commission at Stanford Law.

（万亿美元）

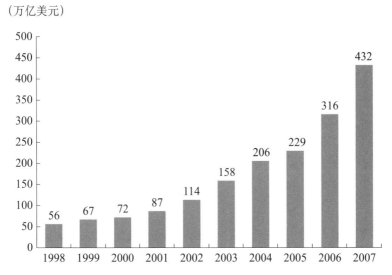

**图表 7.4　货币和利率市场的衍生品风险敞口快速增长：
场外利率衍生品的名义余额**

资料来源：国际清算银行。

化并增加储蓄，多国政府也开始干预了。这次仅仅依靠降低利率来刺激经济是不够的了，政府不得不增加公共开支，这就导致债务从私营部门转移到了公共部门（如图表 7.5 所示）。我将在第十章中详细分析这一话题。

2007 年 8 月，金融市场面临的压力变得更大了。由于投资者们都试图降低在银行的高风险贷款敞口，于是资产支持商业票据市场备受压力。贝尔斯登（Bear Stearns）是风险敞口最大、杠杆率最高的投资银行之一。

2007 年，贝尔斯登持有的衍生品合约的名义价值总额（或面值）达到 13.4 万亿美元。它的净资产为 111 亿美元，却对应了 3 950 亿美元的资产，其杠杆率接近 36：1。它的资产负债表中包

括了许多流动性差的资产，还有许多资产价值都是有问题的。^①

贝尔斯登不得不救助自己旗下一只主要投资于 CDO 的基金，但没过多久，它的两只主要投资于次级贷款的对冲基金现值就几乎归零了。随着市场上恐慌情绪的蔓延，纽约联邦储备银行不得不介入。刚开始，它为贝尔斯登提供了 250 亿美元的贷款，但很快就调整了方案，通过成立一家新公司，收购贝尔斯登 300 亿美元的资产。而在两天前，困境中的贝尔斯登也被摩根大通以不到市值 7% 的价格收购了。^②

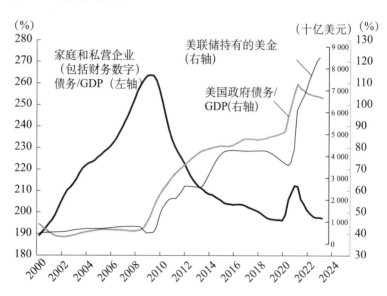

图表 7.5 债务失衡从私营部门转移到了公共部门和央行
资料来源：高盛全球投资研究。

① Weinberg, J. (2013). The Great Recession and its aftermath. Available at https://www.federalreservehistory.org/essays/great-recession-and-its-aftermath.

② Torres, C., Ivry, B. and Lanman, S. (2010). Fed reveals Bear Stearns assets it swallowed in firm's rescue. Available at https://www.bloomberg.com/news/articles/2010-04-01/fed-reveals-bear-stearns-assets-swallowed-to-get-jpmorgan-to-rescue-firm.

这一年夏天过后市场的担忧情绪还在加剧，焦点转向了雷曼兄弟（Lehman Brothers）。信用违约掉期（CDS，一种允许投资者将他们的信用风险与另一名投资者交换的金融衍生工具）的价差在一段时间内保持了相对稳定。看起来投资者们认为：既然监管机构在 6 个月前出手救了贝尔斯登，那么对雷曼兄弟，它很可能也会采取相同措施，毕竟雷曼兄弟是一家更大的投行。[①]

但是，让投资者们震惊的是，监管机构决定不为雷曼兄弟提供担保和救助。于是，只好尝试其他方式来挽救这家投行。参与讨论的其中一方是美国银行，它最终决定不收购雷曼兄弟。另一个救助方案是将雷曼兄弟的"好"资产（经纪业务和一些其他资产）剥离出来出售给巴克莱银行，而其他多家系统重要性银行共同组建一个财团，为问题较多的房地产"坏资产"提供融资。

但是这个方案也失败了，因为英国证券监管机构（金融服务管理局）不同意在这个交易期间让巴克莱银行为雷曼兄弟的经营提供担保。随着救助方案失败，雷曼兄弟最终于 2008 年 9 月 15 日申请破产。金融系统的混乱仍在持续，一家名为储备初级基金（Reserve Primary Fund）的大型货币市场基金宣布，由于持有大量雷曼的商业票据，它将"跌破面值"——该词通常用来描述这只基金已无力返还投资者的初始投入金额。这件事更激起了市场的恐慌，越来越多的投资者希望赎回他们的投资。

雷曼兄弟破产的当天，标准普尔 500 指数下跌了近 5%，货币

---

① Skeel，D.（2018）. History credits Lehman Brothers' collapse for the 2008 financial crisis. Here's why that narrative is wrong. Available at https：//www. brookings. edu/articles/history-credits-lehman-brothers-collapse-for-the-2008-financial-crisis-heres-why-that-narrative-is-wrong/.

和票据市场也都承受了更大的压力。这迫使监管机构在雷曼兄弟破产后的第二天，对保险公司美国国际集团（AIG）进行了救助。不久之后，美国国会通过了 7 000 亿美元的问题资产救助计划，旨在稳定整个金融系统。

问题在于，就像二十年前日本出现的情况一样，当美国房地产市场开始下跌时，引发了一系列恶性循环。一部分银行倒闭，而由此引发的信用风险扩散到全球许多的金融机构，这就导致资产市场的系统性弱点被暴露出来。CDO 产品中有许多是以市价来估值的。产品价格的下跌引发了信贷市场的崩溃，并产生了溢出效应。银行不得不核销大量坏账。[①]

2007—2009 年全球金融危机，无论是所引起的风险资产价格崩盘，还是对全球经济造成的连锁反应，后果都是极为惨痛的。2007 年第一季度到 2011 年第二季度，美国房价下跌了 20% 以上。房价下跌及其杠杆风险的暴露造成的金融系统压力，在 2007 年夏季开始显现出来。随着许多投资者和货币基金纷纷降低持有的次级贷款敞口，市场对资产支持型商业票据的需求也大幅减少了。

金融危机对全球经济造成的影响，估计超过了 10 万亿美元规模，相当于 2010 年全球经济的六分之一以上。金融机构的总资产缩水超过了 2 万亿美元。起初，整体经济下滑还比较平缓，但是到 2008 年秋季，随着金融市场的危机达到顶峰，经济也呈现出断崖式下跌。从高点到低点期间，美国 GDP 下降了 4.3%，这是美国自二

---

① Pezzuto, I. (2012). Miraculous financial engineering or toxic finance? The genesis of the U. S. subprime mortgage loans crisis and its consequences on the global financial markets and real economy. *Journal of Governance and Regulation*，1 (3), pp. 113 - 124.

战以来最严重的一次衰退。同时，这次衰退也是持续时间最长的，长达 18 个月。失业率翻了一倍多，从不到 5％上升到了 10％。[1]

有些分析师认为，这次经济衰退所造成的影响甚至比上面估算的更大。根据相关研究的估算，金融危机持续使美国经济总产出降低了约 7 个百分点，这表示每名美国公民一生的总收入折现值损失了近 70 000 美元。[2] 时任英格兰银行行长的默文·金（Mervyn King）爵士说："这就算不是全部历史上最严重的，也是自 20 世纪 30 年代以来最严重的一次金融危机。"[3]

不出所料，由于金融危机对经济造成了巨大的破坏，股票市场也随之经历了大幅下跌。美国股市跌幅达到了 57％，全球股市（MSCI 全球指数）则下跌了 59％。按照本书第二章中的定义，可以将这个时期明确划入"结构性"熊市。经济衰退太严重了，以至于政府不得不介入。于是，债务成功地从私营部门转移到了公共部门（见图表 7.5）。最后，私营部门去杠杆化的风险终于得到了缓解，但是却遗留下了巨额的政府债务，以及对政府财务状况能否持续下去的疑问，尤其在南欧这个问题更严重。

对刚发生危机的股市和熊市早期来说，在经历了最初的股市崩盘和后续反弹所带来的希望阶段后，股市的发展往往会遵循某种"典型"的运行规律。但是，这一次股市的触底反弹却打破了过去的规律——由于金融危机的次生影响扩散到了全球各地，它所带来的一系列冲击波就打破了一般周期中典型的规律。虽然震

---

① Weinberg, J. (2013). The Great Recession and its aftermath. Available at https：//www. federalreservehistory. org/essays/great-recession-and-its-aftermath.

② Romer, C. and Romer, D. (2017). New evidence on the aftermath of financial crises in advanced countries. *American Economic Review*，107（10），pp. 3072 – 3118.

③ Mason, P. (2011, October 7). Thinking outside the 1930s box. BBC News.

中是在美国的房地产市场，伴随着次贷危机和相关的信贷和银行业困难，但是造成的影响却扩散到了欧洲的银行（当时它们的杠杆率也极高，而且持有大量的南欧房产，而南欧的房产后来遭受了巨大损失）。所以，这后来就演变成了欧洲的主权债务危机（2010—2012 年）。危机的第三波则主要发生在亚洲。中国在经历了一段时间的经济疲软后，2015 年 8 月人民币相对美元贬值了。大宗商品价格也崩盘了，布伦特原油价格从 2014 年夏天的每桶近100 美元，下跌到了 2016 年 1 月的 46 美元。

下一章中，我将重点讨论金融危机后的超级周期。

长期增长预期的下降

这些金融危机的结果造成了私营部门的去杠杆化和通胀下降，而这些又共同作用，使得人们下调了对长期实际经济增长的一致预期。由于股市反映的就是对未来经济增长的预期，人们对经济增长放缓的担忧，也影响了企业利润增长的预期和股票的投资回报（见图表 7.6）。

股权投资风险溢价上升

随着对经济增长预期的大幅下降，人们投资的不确定性明显增加了。这既反映出人们对未来经济增长的疑虑，也反映了人们对曾引发 20 世纪 90 年代末科技股泡沫的技术创新将发挥出其潜力失去了信心。20 世纪 90 年代末，人们对于科技股越来越感兴趣，由此诞生了新一代的私人投资者。欧洲的情况也是类似的，虽然他们之前很少持有股票类资产。

例如，德国电信在 1996 年私有化时，其中的一个动机就是增强股

图表 7. 6　对美国和欧洲长期实际 GDP 的增长预期均有所下降：对美国和欧洲接下来 6～10 年 GDP 增长预期的共识

资料来源：高盛全球投资研究。

票投资的氛围。尽管上市发行是全球范围的，但它全部股份的三分之二被分配给了德国投资者。这其中大约有 40% 由个人投资者所持有。

超过三百万名德国个人投资者报名参与了这次公开发行认购，因而产生了数倍的超额认购。[①] 问题是当泡沫破灭时，损失的金额巨大。这只股票在最高点时的股价接近 100 欧元，但到 2002 年跌到了最低点时，仅剩 8 欧元。股价的大幅跳水，极大地打击了投资者信心。2014 年，德国最高法院表示：德国电信在 2000 年首次

---

① Gordon，J. N.（1999）. Deutsche Telekom，German corporate governance，and the transition costs of capitalism. Columbia Law School，Center for Law and Economic Studies，Working Paper No. 140.

公开募股时，未能向投资者充分披露风险。而这只是众多例子中的一个，说明了科技股崩盘如何使得投资者们的不确定性增加了，并且提高了他们对预期回报率的要求。

这一点也反映在股权投资风险溢价的提高上。股权投资风险溢价是指，为了投资于像股票这样的风险资产，投资者所要求的超过无风险利率（如政府债券）的额外收益，目的是补偿持有股票所带来的高风险（见图表 7.7）。① 全球金融危机后，随着通缩风

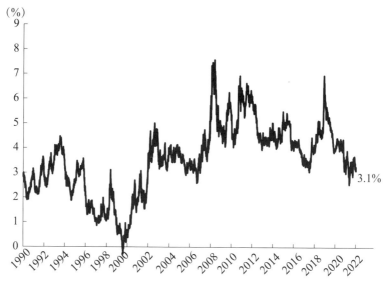

图表 7.7　更高的股权投资风险溢价反映出投资的不确定性：当时共识经济学长期经济增长假设下的美国股权投资风险溢价多阶段模型

注：高盛多阶段股权投资风险溢价。

资料来源：高盛全球投资研究。

---

① 一阶段的股利折现模型可以用以下公式来估算前瞻性股权投资风险溢价：股权投资风险溢价＝股息率＋预期名义股息的增长率－无风险利率。通常，股息率是当前可观测的一个滞后指标。假定股息增长率与实际 GDP 增长率相同，预期通胀率等于过去 5 年平均通胀率，而 10 年期国债收益率可作为无风险利率。

险增加和对欧洲主权债务偿付能力的担忧，股权投资风险溢价大
幅升高。

虽然对股票投资的要求回报率提高了（更高的风险，意味着要
求更高的预期回报率），但是与政府债券相比，股票的实际回报率却
变差了。这种衡量方式被称作事后风险溢价，表明这一时期的整体
投资回报是比较差的（见图表7.8），尤其是与上一轮周期实现的回
报率相比。投资回报率越低，就有越多的投资人对股票这种高风
险资产产生担忧。

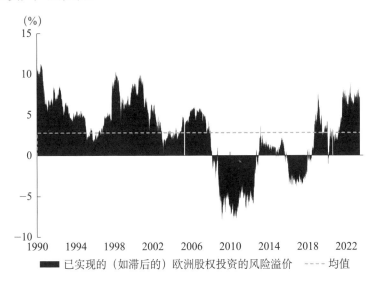

图表7.8 事后的股权投资风险溢价表明这一时期总的投资回报率较低：
欧洲股票指数减去10年期德国债券的年化超额回报率，
基于总体回报及持有期10年的数据

资料来源：高盛全球投资研究。

债券和股票的负相关性

不同超级周期中债券和股票之间的变动关系，可以通过股票

价格和债券收益率（或利率）的相关关系的变动来分析。通常情况下，股票价格和债券价格是正相关的，这意味着利率下降在推高债券价格的同时，对股市也是有利的。

但在 2000 年科技股泡沫结束时，股票和债券的负相关性（即当债券收益率下降或债券价格上升时，股票价格反而下降）却变成了一种常见的模式（见图表 7.9）。在此之前，只有在 20 世纪 20 年代和 20 世纪 50—60 年代，由于通胀整体水平非常低才出现过股票和债券负相关的情形。在这些时期，超低的利率虽然推高了债券价格，但往往预示了经济衰退的风险，因此股票价格走低。在全球金融危机后的十年里更是如此，当时非常低的通胀和经济增长增加了经济停滞甚至是通缩的风险。由于股票主要

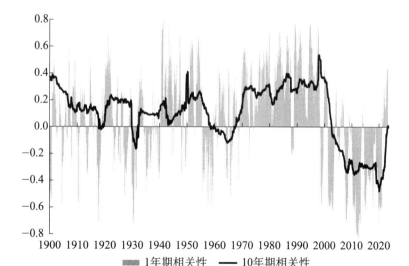

图表 7.9　自 2000 年科技股泡沫结束以来债券和股票负相关变得常见：
标准普尔 500 指数与美国 10 年期债券的相关性
（基于每日回报率，如果数据缺失，则用每月回报率代替）

资料来源：高盛全球投资研究。

是基于对未来经济增长的判断，所以这些对于股票来说就是坏消息。于是不难理解在这个时期，股权投资的风险溢价提高了。与债券收益率相比，股票的股息收益率必须更高，才能弥补通缩的风险。

　　一直到全球新冠疫情危机后各国解除限制，12 个月滚动的股票和债券相关性才再次变成正值。这是因为经济高增长和通胀上升，对股票的正向影响比债券更大。

第八章

2009—2020 年：后金融危机周期与零利率

我们不能用创造问题时的思维，来解决问题。

——阿尔伯特·爱因斯坦

2009—2020 年这一时期，向我们展现了二战以来第三次伟大的长期牛市。

在这期间，剔除通胀后、含股息的整体回报率为 417%（见图表 8.1），即年化回报率为 16%。利率的下行使得股票估值大幅提高。席勒市盈率，即股价除以过去十年的平均每股收益，从 2009年已经处于高位的 20 倍上升到了 2020 年的 31 倍。再加上企业强劲的利润增长（每股收益年化增长率超过 10%），共同带来了相当可观的投资回报率。

时期		股价的回报率 （名义）		总回报率 （实际）		席勒市盈率		每股 收益增速
开始时间	结束时间	回报率	年化	总计	年化	开始时	结束时	年化
2009年3月	2020年2月	401%	16%	417%	16%	20.3x	30.7x	13%

**图表 8.1　在 2009—2020 年这轮周期中剔除通胀后含股息的
整体回报率为 417%，折合年化回报率为 16%**

注：席勒市盈率是一个估值指标。它是用指数价格除以通胀调整后的 10 年期平均每股收益计算得出的。

资料来源：高盛全球投资研究。

这一时期的主要特征包括：

（1）经济增长疲软但股票回报率高；

（2）资金免费；

（3）低波动性；

（4）股票估值提升；

（5）高科技与成长股跑赢价值股；

（6）美国股市跑赢世界其他地区。

1. 经济增长疲软但股票回报率高

与过去 70 年中的长期牛市不同，金融危机后的这一时期的经济复苏相对较弱。

如图表 8.2 所示，这一时期美国的实际 GDP 增速远低于 20 世纪 50 年代以来其他经济衰退后的平均恢复速度。

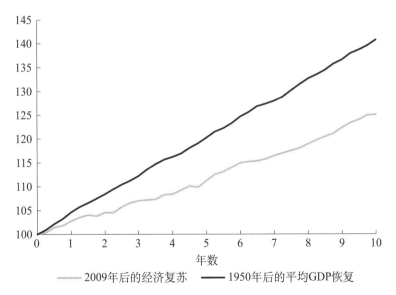

图表 8.2 经济复苏疲软：经济触底后 10 年的美国实际 GDP 变化（底部作为基数 100）

资料来源：高盛全球投资研究。

　　全球金融危机后经济复苏缓慢，反映在了对未来经济和企业部门利润增长预期的下降上。图表 8.3 分别展示了欧洲、日本、美国和全球股市的企业部门滚动 10 年期平均销售额增长率（采用滚动 10 年期是为了平滑数据）。经济复苏缓慢，加上低通胀，导致很多企业销售疲软。发达国家 10 年期的年化营收增长率，逐渐趋近于日本在 20 世纪 80 年代末资产价格泡沫破灭后的水平。

　　尽管实体经济和企业利润增长缓慢，但股市复苏却比 20 世纪 60 年代以来的"平均水平"要强得多，如图表 8.4 所示。

　　实体经济复苏与股市表现之间的差异，很大程度上是由于零利率政策的影响和量化宽松政策的实施。

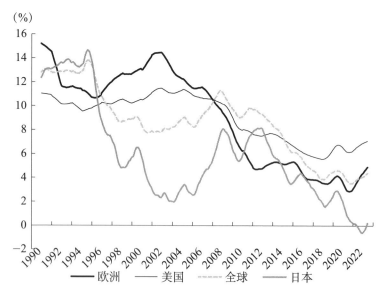

图表 8.3　一线销售额增长率随名义 GDP 下降而降低：
年度同比销售额增长率（10 年滚动平均），不含金融业

资料来源：高盛全球投资研究。

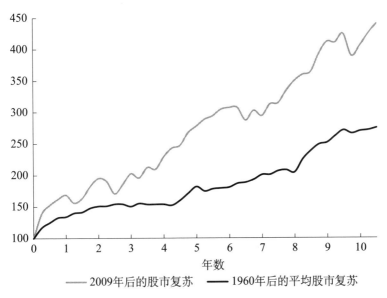

图表 8.4 股市复苏异常强劲：标准普尔 500 指数，
以 2009 年 3 月 9 日为基数 100

资料来源：高盛全球投资研究。

全球金融危机的余波

虽然全球金融危机所引发的熊市，在 2010 年政府政策的强力支持下被扭转了过来，但危机后的余波仍然扭曲了后金融危机的超级周期，进而导致了欧洲和在此之后的许多新兴国家与美国的脱节。余波分成了几次到来，特点是随着其在世界不同地方爆发，对当地经济都造成了负面影响。

第一次余波发生在美国，始于房地产市场的崩溃，并随着雷曼兄弟的破产，发展成了更广泛的信贷收缩，最终随着政府推出问题资产救助计划①和实施量化宽松政策②，才得以结束。

第二次余波发生在欧洲，始于许多欧洲银行受到了由美国金融高杠杆敞口所带来的损失的影响。由于欧元区各国间缺少债务共享机制，于是这发展成了欧洲主权债务危机。希腊债务危机的爆发，以及为亏损的个人投资者"纾困"的压力陡增，使得这场危机达到了顶峰。最后，欧洲引入了直接货币交易计划③，欧洲央行承诺"不惜一切代价"采取措施，一直到最终引入量化宽松政策，这场余波才得以结束。

第三次余波发生在新兴市场。第三次余波恰逢大宗商品价格暴跌和发生了其他一些负面事件。这使得很多新兴市场的股市都受到了重挫，尤其是在 2013—2016 年初。

因而，当全球所有主要股市都在 2009 年触底并快速恢复时，由此开启的长期牛市却显得有些异常。这是由于随着全球金融危机的余波蔓延至世界各地，不同地区的表现差异很大。在危机余波滚动演化的背景下，2016 年是一个重要的转折点。这一年，在全球经济强劲增长、政治和系统性风险不断降低的影响下，全球股市普遍上涨（见图表 8.5）。经济增长和企业部门利润的提高，

---

① 问题资产救助计划（TARP）是一个美国政府项目。项目通过一系列措施来稳定金融系统，其中包括：授权使用 7 000 亿美元的"TARP 紧急救助计划"来救助银行、美国国际集团和汽车生产商。它还扶助信贷市场和许多房产持有者。

② 量化宽松政策，即大规模购入资产，指的是一种货币政策，即中央银行通过发行更多货币，用于购买预定数量的政府债券或其他金融资产，以此向经济中注入流动性。

③ 直接货币交易计划是欧洲央行的一个项目。在该项目中，银行在满足一定条件的情况下，可以在二级市场上购买欧盟成员国发行的主权债券（"直接交易"）。

表明股市回报的大部分都来自利润增长，而并非估值的提升。这在本轮超级周期中是第一次。

图表 8.5 展示了三次余波对美国、欧洲和新兴市场股市的影响。发生在美国的金融危机迅速发展成全球性的冲击，这主要是由于全球各地的信贷市场和银行资产负债表都受到了金融危机的负面影响。于是，全球所有的主要股市一起应声下跌。而新兴市场由于贝塔值更大且对于国际贸易的急剧下滑更加敏感，所以产生了最大跌幅。在这之后，美国开始实施零利率和量化宽松政策，由此触发的反弹也影响了全世界。此前下跌最多的新兴市场股票实现了强劲的反弹。

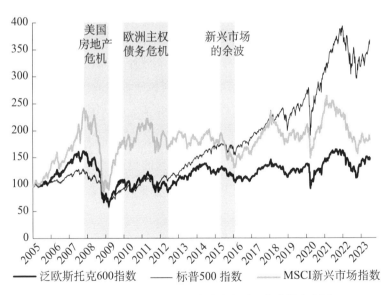

图表 8.5　2016 年新兴市场余波结束后，全球股市上涨：以美元计价的股指表现

资料来源：高盛全球投资研究。

但是，随着危机蔓延至欧洲，经济复苏被打断了。银行的高杠杆和欧盟财政框架的制度性缺陷，引发了主权债务危机和股市又一轮的大幅下跌。然而在这一时期的大部分时间里，美国经济和美股却脱离了世界其他地区，继续保持快速增长。

希腊受到了很强烈的冲击。债券利差急剧上升，希腊政府不得不在 2010—2016 年间，实施了共 12 轮的增税和削减开支举措，除此以外还有国际货币基金组织、欧元集团和欧洲央行在 2010年、2012 年和 2015 年采取的一系列纾困措施，以及 2011 年与多家私人银行达成的 50% 的"债务削减"方案（相当于 1 000 亿欧元的债务减免方案）。2012 年 7 月，欧盟金融业陷入了严重的危机。由于市场担心希腊可能退出欧盟，希腊政府债券的收益率飙升到了 50%。西班牙 10 年期国债收益率超过了 7.5%，2 年期收益率接近 7%。西班牙国债收益率曲线变得很平坦，而这与政府的财政状况、宏观经济可持续性都不相符，所以可能引起国债市场停摆。而且考虑到国债市场在范围更大的西班牙金融体系中占据着核心位置，且银行业还与国家主权信用密切关联，所以西班牙的银行业也同样面临威胁。其他南欧国家受到的负面影响也很严重，意大利国债收益率攀升到了接近 7%。市场普遍认为，欧盟和欧元能否继续存在，都有很高的风险。

最终，在欧洲央行的积极干预并口头承诺将"不惜一切代价"维护欧元后，风险溢价才有所缓和。全球股市也终于在 2012 年中期反弹了。这再一次展示了央行有能力改变市场预期。继上次发表意见后，欧洲央行行长马里奥·德拉吉（Mario Draghi）在 2012 年 9 月的新闻发布会上，宣布了欧洲央行的直接货币交易计划。对于那些已接受欧洲稳定机制中的隐含条件同时又保持市场开放的欧盟国家，欧洲央行已经做好了无限量买入其短期国债的准备。

但是，正当局势看起来逐渐平息的时候，大宗商品市场和新兴市场股市的脆弱又引发了第三次余波，中国是这轮余波的中心。由于在新兴市场上持有大量头寸，欧洲再一次受到了打击，而美股却只是经历了一轮时间很短且温和的调整，所以再次被市场认为是相对好的一个避风港。

在 2016 年中期以后，股票和固定收益（债券和信贷）市场同时走高了，虽然从相对回报上来看存在一定的差异。积极宽松的货币政策和量化宽松政策，在推高金融市场估值上成效显著。大量学术论文研究了量化宽松政策对债券价格的影响，尤其在刚宣布量化宽松政策之后。其他研究也表明量化宽松政策对股票市场也起到了积极作用，其中一些学者认为：对于英国富时股票指数和美国标准普尔 500 指数来说，"政府采取非常规的政策和措施，使得指数上涨的幅度至少为 30％"①。

2. 资金免费

带来这样非比寻常的高回报的主要原因是，全球金融危机后通胀和利率两者的变化，在帮助降低资金成本的同时推高了股票估值。

---

① Balatti, M., Brooks, C., Clements, M. P. and Kappou, K. (2016). Did quantitative easing only inflate stock prices? Macroeconomic evidence from the US and UK. Available at SSRN：https：// ssrn. com/abstract ＝ 2838128 or http：//dx. doi. org/10.2139/ssrn. 2838128. 他们在文中指出，以中位数的估值来看，24 个月后，对富时全股指数的峰值影响约为 30％，而对标准普尔 500 指数的峰值影响约为 50％。

1982 年后，利率（包括名义利率和实际利率）的下行几乎成了周期中的一个常态特征。21 世纪第一个十年开始，各国央行采取了更有效的前瞻性指导，加上技术进步和全球化发展，这些都有利于降低和稳定通胀水平。与此同时，随着菲利普斯曲线（反映失业率与通货膨胀间的关系）更加平缓，对通货膨胀的预期也更加稳定了。[①]

其他一些因素也对利率下降起到了推动作用。一种解释是：全球的储蓄过剩超过了投资金额，所以推动了均衡状态下的实际利率下行。这一情况甚至在金融危机发生前就已经存在了。例如劳伦斯·萨默斯（Lawrence Summers，2015）在他的"长期经济停滞假说"中提出：如果总需求长期偏弱，配合超低的政策利率，会使得人们合意的储蓄额大于投资额，从而推动自然利率降低到比市场利率更低的水平。[②] 全球储蓄过剩（Bernanke，2005）和安全资产的短缺（Caballero and Farhi，2017）使得许多新兴经济体进行了过度的储蓄，并且这在它们的经常账户盈余上反映了出来。对于发达经济体而言，则压低了其实际利率水平。[③] 但是，另外一些学者指出：经济增长放缓和通胀下降（部分程度上反映了人口数量变动和颠覆式技术创新的影响）也是重要的影响因素

---

① Cunliffe, J. (2017). The Phillips curve: Lower, flatter or in hiding? Speech given at the Oxford Economics Society. Available at https://www.bankofengland.co.uk/speech/2017/jon-cunliffe-speech-at-oxford-economics-society.

② Summers, L. H. (2015). Demand side secular stagnation. *American Economic Review*, 105 (5), pp. 60–65.

③ Bernanke, B. S. (2005). The global saving glut and the U.S. current account deficit. Speech at the Sandridge Lecture, Virginia Association of Economics, Richmond, VA, March 10. Caballero, R. J. and Farhi, E. (2017). The safety trap. *The Review of Economic Studies*, 85 (1), pp. 223–274.

之一。

无论原因如何，全球金融危机后利率再次显著降低了。同时，与其他超级周期相比，通胀水平也大幅下降。这些在一定程度上都受到了量化宽松政策的影响。[①]

根据英格兰银行的长时间统计数据，全球利率水平在金融危机后急剧下降，很快就接近历史最低水平。这些发生在 2021 年利率水平大幅提高以前，我会在本书第三部分对此进行分析。

国债收益率的暴跌

这一时期的显著特点是，不仅名义收益率和通胀下行，长期实际收益率（名义收益率减去通货膨胀率，见图表 8.6）也明显降低了。

一些国家的债券收益率下跌幅度非常大，以至于到 2020 年全球约有 30％的政府债券的收益率为负。这意味着投资者为了让政府用他们的资金，还要额外支付费用。甚至有四分之一的投资级企业债券，即那些资产负债情况良好的公司债券的收益率也为负（见图表 8.7）。

从理论上来看，这样的情况是有些奇怪，但在全球金融危机后的一段时间里却变成了现实。各国央行在这一时期迅速降低利率，目的就是缓解本国经济受到的冲击，避免重蹈覆辙——过去危

---

① Borio，C.，Piti，D. and Rungcharoenkitkul，P. (2019). What anchors for the natural rate of interest? BIS Working Paper No. 777. 他们认为，"在货币政策通过设置杠杆价格对金融周期产生影响时，也可能同时会对长期的经济发展路径带来持久的影响，从而会影响到实际利率。如果像人们期待的那样，均衡的定义不去考虑市场繁荣和衰退的周期，那么在脱离货币制度的情况下，定义一个自然利率是不太可能的。"

图表 8.6 德国国债实际收益率变成负值：10 年期国债名义收益率减通胀率
资料来源：高盛全球投资研究。

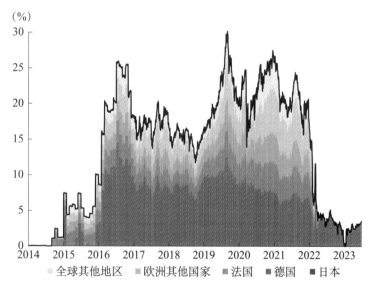

图表 8.7 国债收益率为负的国家或地区的占比情况
资料来源：高盛全球投资研究。

机发生时，政府采取行动太慢了，尤其是 20 世纪 80 年代末的日本和 20 世纪 30 年代的美国。此后，各国央行又通过实施量化宽松政策，进一步巩固了长期利率和债券收益率的"锚定点位"。

理论上，量化宽松政策可以通过"信号效应"降低投资者对将来利率的预期，从而影响当下的国债收益率。这是因为央行买入政府债券的行为，其实就是向市场发出信号——和信号发出前相比，利率将保持在更低的水平。另一种解释是：央行购买政府债券的行为，是为了鼓励投资者追求高回报，加大对风险资产的投资需求，从而压低了其他债券产品的收益率，如公司债券、高风险债券和长久期债券。[1] 尽管对于如何估算量化宽松政策对债券收益率的直接影响程度，存在诸多不同的看法，但绝大多数的研究都支持这一结论：美联储的量化宽松政策显著影响了国债收益率。在其他一些国家资产购买的学术研究中，也得出了相近的结论。[2]

通胀预期的降低，加上金融危机后的经济产出疲软，说明了这一时期债券收益率的降低是合理的。当多国央行纷纷采取负利率政策时（欧洲央行在 2014 年，日本央行在 2016 年），虽然我们很难区分出通胀预期中分别受到量化宽松政策和经济增长影响程度的大小，但市场对未来中期通胀的预期确实是下降了[3]（见图表

---

① Christensen，J. and Krogstrup，S.（2019）. How quantitative easing affects bond yields：Evidence from Switzerland. Available at https：//res. org. uk/mediabriefing/how-quantitative-easing-affects-bond-yields-evidence-from-switzerland/.

② Gilchrist，S. and Zakrajsek，E.（2013）. The impact of the Federal Reserve's large-scale asset purchase programs on corporate credit risk. NBER Working Paper No. 19337.

③ Christensen，J. H. E. and Spiegel，M. M.（2019）. Negative interest rates and inflation expectations in Japan. *FEBSF Economic Letter*，22.

8.8)。美国和欧洲在开始实施量化宽松政策后，通胀互换率（对未来通胀预期的一种衡量方式）也明显降低了。

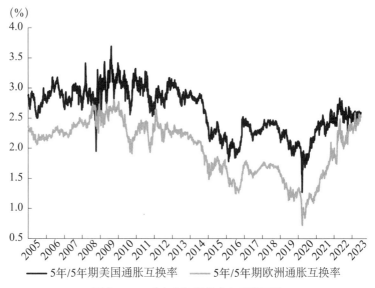

图表 8.8　对未来通胀的市场预期下降

资料来源：高盛全球投资研究。

在欧洲，欧洲央行实行的量化宽松政策以及德国的负国债收益率，对主权债券利差造成了很大的影响。2011 年在欧洲发生主权债务危机的高峰期，希腊的国债收益率在 2012 年 3 月飙升到了 40％以上，并于 2015 年再次在很短的时间内飙涨至约 20％（见图表 8.9）。为稳定本国信心，希腊政府不得不采取了一系列缩减开支和债务减免的措施。从那时起，随着人们对欧盟解体担忧的减少，以及量化宽松政策效果的增强，德国国债负收益率的溢出效应极大地影响了其他欧洲国家的债券市场，导致希腊 10 年期国债收益率在新冠疫情时期逐渐趋近于美国国债收益率。现在，希腊 10 年期国债收益率已经和美国、英国的国债收益率水平差不多了。

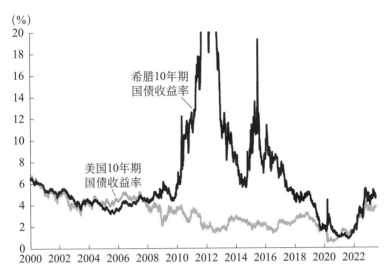

图表 8.9　宏观环境不稳定时，希腊债券收益率快速攀升：
希腊和美国的 10 年期国债收益率比较

资料来源：高盛全球投资研究。

　　债券收益率的下降还反映出了所谓"期限溢价"的锐减。理论上来说，零违约风险的政府债券的收益率，应当等于债券期限内预期政策利息收入的总和，再加上一个期限溢价。因此，当债券收益率变动时，要么是因为短期利率的预期发生了变化，要么是市场对于把钱借给一个遥远的将来（"债券的久期"）的风险定价，产生了变化。

　　期限溢价的存在，是债券投资者因为承担了风险所以需要得到相应的补偿（就像持有股票和股权风险溢价两者间的关系一样）。对于债券持有者来说，有两个风险值得关注。一个是通货膨胀风险，因为预期外的通胀会降低名义上固定回报的实际价值，从而降低债券的实际回报率。这就意味着，当债券投资者预期高通胀或者不确定债券中期走向时，他们就会要求更高的期限溢价。第二个是经济衰退的风险。显然，这是股票投资者需要考虑的主要风险。

经济衰退，就意味着预期财富的减少和消费增长的下滑，投资者会更加厌恶风险。因而对于风险资产的投资，他们就会要求更高的补偿，而对于相对安全的固定收益类资产，所要求的溢价则较低。

3. 低波动性

反复发生的金融危机，降低了人们对于长期经济增长的预期，但这一影响是有限的。虽然企业部门的收入增速放缓，但是低得多的利率和充足的流动性，有助于降低企业利润（或息税折旧及摊销前利润，EBITDA)[①] 的波动，从而减少了金融市场的波动，这正像 20 世纪 90 年代"大缓和时期"的情况一样（见图表 8.10）。在极低的通胀率和利率水平的支持下，经济保持了很长一段时间的平稳发展，直到新冠疫情的出现。

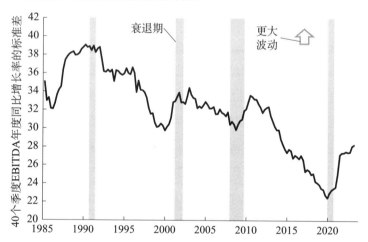

图表 8.10　标准普尔 500 指数公司中位于中位数的公司，过去 10 年的 EBITDA 增长率波动情况

资料来源：高盛全球投资研究。

---

① 息税折旧及摊销前利润是指：扣除利息、所得税、折旧和摊销前的利润。

政府采取的零利率政策，也使得企业倒闭的数量减少了。所以，在全球金融危机后的十年里，尽管企业利润增长相对缓慢，但却比在通常一般的周期中更加稳定（见图表 8.11）。

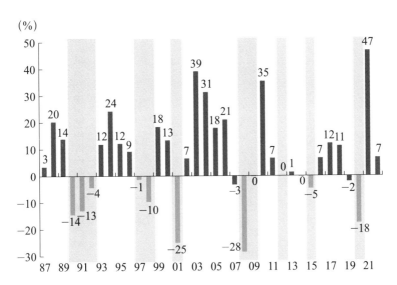

图表 8.11 除经济衰退期以外，企业的每股收益很少下跌：
MSCI 全球指数每年实现的利润增长

注：灰色阴影表示美国、欧洲、日本或新兴市场的经济衰退。

资料来源：高盛全球投资研究。

私营部门（包括银行、企业和家庭）的资产负债表去杠杆化，意味着私营部门更能够经受住市场的冲击，从而也就更容易预测企业将来的回报率，企业也因此变得更有价值。

这使得股票市场在适度波动的同时，实现了稳定的回报，比如，标准普尔 500 指数就经历了自 1900 年以来最长的一个稳定回报期。在此期间，没有一次调整幅度超过 20％（见图表 8.12）。

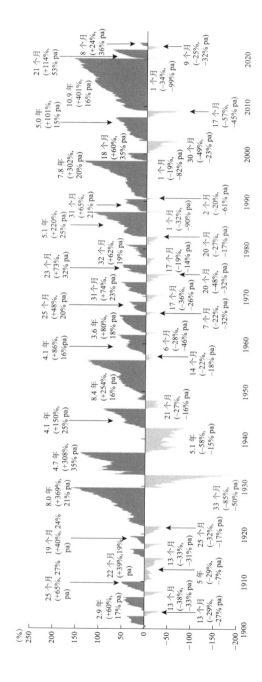

图表 8.12 2009—2020 年是最长的一个股票牛市，其间没有一次向下调整幅度超过 20%：标普 500 指数

资料来源：高盛全球投资研究。

4. 股票估值提升

经济理论和历史事实都支持这一观点：低利率可以提高企业预期未来现金流的现值，从而提升该股票的价值。这一点在美国股票市场十分显著，尤其是对高科技公司所带来的未来长期增长的信心，更是如此。

与此同时，与"更安全"的政府债券相比，股票的相对价值却下降了。未来的不确定性，意味着股票相对政府债券的收益率的上升。这就是所谓的股债收益率差，即标准普尔 500 指数收益率（市盈率的倒数）与 10 年期美国国债收益率间的差异，是衡量这一关系及其变化趋势的有效方式。

在 2008 年全球金融危机后的十年里，随着债券收益率持续下降，股票和债券的收益率差不断扩大。换句话来说，在无风险利率或长期债券收益率大幅下降的情况下，股票市场市盈率的上升（或股息收益率的下降）并不如预期中的那么大。在欧洲，由于政府债券收益率变成了负数，这一效应则更加凸显。上述两个例子在一定程度上反映了对未来经济增长疲软和企业利润变差的担忧。

在全球金融危机开始时，德国 10 年期政府债券收益率（即德国国债收益率）约为 4%，与当时美国的 10 年期政府债券收益率大致相同。但是，后来德国国债收益率下降得比美国更快，而且在通胀预期下降和量化宽松政策的双重影响下更是变成了负数（见图表8.13）。

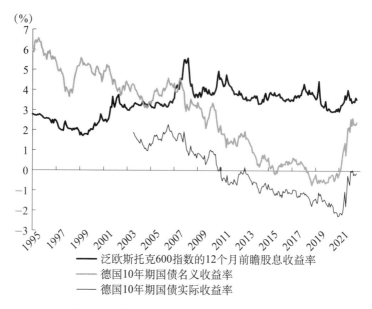

图表 8.13 欧洲的股债收益率差扩大：欧洲斯托克 600 指数的 12 个月前瞻股息收益率与德国名义和实际的 10 年期国债收益率

资料来源：高盛全球投资研究。

美国股票市场的现金收益率与政府债券收益率间的差异，从来没像欧洲这么大。主要原因是美国对于本国企业未来长期利润增长的信心比欧洲更强。但即使是美国股票和债券的收益率差，与 21 世纪之前相比，也发生了很大的变化。比如 20 世纪 90 年代初期的 10 年期政府债券收益率是 8％，而投资者在股票市场的现金收益率约为 4％。到了 2020 年，10 年期国债收益率已经下降到约 1.5％，但股票市场产生的现金收益率则超过了 5％（见图表8.14）。这两者之间的差异反映了对未来长期经济增长预期的显著下降。在 2022—2023 年，美国 10 年期国债收益率上升到了近4％，是标准普尔 500 指数股息收益率的两倍。

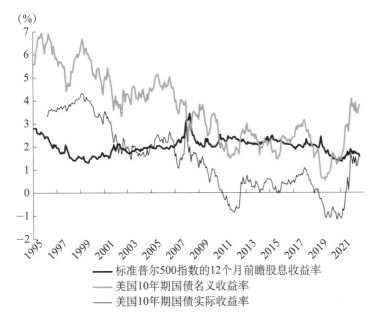

图表 8. 14　2022 年美国 10 年期国债收益率上升到了近 4%，是标准普尔 500 指数股息收益率的两倍：标准普尔 500 指数的 12 个月前瞻股息收益率与美国 10 年期名义和实际国债收益率

资料来源：高盛全球投资研究。

5. 高科技与成长股跑赢价值股

自全球金融危机以来，另一个影响股票市场周期的重要因素就是科技进步。一些高科技企业急速发展，另一些利用新科技颠覆了零售、餐饮、出租车、酒店和银行等传统行业的企业也得到了快速发展。这意味着与过去的周期相比，现在那些传统企业可分配的利润减少了。但是如图表 8.15 所示，自金融危机以来，高科技企业部门的利润却实现了惊人的增长。随着 2016 年全球经济复苏，各国股市（不含科技股）的盈利水平在一段时间中都得到了大幅改善。尽管如此，直到 2020 年全球新冠疫情暴发，也才刚刚回到金融危机前的水平。而同一时期，高科技行业却享受了每股收益的高速增长（虽然部分是由于股票回购热潮所推动的）。①

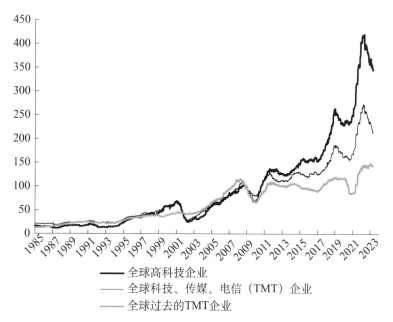

图表 8.15　高科技企业盈利能力胜过了全球股市：
过去 12 个月的每股收益（美元），以 2009 年 1 月指数值作为基数 100
资料来源：高盛全球投资研究。

这一波大浪潮拉开了在股票市场上不同投资者回报率间的差异，产生了赢家和输家。

---

① Lazonick，W.（2014）. Profits without prosperity. *Harvard Business Review*，Sept. https：//hbr. org/ 2014/09/profits-without-prosperity.

成长股与价值股出现巨大分化

和其他几次超级周期不同的是，后金融危机周期还导致了股票市场内和不同股市间投资回报率的长期持续性差异。特别地，如图表8.16所示，低估值且一般属于传统的、成熟型行业的价值股的表现，明显不如那些预期未来高增长、由高科技主导的"新经济"中的成长股。

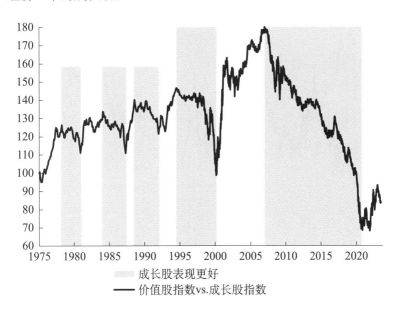

图例：
成长股表现更好
—— 价值股指数vs.成长股指数

图表8.16 MSCI全球价值股指数与成长股指数相比明显表现不佳：
指数表现情况

资料来源：高盛全球投资研究。

出现这种情况有几个原因，都与后金融危机周期的独特性存在一定的关联。

首先，增长是稀缺的，所以一般都会被给予高估值。我们已经看到，全球金融危机后企业部门的销售收入增长呈下降趋势。不仅如此，大多数股票市场中高增长的企业数量占比也在减少。例如，图表 8.17 所示的全球高增长企业与低增长企业的数量占比都随时间而变化。这里的高增长企业是指在未来 3 年内的预期收入年增长率超过 8％的企业，而低增长企业是指预期收入年增长率低于 4％的企业。

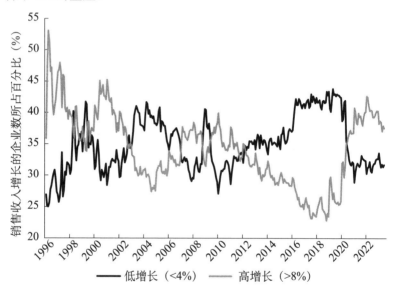

图表 8.17　只有少数企业的未来预期销售收入增长较高：MSCI 全球指数
资料来源：高盛全球投资研究。

　　其次，由于成长股的"久期"（即估值对低利率的敏感程度）更长，国债收益率（即贴现率）下降会使得成长股的股价相对价值股提高（见图表 8.18）。预期在较远的未来可以实现利润增长的企业对利率的变化更加敏感，因为这些企业将来利润的折现值会随着利率的降低而增高。但是当利率上升时，这些企业的价值则会下降。

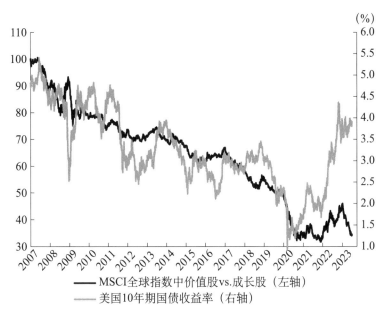

图表 8.18　国债收益率低，往往会拖累价值股表现

资料来源：高盛全球投资研究。

再次，如图表 8.19 所示，更低的利率使得那些受经济周期影响较小的防御性企业（如医疗保健、必需消费品行业的企业）价值，相比受整体经济波动影响更大的周期性企业的价值提高了。这一点与成长股和价值股之间的关系相似。许多周期性企业的市盈率较低，而大多数防御性企业往往有着更好的成长性。或者说更重要的是，防御性企业的未来增长在一个不确定的经济环境中是更可被预测的。

最后，国债收益率低也提高了那些波动少、资产负债表稳健以及被公认为"优质"企业的价值（见图表 8.20）。在经济和政治环境不确定时，这种投资风格往往受到青睐，使得那些稳定性高或未来现金流更可预测的企业产生估值溢价。

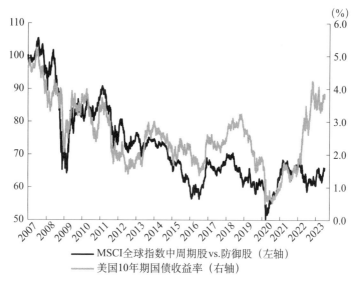

图表 8.19　周期股 vs. 防御股，随美国 10 年期国债收益率的变动情况
资料来源：高盛全球投资研究。

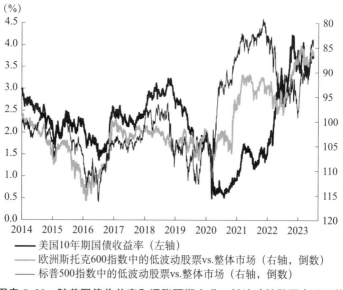

图表 8.20　随着国债收益率和通胀预期上升，低波动性股票表现不佳
资料来源：高盛全球投资研究。

6. 美国股市跑赢世界其他地区

投资者偏好逐渐由价值股转向成长股，对世界各地的股市表现都产生了重要的影响。自全球金融危机以来的一个显著而持续的趋势是，美国股市比全球其他股市的表现更好。尤其是当美国股市与欧洲股市相比较时，这一点更为明显。图表 8.21 展示了随时间推移，标准普尔 500 指数和欧洲斯托克 50 指数（欧元区的一个基准股指）的相对表现情况。1990—2007 年间，两者间没有显著的优劣差别，两个股市的相对表现是周期性的——有时美国股市表现更好，有时则是欧洲股市表现更佳。但是在全球金融危机后，美国股市表现更好变成了一个持续性的趋势。

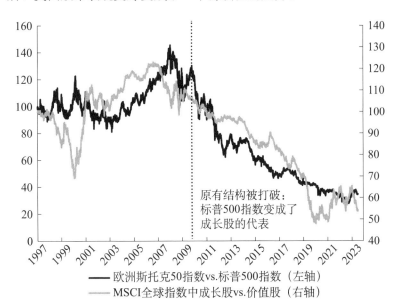

图表 8.21　欧洲股市相对美国股市的表现与价值股相对成长股关系的表现很相似
资料来源：高盛全球投资研究。

有趣的是，这种相对表现的趋势情况，与价值股和成长股的相对表现密切相关。美国由于拥有大量高成长企业（如科技企业），所以被看成是一个成长股市场。相比之下，欧洲股市则拥有大量相对成熟的产业，其中增长偏缓、"股价更便宜"的企业占比高，如制造业、汽车业、大宗商品生产、金融业等，而高成长企业的占比则较低。

自全球金融危机以来产生的不同地区股票表现间的显著差异，也反映了各主要股票市场间每股收益增长的差别。例如，如图表8.22所示，从金融危机开始前每股收益最近的一个峰值，到2020年新冠疫情开始时，美国股市的每股收益水平提高了近80%。其中很大一部分是由科技行业所贡献的。但是即使不包括该行业，每股收益水平也健康地增长了75%。

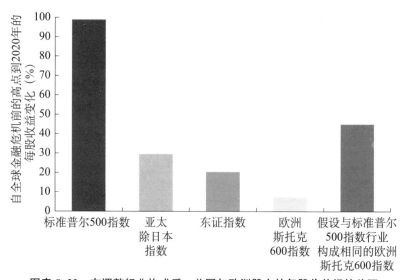

图表8.22　在调整行业构成后，美国与欧洲股市的每股收益间的差距大约缩小了一半：美国（标准普尔500指数）和日本（东证指数）的每股收益在2006年达到顶峰，而欧洲（欧洲斯托克600指数）和除日本外的亚洲（亚太除日本指数）的每股收益则在2007年达到顶峰

资料来源：高盛全球投资研究。

与此相应，日本股市的每股收益增长是 20％，而欧洲（这里用的是欧洲斯托克 600 指数，即欧洲最大的 600 家上市公司）总的每股收益增长却只有 7％。与美国类似，重要的是这些股票市场内不同行业所占权重。美国股市的科技企业占比高，帮助提升了其盈利水平；而欧洲股市则是银行业占比高，其中多数银行的盈利是下降的。如果可以调整欧洲的数字，假设欧洲拥有与美国相同的行业占比，如更多的科技企业、更少的银行，再来计算每股收益的增长率，我们会发现欧洲股市的利润增长将更加强劲，可以达到接近 45％。

零利率和对风险资产的需求

全球金融危机后的零利率或负利率的另一个有趣的方面是，它们影响了像养老基金和保险公司这类致力于长期投资的机构对风险资产的偏好。

对于这些机构来说造成的主要影响是，随着利率的下降，养老金计划或保险公司的未来负债的净现值（未来现金流的贴现值）将提高。对于一个典型的养老金固定收益计划来说，长期债券利率每下降 100 个基点，可能就意味着在其他条件相同的情况下它的负债立即增加了约 20％。[①]

正如经济合作与发展组织所描述的："对将来的一个主要担心是，养老基金和保险公司在多大程度上有可能或者已经在过度地

---

① Antolin, P. , Schich, S. and Yermi, J. (2011). The economic impact of protrac-ted low interest rates on pension funds and insurance companies. *OECD Journal：Financial Market Trends*, 2011 (1), pp. 237 – 256.

'追求收益'，以试图向受益人或保单持有人提供当金融市场提供更高的回报率时所承诺的回报水平，这样做可能会增加它们自身破产的风险。"[1]

美国已经有一些证据表明了这一情况的出现。随着无风险利率和融资利率的下降，一些金融机构承担了更高的风险。[2] 其他一些证据也表明，这种追求收益的行为并不仅限于金融机构，很多投资人也在这么做。[3]

此外，由于利率下降增加了企业赤字的净现值，许多养老基金和拥有大量未来养老金负债的企业也受到了影响。[4] 对于保险公司来说，利率下降可能会威胁到许多寿险合同的保证收益。这降低了保险公司在经济下行期的抗压能力，或者说，如果它们投资在政府债券上的比例较高，则可能会被锁定在这一结构性产品的低回报中。[5]

---

① 关于资产/负债组合和"追求收益"风险更充分的讨论，参见 *OECD Business and Finance Outlook* 2015，Chapter 4：Can pension funds and life insurance companies keep their promises?

② Gagnon, J., Raskin, M., Remache, J. and Sack, B. (2011). The financial market effects of the Federal Reserve's large-scale asset purchases. *International Journal of Central Banking*, 7 (1), pp. 3‑43. 这些作者还发现，随着债券收益率的下降，财务状况较弱的美国州和市政赞助商增加了它们的风险敞口。这些作者估计，在 2002—2016 年期间，高达三分之一的基金总风险与资金不足和低利率有关。

③ Lian, C., Ma, Y. and Wang, C. (2018). Low interest rates and risk taking: Evidence from individual investment decisions. *The Review of Financial Studies*, 32 (6), pp. 2107‑2148.

④ Antolin, P., Schich, S. and Yermi, J. (2011). The economic impact of protracted low interest rates on pension funds and insurance companies. *OECD Journal: Financial Market Trends*, 2011 (1), pp. 237‑256.

⑤ Belke, A. H. (2013). Impact of a low interest rate environment-global liquidity spillovers and the search-for-yield. Ruhr Economic Paper No. 429.

在一些地区尤其是欧洲，政府出于监管目的，对养老基金和保险公司的股票投资设置了较高的风险权重指标，使得它们很难扩大在风险资产上的投资，从而增加了它们对债券的需求。由此带来的结果是，养老基金和保险公司出于对冲利率和负债风险的需要，对债券的需求增加，而这又进一步加大了债券收益率下行的压力。如图表 8.23 所示，近年来，欧洲养老基金和保险公司总体上仍然继续专注于债券投资，如政府债券，即使是债券收益率下跌成了负值。问题是，像我们之后会看到的一样，当新冠疫情过后随着通胀出现，利率开始再次上升时，它们资产负债不匹配的风险变大了。

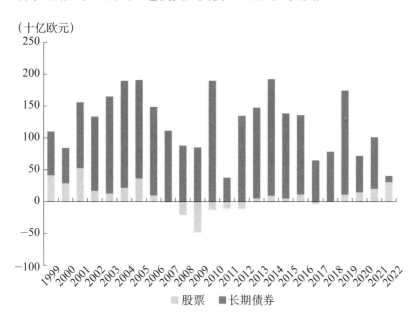

（十亿欧元）

股票　长期债券

图表 8.23　养老基金和保险基金继续聚焦在债券类投资上（基本上忽略了权益投资）：欧元区养老基金和保险基金每年投向股票和长期债券的资金

资料来源：高盛全球投资研究。

总结一下，2009—2020 年的超级周期主要有以下几个特点：

（1）从名义和实际 GDP 增长上来看，这是一个经济增长相对疲软的经济周期，因而引发了一轮异常激进的货币宽松和量化宽松政策。

（2）虽然利率下降了，但是对长期经济增长的预期趋于平缓，西方经济体中企业部门的平均收入增长也放缓了。

（3）尽管经济和企业的利润增长都低于历史平均水平，但金融市场的表现却异常强劲，无论是固定收益市场，还是股票和信用市场。固定收益市场主要是受到了政策利率下降和通胀率降低的影响，股票和信用市场则是因为低利率环境推高了企业估值。

（4）无论是全球，还是许多单个经济体，都经历了通胀预期的大幅下降，债券收益率也下跌到了创纪录的低点。

（5）缓慢的经济增长和创历史新低的利率水平，使得企业收入和成长性变得相对稀缺，于是推动了投资向低波动的优质股、成长股和能提升收益的资产（如高收益的企业信用债）的一次长期转移。

（6）全球金融危机和之后的经济复苏，恰好与一轮技术升级的超级周期时间吻合。这使得企业部门的收入和利润都快速地向极少数的巨头集中，而它们中的许多都是美国公司。再加上美国强大的国内经济，就使得美国股市与世界上大多数其他股市相比获取了明显的超额回报。

第九章

新冠疫情与"肥而平"周期的回归

> 经济崩溃的幅度之大与速度之快……是我们一生中从未经历过的。
>
> ——吉塔·戈皮纳特（Gita Gopinath）*

---

* 吉塔·戈皮纳特是国际货币基金组织第一副总裁。——译者注

新冠疫情引起的经济冲击，带来了一个股权投资回报率下降的时期（见图表9.1）。直到各国政府的支持和新冠疫苗引入后，股市才得以恢复。

新冠疫情的混乱

新冠疫情的暴发，标志了一个通胀下降、量化宽松和历史性低利率的时代的结束。这些让政策制定者和投资者们都深感意外。

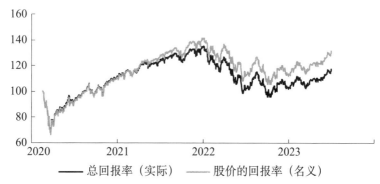

时期		股价的回报率（名义）		总回报率（实际）		席勒市盈率		每股收益增速
开始时间	结束时间	回报率	年化	总计	年化	开始时	结束时	年化
2020年2月	2023年6月	31%	8%	18%	5%	30.7x	28.9x	12%

图表9.1 新冠疫情预示了"肥而平"周期的回归

注：席勒市盈率是一个估值指标。它是用指数价格除以通胀调整后的10年期平均每股收益计算得出的。

资料来源：高盛全球投资研究。

新冠疫情的冲击

新冠疫情的暴发和随之而来的大流行，导致全球经济活动都突然停摆。同时，各国股市都进入熊市，发生了自二战以来最快的一次股市崩盘。2020 年 3 月 8 日，美国股市开盘就下跌 7％，自 2007—2008 年全球金融危机以来第一次触发了熔断。其他股市紧接着也出现了类似情况，最能代表欧洲大型公司的股指——欧洲斯托克 600 指数，比年初水平下跌了 20％以上。随着对经济衰退担忧的加深，政府债券收益率也大幅下跌了，美国 10 年期和 30 年期的国债收益率历史上首次跌破了 1％。[①]

随着许多国家一个接一个地实施封城，全球大部分地区经济都陷入了停摆。到 2020 年 4 月的第一周，全球共有 39 亿人处在封控中，这超过了全世界总人口的一半，因而引发了人们对经济不确定性的担忧和恐慌性的抢购（见图表 9.2）。[②]

几乎全球所有经济体的经济都经历了明显的下滑。在 2020 年前 3 个月，G20 国家的整体经济同比下跌了 3.4％。[③]

由于高度依赖于服务业，英国经济格外脆弱，2020 年英国 GDP 下跌了 11％。这是自 1948 年有连续记录以来最剧烈的一次下跌（见图表 9.3），也创造了自 1709 年"大霜冻"以来的最大跌幅。

在第一次封控期间，2020 年 4 月的英国 GDP 就比两个月前下降了 25％。[④] 不仅如此，新冠疫情很快还对社会发展和就业造成了

[①] Franck, T. and Li, Y. (2020, March 8). 10-year Treasury yield hits new all-time low of 0.318％ amid historic flight to bonds. CNBC.

[②] Sandford, A. (2020, April 2). Coronavirus: Half of humanity on lockdown in 90 countries. Euronews.

[③] Organisation for Economic Co-operation and Development (2020). G20 GDP Growth-First quarter of 2020.

[④] Harari, D., Keep, M. and Brien, P. (2021). Coronavirus: Effect on the economy and public finances. House of Commons Briefing Paper No. 8866.

**图表 9.2　2020 年 3 月英国第一次封城前夕，伦敦市中心的一家
超市货架上空空如也**

资料来源：彼得·C. 奥本海默拍摄的照片。

显著的负面影响。在疫情期间，全球中小学校和大学关闭，影响了
超过 15 亿学生。这些学生中的弱势群体受到的影响最为严重。[①]

到 2020 年 3 月，美国一共有 660 万工人申请了失业救济金。
英国商会报告称，到 2020 年 4 月初，有 32％的企业进行了裁员。
2020 年前 9 个月内，全球工人的收入水平下降了 10％，相当于损
失超过了 3.5 万亿美元。[②]

人们对大规模失业变得越来越担忧。圣路易斯联邦储备银行
行长詹姆斯·B. 布拉德（James B. Bullard）认为，除非采取紧急

---

　①　UNESCO（2020）. Education: from school closure to recovery. Available at
https: //www. unesco. org/en/covid-19/education-response.

　②　Strauss, D. （2020，September 23）. Pandemic knocks a tenth off incomes of
workers worldwide. *Financial Times*.

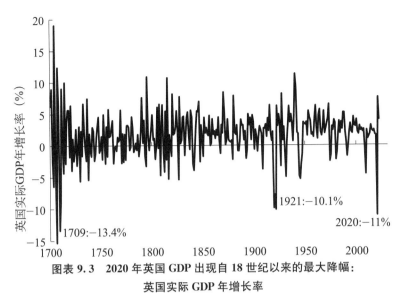

图表 9.3 2020 年英国 GDP 出现自 18 世纪以来的最大降幅：英国实际 GDP 年增长率

资料来源：高盛全球投资研究。

措施，否则美国失业率可能会上升到 30%。[1] 这时候必须要采取一些行动，而且速度要快。于是，世界各国政府都加大了借贷力度，采取了一系列广泛的经济支持措施。早在 2020 年 5 月，全球最大的 20 个经济体（G20）就已经采取了价值近 9 万亿美元的财政干预措施，平均相当于 GDP 的 4.5%。这次财政支持的规模甚至超过了 2008 年全球金融危机时期。金融危机时期还发生了一些道德风险问题，这使得当时的财政干预措施比现在更加复杂。[2]

---

① Matthews，S. (2020). U. S. jobless rate may soar to 30%，Fed's Bullard says. Available at https：// www. bloomberg. com/news/articles/2020 – 03 – 22/fed-s-bullard-says-u-s-jobless-rate-may-soar-to-30-in-2q.

② 各项财政措施得到了落实，成果显著。例如：美国 61.7% 有员工的公司向薪资保护计划申请了财务援助，在 2020 年新冠疫情期间 58.3% 的公司都得到了财务支持。United States Census Bureau（2022）. Impacts of the COVID – 19 pandemic on business operations. Available at https：//www. census. gov/library/publications/2022/econ/2020-aces-covid-impact. html.

经济活动的中断，导致油价甚至跌到了负值。2020 年 4 月，由于储油能力严重不足，石油供给大量过剩。在期货合约到期时，原油卖家不得不为每桶纽约原油支付近 30 美元，买家才会接收实物。[①]

经济危机的发生以及不断扩大的财政支持措施，使得各国政府负债水平都大幅提高了。

同时，各国央行继续向实体经济注入大量的流动性。从 2007 年全球金融危机发生到 2021 年，欧洲央行的资产负债表扩大了四倍多，日本央行的资产负债表扩大了约六倍，美联储资产负债表也扩大了八倍（见图表 9.4 和图表 9.5）。到 2021 年初，欧洲央行的资产负债表规模超过了 7 万亿欧元，这一数字超过了欧盟 GDP 的 60%，而日本央行的资产负债表规模高达日本 GDP 的 130%。[②]

结果就是，利率不断降至更低水平（见图表 9.6），直至有史以来的最低水平。

另一个科技泡沫

随着封城和其他限制措施的扩大，科技企业变成了主要的受益者，这也意味着股市反弹又一次高度集中在了少数股票上。消费者们都被迫待在家里，因而对科技硬件产品和软件服务的需求激增。Twilio 的一项调查报告表明，新冠疫情使得数字化转型加快了 6 年。报告还称 97% 的企业高管因新冠疫情加速了企业的数

---

① Reed, S. and Krauss, C. (2020, April 20). Too much oil: How a barrel came to be worth less than nothing. *The New York Times*.

② Cerclé, E., Bihan, H. and Monot, M. (2021). Understanding the expansion of central banks' balance sheets. Banque de France Eco Notepad, Post No. 209.

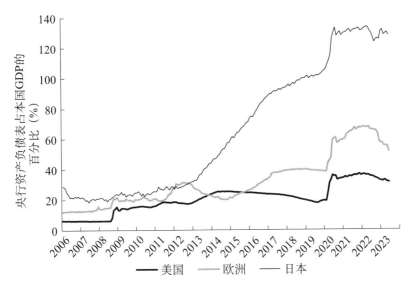

**图表 9.4　自 2007 年以来各国央行的资产负债表急剧扩张：
央行资产负债表占本国 GDP 的百分比**

资料来源：高盛全球投资研究。

字化转型，79％的高管提高了数字化转型的预算。[①]

　　芯片制造商英伟达（Nvidia）是 2021 年表现最好的大型科技股，全年股价上涨了 127％，自 2020 年 3 月算起则上涨超过了 350％。公司市值提高到了 7 410 亿美元，成为第七大科技股。[②]

　　在之后的 2022 年，英伟达股票表现不佳，从高点下跌超过50％，但在 2023 年，随着人工智能的市场热潮，它再次创下新高，

---

　　① Koetsier，J.（2020）. 97％ of executives say Covid – 19 sped up digital transformation. Available at https：//www.forbes.com/sites/johnkoetsier/2020/09/10/97-of-executives-say-covid – 19-sped-up-digital-transformation/.

　　② Levy，A.（2021，December 24）. Here are the top-performing technology stocks of 2021. CNBC.

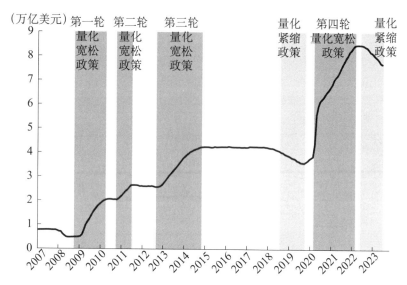

图表 9.5 自 2007 年以来美联储的资产负债表显著扩张：
美国联邦储备银行直接持有的政府和机构证券规模

资料来源：高盛全球投资研究。

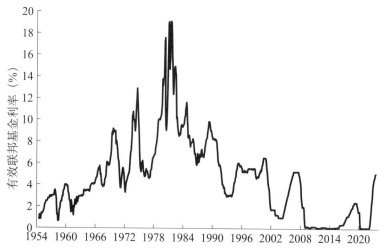

图表 9.6 2020 年利率降低到了历史最低水平：有效联邦基金利率

资料来源：高盛全球投资研究。

成为美国市值第五大的股票。从 2022 年 10 月低点算起，英伟达上涨了近 300%，市值超过 1 万亿美元。

其他科技股如 Zoom 上涨得甚至更多。从 2020 年 3 月到 10 月的高点，Zoom 上涨幅度超过了 700%，然而随着各地解封，其股价之后也回落到了疫情前水平。与此同时，由于资金成本极低，涌入私募股权市场支持创新创业的资金也快速增加。据《金融时报》报道，2021 年美国科技型初创企业的融资额高达3 300 亿美元，是 2020 年的两倍，而 2020 年的融资额已经是三年前的两倍了。[①]

早期风险投资也高速增长。根据 FactSet 的估算，2021 年全球风险投资超过了 6 000 亿美元，是 2020 年的两倍还多。[②] 低利率的市场环境也支撑着估值的上升。2021 年有超过 500 家获得风险投资支持的企业成为"独角兽"（独角兽指估值超过 10 亿美元的企业），这几乎是 2020 年达到该估值的企业数量的三倍（FactSet）。一些初创企业在风投市场上的估值甚至超过 100 亿美元，其中包括加密货币交易所 FTX。它的估值曾高达 250 亿美元，但后来在 2022 年 11 月 11 日倒闭了。

根据麦肯锡的数据，2021 年私募股权行业的募资额增长 20%，达到了 1.2 万亿美元，管理资产规模约 10 万亿美元[③]，创

① Waters，R.（2022，August 1）. Venture capital's silent crash：When the tech boom met reality. *Financial Times*.

② Haley，B.（2022）. Venture capital 2021 recap—a record breaking year. Available at https：// insight. factset. com/venture-capital-2021-recap-a-record-breaking-year.

③ Averstad，P.，Beltran，A.，Brinkman，M.，Maia，P.，Pinshaw，G.，Quigley，D.，*et al*.（2023）McKinsey Global Private Markets Review：Private markets turn down the volume. Available at https：//www. mckinsey. com/industries/private-equity-and-principal-investors/our-insights/ mckinseys-private-markets-annual-review.

历史新高。

超低的利率和政府纾困计划还提振了个人投资者对股市的信心。个人投资者缺少回报率不错的可替代资产，这就是所谓的TINA效应，即：别无选择。[①] 仅 2021 年 1 月，就有近 600 万美国人下载了个人股票经纪商的手机应用，如果算上 2020 年，下载人数达到了 1 000 万人。[②]

这次股市泡沫最具代表性的标志之一，是被称作 MEME 股票的出现（通过像 Reddit 这样的投资者社交平台，一些股票受到了投资者们仿佛邪教般的追捧）。这其中最臭名昭著的也许就是视频游戏公司 GameStop。它的股票成了多家对冲基金做空的目标，约140％的公开流通股已被做空了（对冲基金通过支付一定费用"借"股票来卖出，然后再以较低的价格购回，以期望从股价下跌中获利）。GameStop 股价从 2020 年夏天的 5 美元，上涨到了 2021年 1 月的 300 多美元，然后达到了 483 美元的高点。这给一些对冲基金造成了巨大损失。[③]

在美国发放纾困支票的鼓舞下，私人投资者也开始加杠杆。据《福布斯》报道，2021 年初，保证金借款的余额（借来用于买股票的钱）高达 7 780 亿美元，创历史新高，这几乎是 2000 年 3月科技股泡沫达到顶峰时保证金借款余额的 37 倍。保证金借款与

---

① "别无选择"一词产生于撒切尔夫人时期，当时作为政治口号使用。

② Deloitte Center for Financial Services（2021）. The rise of newly empowered retail investors. Available at https：//www2. deloitte. com/content/dam/Deloitte/us/Documents/financial-services/us-the-rise-of-newly-empowered-retail-investors-2021. pdf?ref＝zoya-blog.

③ Kaissar（2021）. GameStop Furor Inflicts Lasting Pain on Hedge Funds. Bloomberg.

现金的比率（用于买股票的借款相对于投资者持有现金的比率）达到了 72%，而在科技股泡沫顶峰时这一数字为 79%。[1]

得益于极低的资金成本，任何与"科技"有关的股票掀起了一轮投资热潮，席卷了整个市场。2021 年 11 月 19 日，以科技股为主的美国纳斯达克指数，创了历史新高 16 057 点，在同年 3 月低点基础上上涨了惊人的 133%。到 2021 年底，绝大多数指标都表明，美股估值处于历史最高水平。

自全球金融危机以来，科技股在股市中的表现一直优于其他行业，在这时候则变得更好了。科技行业的利润原本就已经实现了快速增长，但是在新冠疫情期间，由于大幅提高了在线上化和技术平台上的投入，科技企业所展示出的相对竞争优势变得更大了。随着利率下降，这些"成长型"企业未来现金流的现值也在急剧加速增长（见图表 9.7）。

一些最大市值的股票由于股价上涨而变得市值更高，使得主要股指更加集中在了少数股票上。美国最大的几家科技企业（脸书、苹果、亚马逊、微软和谷歌的母公司字母表）持续跑赢指数。到 2020 年 7 月，这五家企业比年初上涨了近 30%，而市场上其余股票却几乎没有什么变化。这些大型科技企业的总市值已经占到了标准普尔 500 指数的 22%，这是标准普尔 500 指数自 20 世纪 80 年代初以来集中度最高的时候。[2]

---

[1] Ponciano, J. (2021). Is the stock market about to crash?

[2] 沙伊德（Scheid, 2020）的文章中提到："前五大科技股在标准普尔 500 指数中的主导地位，引发了对股市泡沫破裂的恐慌。以往指数平均年集中度最高点出现在 1982 年，当时 AT&T、IBM、埃克森、通用电气和通用汽车的市值合计占指数总市值的 17%，不过这些股票覆盖了多个不同的行业。"

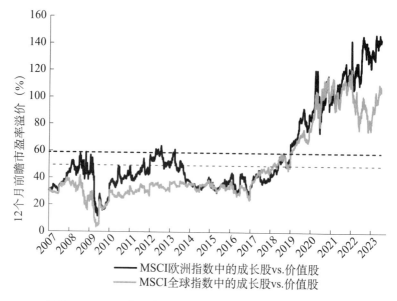

图表 9.7　2018 年以来成长股相对于价值股的溢价快速增长：
12 个月前瞻市盈率溢价

资料来源：高盛全球投资研究。

　　这一时期，首次公开募股（IPO）另一个不同于往常的特点——特殊目的收购公司的盛行，更加深了公众对股市泡沫的担忧。特殊目的收购公司，即"空白支票"公司，是已公开发行的投资载体，目的就是用于与另一家公司开展并购，从而使其上市。2020 年，特殊目的收购公司 IPO 占到了美国全部 IPO 的 50% 以上，达到了有史以来的最大数量。仅在 2021 年前三个星期，就有 56 家美国特殊目的收购公司上市。①

---

　　① 特殊目的收购公司始于发起人组建一家公司，并与承销商合作将特殊目的收购公司在公开交易所上市。在 IPO 中，特殊目的收购公司出售由一股普通股和一部分认股权证组成的单位。特殊目的收购公司 IPO 筹集的资金被放置在信托中，并投资于美国国债。特殊目的收购公司通常用 2 年时间来确定一个合并目标并完成合并，否则特殊目的收购公司将进行清算，并将信托中的资金返还给公众股东。

药物发挥作用

极其强有力的政策支持，配合新冠疫苗的成功接种，进一步增强了股市上涨的趋势。2021年金融市场反弹的规模之大，不容小觑。

政府巨额的财政扩张、零利率政策和量化宽松政策，以及疫苗接种成功，快速提高了人们对股市的乐观情绪，其速度和股市崩溃时一样快。2021年，标准普尔500指数上涨了27%（含股息上涨了29%），在自1962年以来的年度回报率排名中位列前15%。事实上，尽管受疫情影响，2021年是自20世纪90年代末以来，标准普尔500指数达到最佳的3年（和5年）涨幅的收官之年。除了科技股泡沫以外，想要找到比我们刚刚所经历的更大的一次3年涨幅，只有追溯到20世纪30年代。同时，强有力的政府政策干预降低了经济崩溃的"尾部风险"，有助于减少金融市场的波动。再以美国股市为例，标准普尔500指数在一年内从最高点到最低点的跌幅仅为5%。这是除2017年外，近25年来最温和的一次。回报率和波动性之比（即夏普比率，经波动性调整后的回报率）为2.2，在历史上排在前17%，大约是平均水平的两倍。

当科技股的泡沫形成时，由于低利率导致估值升高，股市整体看起来也越来越接近极限水平。如图表9.8所示，美国股市的绝大多数有代表性的估值指标，与其历史长期水平相比，都靠近极限值。从股票指数层面看绝大多数国家都反映出同样的情况，即使观察各国处于中位数的股票也是如此，美国尤甚。

图表 9.8　2021 年 12 月 31 日标准普尔 500 指数的绝对和相对估值水平：
自 1972 年以来的百分位情况

估值指标	股票指数		中位数股票	
	2021 年 12 月	历史上的 百分位	2021 年 12 月	历史上的 百分位
美股总市值／GDP	221%	100%	NA	NA
市销率	3.5x	100%	4.0x	99%
现金流收益率（经营性）	5.3%	98%	5.3%	100%
企业价值／EBIDTA	16.5x	97%	15.1x	98%
市净率	5.0x	96%	4.5x	100%
经周期调整后的市盈率	34.7x	95%	NA	NA
前瞻市盈率	22.0x	3%	20.4x	97%
自由现金流收益率	3.5%	63%	3.7%	73%
绝对指标的中位数		97%		99%
与 10 年期美国国债实际收益率之差	582bp	63%	634bp	29%
与投资级债券收益率之差	243bp	46%	295bp	33%
与 10 年期美国国债收益率之差	326bp	42%	378bp	28%
相对指标的中位数		46%		29%

资料来源：高盛全球投资研究。

看待这个问题的另一种方式是考虑股市总市值与 GDP 的比率。当然，这里使用的两个数值间存在着很大的差异：GDP 是单个年度的总产值，而企业市值反映的是对企业未来能带来的长期回报的预期。尽管如此，此时这个数值比率甚至超过了 2000 年互联网泡沫期间的最高水平。一直到疫情结束利率开始上升，这一情形才开始扭转（见图表 9.9）。

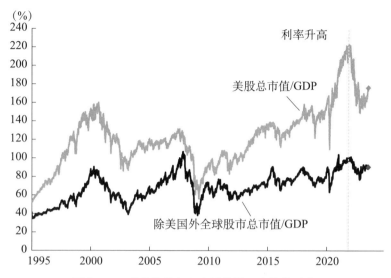

图表 9.9 从长期的视角来看美股一直估值过高：股市总市值与 GDP 的比率

资料来源：高盛全球投资研究。

新冠疫情引起的熊市，还标志着一轮新的周期的开始。在新的周期中，人们对通货紧缩的担忧开始消退了，而这是自世纪之交科技股泡沫破灭以来投资者们担心的主要风险。随着大众对深度衰退担忧的减少，下降多年的债券收益率也开始回升。此时，美国 10 年期国债（期限为 10 年的政府债券）收益率为－4％，仅处于史上 8％的百分位数水平。标准普尔 500 指数与美国 10 年期国债的收益率之差达 33 个百分点，位于历史上 95％的分位数水平。

新冠疫情与通货膨胀

但是，2021 年占据市场主导的乐观情绪即将面临另一新的变化——通货膨胀开始出现。由于沉寂了很长时间，这一风险被政

策制定者和投资者们忽略了。根据世界银行的统计数据，截至
2021年底，34个被界定为"发达经济体"的国家中有一半以上国
家的12个月通货膨胀率超过了5％。109个新兴经济体中有70％
以上经济体的通胀率达到了2020年底的两倍左右。

起初，许多通胀问题看起来似乎与新冠疫情所引起的供应链
问题、储蓄过剩（见图表9.10）和需求被压抑有关。

图表9.10 新冠疫情期间美国储蓄率飙升至30％以上：美国个人储蓄率
资料来源：高盛全球投资研究。

到2022年1月，石油价格较2020年12月大涨了77％。美元
走强对新兴经济体也产生了一定影响，许多新兴经济体货币疲软，
反而加剧了它们面临的问题。食品价格也开始上涨。据世界银行
的数据，79％的新兴经济体在2021年间食品价格上涨超过了5％。

自全球金融危机发生前以来，许多国家第一次出现了通胀预
期的上升（见图表9.11）。

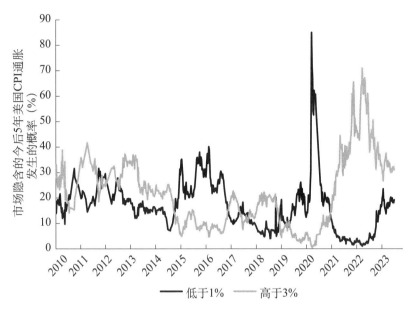

**图表 9.11　当前市场定价表明在接下来的 5 年美国的
核心 CPI 达到 3%以上的概率为 30%**

资料来源：美联储。

从低通胀到再通胀

全球金融危机发生的背景是实体经济的低通胀，而这是由资产价格崩溃以及私营部门的去杠杆化所引起的储蓄增加造成的。但是，由于同时伴随着利率的大幅下降以及通过量化宽松和其他政策实现的信贷扩张，所以最终导致了资产价格的上涨。

如图表 9.12 所示，自 2009 年以来，实体经济中的大多数资产价格（图表右侧）一直保持平稳，但在资本市场中却存在明显的通货膨胀。此外，久期最长的成长股即纳斯达克和全球成长股的通胀水平最高，而与价值股更相关的资本市场，如欧洲和日本，以及久期较短的全球价值股，则通胀水平最低。

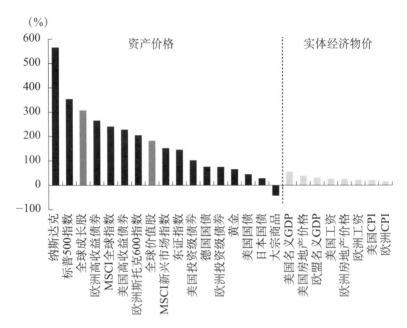

图表 9.12 资产价格通胀与实体经济通胀的分布广泛：2009 年 1 月到 2020 年 2 月以本地货币计价的总回报率

资料来源：高盛全球投资研究。

相比之下，在疫情后的复苏期，政府转向积极的货币政策与扩张的财政政策相结合，加上创纪录深度衰退后的强劲经济复苏，引发了新一轮的再通胀周期。随着封控结束，疫情期间积累的储蓄将之前被压抑的需求激发了出来，这时供给的不足成为一个重大问题。

如图表 9.13 所示，平均而言，当通货膨胀率低至 1%～2% 的区间时，股票估值最高。即使通胀率变得更低，但由于对经济衰退的担忧开始出现，股票估值也会走低。而高通胀则几乎总是与低估值有着密切的关联。

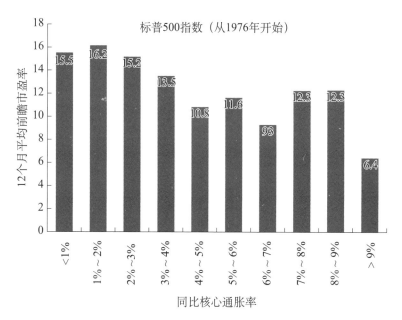

图表 9.13　自 20 世纪 70 年代以来，当通胀率低于 3% 时股票估值最高：美国不同 CPI 区间内的 12 个月平均前瞻市盈率

资料来源：高盛全球投资研究。

将通胀率水平和其变化趋势相结合，还可以得到另一个结论。对股市最有利的情况既可以是通胀率从极低的水平逐步升高，即通缩风险不断降低，也可以是从高通胀水平逐渐下移。

对于股票和债券来说，最糟糕的情况是超过 3% 而且还在不断上升的高通胀率（见图表 9.14）。相反地，如果通胀率超过 3% 但是在逐步缓和，那么对市场的影响往往更加良性。尤其对于股票而言，当通胀率低于 1% 但在上升时，往往能取得最高的投资回报。这通常表示经济从衰退中恢复、通缩风险在降低，因而这一结论并不太适用于债券市场。[1]

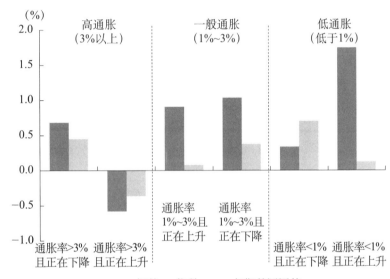

图表 9.14　不同通胀率区间的平稳回报率——从极端情况发生反转往往股市看涨：年化平均月度实际回报率（数据自 1929 年 9 月起）
资料来源：高盛全球投资研究。

更加务实——实际资金成本上升

随着通货膨胀率的再次上升，各国中央银行反应迅速，很快就开始提高利率。逐渐调整的通胀预期及其所引发的国债利率的逐渐变动，对股市造成的影响与快速变动相比往往更加温和。当

---

[1]　Mueller-Glissmann，C.，Rizzi，A.，Wright，I. and Oppenheimer，P. （2021）. The Balanced Bear -Part 1：Low （er） returns and latent drawdown risk. GOAL-Global Strategy Paper No. 27. Available at：https：//publishing. gs. com/content/research/en/reports/2017/11/28/d41623eb-3dd2-4e45-a455-3d19d310e998. html.

国债利率发生急剧而突然的变动时，股票市场表现经常不太好。比如在国债利率提高超过两个标准差的月份中，标准普尔 500 指数的回报率通常为负。

当利率开始提高时，尽管是从一个很低的起点开始，但提升的速度非常之快。2022 年全球利率升高的速度，在自 14 世纪以来按照年份的排名中列在第 11 位，也是自 1900 年以来最快的一次（见图表 9.15 和图表 9.16）。

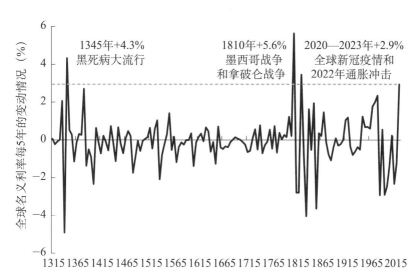

图表 9.15　2022—2023 年全球利率的升高速度是自 14 世纪以来最快的速度之一：全球名义利率的五年期变动情况（最新值为 2020—2023 年）
资料来源：英格兰银行千年数据库。

资金成本变动的速度如此之快，通过各种不同方式引起了金融市场的快速变化。股票估值和分散化配置再次变得重要起来。主导板块也开始发生轮动，市场上价值股的表现开始超越成长股，不同国家及区域的股市表现也开始分化。

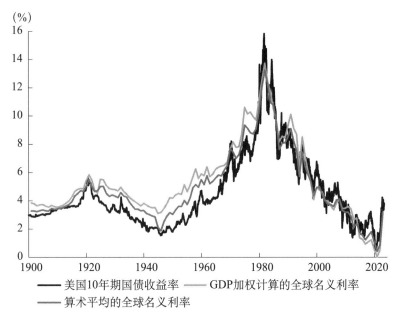

图表 9.16　2020 年全球名义利率达到历史低点

资料来源：英格兰银行千年数据库。

黄金法则重新出现

在后金融危机周期中，投资的两条黄金法则看起来颠倒了过来。第一条，分散化配置应当能提高风险调整后的回报率；第二条，估值很重要，即贵的股票应该比便宜股票回报率低。但是，这两条黄金法则似乎不再适用了。不同资产上的分散化配置并不能显著提高收益：简单的一个 60% 股权、40% 债券的配置，无须投资于其他类别的资产，其风险调整后收益就达到了一个世纪时间里最高的水平之一。在股票市场上，分散化配置也没有带来好处。一个单纯由美股组成的投资组合，即美国科技股，就可以显著跑赢任何其他在地理上和行业上更加分散化的投资组合。

但是，分散化配置在 2022 年开始发挥作用了，比如一个实物资产和名义资产的组合可以有效提高收益。在股票市场上，美股也不再总是赢家——一个地理分布更广的投资组合才能取得更高的收益。随着资金成本的提高，估值也开始再次变得有意义。自从全球金融危机发生前以来，这是估值第一次开始变得重要。

行业板块轮到价值股

如前面所讨论的，在后金融危机的周期中，成长股（长久期的股票，受益于利率下降）显著跑赢了价值股（股价较低，通常处于成熟和被颠覆的行业，受到低通胀和低利率的负面影响极大）。

随着更强劲的经济增长和更高的通胀预期，自 2008—2009 年全球金融危机以来，股市的领导位置第一次发生了变化。国债收益率的提高和名义 GDP 的增长（实际 GDP 增长率加上通胀率），最有利于周期型和价值型行业，比如银行业、汽车业、基础资源和建筑业。这些行业都属于高经营杠杆的行业，即：它们的营收对于全球名义 GDP 的变化最为敏感。

通货膨胀和国债收益率对于不同行业回报率的影响，开始在不同地区的股市层面反映了出来。这是因为一些国家的股市有更多的成长股，比如美国和中国，而另外一些股市则有更多的价值股，如日本和欧洲。价值股，如大宗商品和银行业，由于与高利率和高通胀最正相关，所以在后金融危机周期中的表现最滞后。现在，随着利率和通胀的上升，它们的表现也开始变好了。这样相对回报的模式，显得和20世纪70年代"肥而平"的周期有些相似。如图表9.17所示，这一时期的金融资产回报率较低，通常都达不到实体经济通胀率的水平（图表右侧）。实物资产如黄金、房地产和大宗商品是表现最好的资产，而长久期的股票，像美股和纳斯达克，则是表现最差的一类资产。不仅如此，纳斯达克指数还在之前的"漂亮50"泡沫破裂时受到了波及。这样的情形与2009—2020年图表9.12所展现的情况恰好相反。

正如图表9.18所示，与2009—2020年的股市回报模式（如之前图表9.12所示）相比，2022年股市的回报模式发生了反转，反而与1973—1983年的股市更加相似（见图表9.17）。

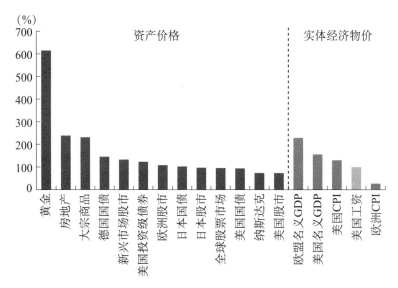

**图表 9.17　1973—1983 年间资产价格通胀与"实体经济"通胀：
以本地货币计量的回报率**

资料来源：高盛全球投资研究。

这时候实体经济中的通胀上升（图表右侧），意味着绝大多数

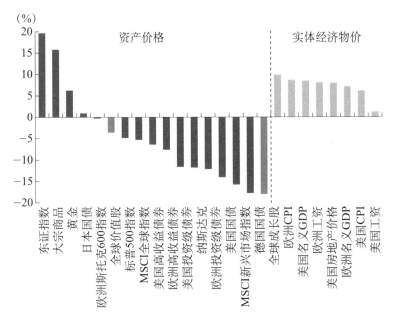

**图表 9.18　2022 年以来的回报模式，与后金融危机周期时相比，
发生了反转：2022 年 1 月以来本地货币计量的回报率**

资料来源：高盛全球投资研究。

的金融资产（图表左侧）评级下调，回报率为负。股市的主题不再是成长股策略（低利率的主要受益者）。包括纳斯达克和一群高成长型企业的美股表现最差。这次股市主题的切换主要利好于一些传统行业，它们是高通胀的主要受益者。例如：大宗商品行业可以将更高的大宗商品成本转嫁给消费者；而银行则通常受益于更高的利率，因为它们可以获得更高的存款和贷款利差。大宗商品和"实物类"资产占据了主导，就像在 20 世纪 70 年代高通胀时期一样。

向高通胀和高利率的转变，也扭转了不同地区的股市表现。美国股市由于拥有更多的科技型和其他成长型企业，因而在

2009—2020 年的后金融危机周期中，极大地受益于低利率环境（见图表 9.19）。在低利率环境的影响下，预期未来企业长期增长的净现值，即股票估值，提高了。

与此同时，创纪录的低利率，之前为成长型企业的融资提供了廉价、充足、便利的资金来源。后来随着利率的快速攀升，这些有利条件也随之减少。与此相反，在欧洲和日本股市中占比更高的传统行业，在新冠疫情后面临了需求的增加，而且它们通常能将成本的提高转嫁给消费者。这些传统行业包括了银行、公用事业、制造业、汽车产业和大宗商品产业等。

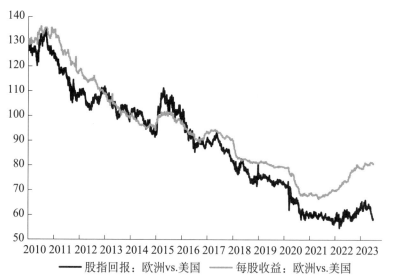

图表 9.19　即使收益改善，欧洲股市的表现也已经逆转了，它比美国股市表现得更好：股指的回报情况和 12 个月前瞻每股收益，欧洲斯托克 600 指数与标准普尔 500 指数比较（以本币计）

资料来源：高盛全球投资研究。

第三部分：后现代周期

第十章

后现代周期

我们生活在后现代的世界中，在这里一切皆有可能，几乎没有什么是确定的。

——瓦茨拉夫·哈维尔（Vaclev Havel）*

---

* 瓦茨拉夫·哈维尔是捷克前总统。——译者注

我把 1982—2020 年的超级周期描述为现代周期，因为它与之前的大多数传统周期不同，这个周期异常漫长，主要特点是宏观波动（经济活动和通货膨胀）低、资金成本下降。

在这段时间里，当然也发生了多次危机，但大多数时候，金融市场都在政府政策的干预下实现了强劲的反弹。这些政策干预大多数采取的都是降息的方式。在经济疲软或面临其他外部冲击时，投资者越来越习惯于期盼政府的支持和刺激政策。这时，几乎所有金融资产的投资回报率都会在很大程度上受到降息趋势的影响。

在全球金融危机后的量化宽松期，股票市场经历了一次强劲的回升，但是在股票上是有区别性的。这时候股票回报率越来越受到一些"因素"的影响而分成了不同的类别。这些"因素"往往是企业对于一些宏观关键变量的敏感度。在这里，该重要"因素"指的是在经济低增长的宏观环境下零利率带来的影响。预期未来会保持长期高增长的成长型（或长久期）企业表现亮眼。相比之下，成熟的行业企业却一般会面临供给过剩，所以普遍表现不佳。

随着疫情限制的解除和 2021 年超低利率的结束，股市领涨风格和回报率分化的情况再次改变。一轮新的通胀逐渐显现，迫使利率从金融危机后应急的创纪录低水平开始上升。随着时间逐渐进入我所定义的后现代周期，利率水平的改变使得宏观经济体系和金融资产估值都呈现出了一些新的特征。

投资者很天然地就会注意到市场中的一些短期拐点，比如判断什么时候降息，或经济什么时候变好，但很少关注更长期的趋势。分析与之前的现代周期相比，那些发生变动的结构性因素，有助于投资者更好地应对后现代周期的风险和机遇。

结构性变化与机遇

在宏观经济和政治形态发生变化的影响下，一种新的投资范式正在逐渐形成。一些影响了过去一代人的市场关键驱动要素，马上就要达到拐点了。

后现代周期可能会反映出古典周期（如20世纪80年代之前的那些周期，那时通胀水平更高，政府支出也更多）的一些特点，同时保留了现代周期的一些特征（低经济增长，同时伴随着低利率）。不仅如此，一些全新领域的发展，如碳减排、区域化发展和人工智能等，很可能也会给我们带来新的机遇和挑战，由此产生新的赢家和输家。随着这些新经济的发展，以及地缘政治的改变，新的投资风格和新的投资机会也会随之出现。

通常，当现代周期中出现经济问题时，往往是由市场需求减弱引起的。每次冲击的来源可能不尽相同，但对经济产生影响的路径通常都是通过先使消费变弱，再导致经济活动疲软。这一点在金融危机后的时期体现得尤为明显。彼时就是由私营部门的去杠杆化所导致的一次负面的需求冲击驱动的。由于要应对失业率升高和房价下跌，当时人们不得不增加储蓄（或降低杠杆）。这一时期由低利率和低通胀所主导，同时伴随着极低的经济增长。

由于这些基础性因素能在很长的时间里保持稳定，这几乎贯穿了整个现代周期和后金融危机周期，所以越来越多的投资者将这些长期持续的因素纳入对未来的定价中。

相比之下，新出现的周期同样受到了源自新冠疫情和俄乌冲突等一系列负面供给冲击的影响，就像受到需求减弱的影响一样。这是数十年来，第一次对依赖于全球协作的复杂供应链和"及时库存"模式产生了质疑。许多企业的关注点从企业效率转移到了供应链的抗压能力上。美国和中国所带来的地缘政治紧张氛围，使得许多企业把关注点放在了多元化供应链的需求上，因而一种更加基于本地区域化协同的模式开始出现了。除此以外，在这个历史性低失业率的时期，投资的不足还使得大宗商品市场变得更加紧绷了。

与现代周期的不同之处

总体而言，后现代周期可能由以下这些因素所驱动：

（1）资金成本上升。 自20世纪80年代初以来，利率和通胀水平都在不断下降，但现在两者都开始回升，尽管是从创纪录的低水平开始。这是因为我们从量化宽松政策转变为了量化紧缩政策。在当前的周期中很可能会产生更高的收益率水平，无论是名义值还是经通胀调整后的实际值。

（2）经济增长趋势放缓。 虽然未来人工智能的发展能帮助提高生产力，但是由于将来人口增速放缓，经济长期增长的速度仍然会下降。

（3）全球化转向区域化。 自20世纪80年代末以来，我们进入了一个由科技进步（更便宜、更高效的通信）和地缘政治发展（伴随着1989年柏林墙的倒塌，以及印度和中国分别于1995年和2001年加入世界贸易组织）引发的全球化时代。但是现在，我们正在走进一个由科技驱动的更加区域化发展的时代。更便宜、更少的劳动密集型产品，使得本土化或邻近化生产成为可能。在碳减排使得人们更加关注本地化生产的同时，紧张的地缘政治局势和滋长的贸易保护主义也创造了一些与以往不同的新商业机会。

（4）**劳动力成本和大宗商品价格升高。**过去 20 年的一个特征是能源和劳动力既便宜又充裕。而现在，我们正从新冠疫情的阴霾中走出来，进入一个劳动力和大宗商品都变得更紧缺的新环境中。

（5）**政府开支和债务增加。**从 20 世纪 80 年代初开始，我们经历了监管放松、政府更精简、税收降低、企业利息支出下降、GDP 中的利润份额上升，以及企业利润率提高。但我们现在却进入了另一个时期：监管更多、政府更大（政府开支占 GDP 比重提高）、税收更高、企业利息支出上升、GDP 中的利润份额潜在下降。

（6）**资本性支出和基础设施支出增加。**自 21 世纪初以来，随着名义 GDP 增长的下降，资本性支出占销售额的比例（传统资本的投资项目，如工厂建设和机械制造）呈现下降的趋势。在极低的资金成本的助推下，大量投资涌入建设新的科技平台和开发软件上面。但是，这在很大程度上是以牺牲实物类资本性支出和基础设施投资为代价的。未来十年，从安全以及环境、社会责任和公司治理（ESG）的角度出发，有着精简供应链的需求，再加上国防和碳减排支出的增加，可能会进一步推高资本性支出。

（7）**人口结构变化。**许多发达经济体面临人口老龄化。人口抚养比的提升及政府负担的加重，将会推高政府债务，加重居民和企业的税收负担。

（8）**地缘政治局势紧张加剧与世界多极化。**苏联解体后，单极的世界创造了一个更加稳定的地缘政治环境。但是，现如今向更多极化世界秩序的转变，可能将增加世界的不确定性，随之而来的还有风险溢价和资金成本的提高。

1. 资金成本上升

现代的低通胀时期开始于 20 世纪 80 年代初。当保罗·沃尔克在 1979 年夏天就任美联储主席时，美国的通胀率超过了 11％，而 10 年期美国国债的收益率接近 16％。他采取了通过限制总需求来降低通胀的紧缩性货币政策，以及积极的供给侧改革。这些政策措施酝酿了一轮经济增长强劲、低通胀的长周期（见图表 10.1）。

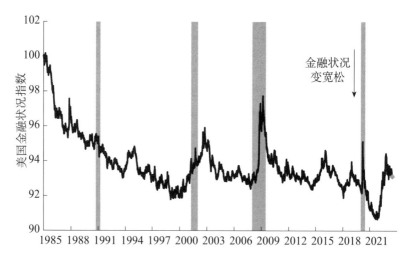

图表 10.1　美国金融状况在 2022 年明显收紧

注：图中阴影区域为美国国家经济研究局定义的经济衰退期。

资料来源：高盛全球投资研究。

随着 20 世纪 90 年代美国政策向独立的中央银行和通胀目标转型，在 2000 年科技股泡沫破灭和 2001 年中国加入世界贸易组织后，美国的通货膨胀率开始加速下行。

在 2008 年全球金融危机后，受到私营部门去杠杆化引发的又一次负面需求冲击的影响，通胀率进一步下降。[①] 如我们所看到的，从 20 世纪 80 年代开始直到 20 世纪末和科技股泡沫破灭，股市的表现一直都很好。金融状况指数，一个衡量货币政策整体影响程度的指标，一直在下降。[②]

在这一时期，股票的回报率很高，例如在 1982—1992 年买入美国股票的 10 年期实际年化回报率约为 15%。与此同时，尽管利率下降导致估值扩张（比如市盈率的上升）是这一时期产生股票高回报的主要原因，企业的盈利增长也很强劲。

即便受到了全球金融危机的重创之后，在利率持续下降的刺激下，股票市场仍然延续了这一轮长期牛市的行情。标准普尔 500 指数的回报率在 2021 年前的 19 年中，有 17 年实现了正回报。此外，通胀率和利率的大幅下行，也给债券带来了不错的回报率。

通胀重新出现

在新冠疫情期间，金融市场几乎完全没有把未来通胀率或利率上升的可能性纳入定价考量（见图表 10.2）。例如在 2020 年底，期权定价市场所预测的欧元区通胀率低于 2% 的概率大约为 90%。换句话说，市场几乎 100% 肯定通胀率不会超过 3%。我们现在知

---

① 金融危机造成的影响是社会总需求急剧下降，仅 2010 年所造成的影响估计就约为 GDP 的六分之一。此外，金融机构有超过 2 万亿美元的资产被减记了。Oxenford, M. (2018). The lasting effects of the financial crisis have yet to be felt. Chatham House Expert Comment.

② 金融状况指数的覆盖范围较广，主要用于估算金融变量对经济活动的总体影响，通常包括政策利率、信贷利差、股票价格和汇率。

道了，这是完全错误的。2022 年 10 月，欧元区的通胀率峰值高达 10.7%。

发生这些变化的速度之快，给政策制定者和投资者都带来了一定的冲击。

随着央行多年通过实行量化宽松政策来买入国债，通胀预期大幅降低，国债收益率也跟着下降了。

事实证明，新冠疫情所引发的负面需求冲击比预期的时间要短。需求没有减少，只是被推迟了。由于被迫储蓄和强制休假，家庭资产负债表反而变得更加健康了。但是，疫情给供给端造成的冲击比需求端更加显著，而且持续时间也更长。俄乌冲突更是加剧了供给端的很多问题，所以这些冲击最终引起了更高的通胀。

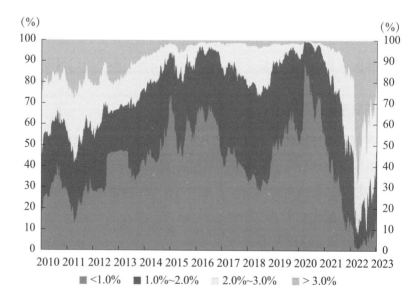

图表 10.2 在新冠疫情期间，将来通胀的可能性几乎完全没有被纳入金融市场定价考量：期权中隐含的通胀分布情况是基于未来 5 年的通胀区间

资料来源：高盛全球投资研究。

随着疫情的限制开始解除，需求端恢复了，但居高不下的通胀率却使得央行有些措手不及。美联储主席杰罗姆·H. 鲍威尔曾认为，由新冠疫情引起的供给端扰动，对于通胀的影响是"很短暂的"。直到 2021 年 11 月末，在参议院银行委员会作证时回答一个问题，他才说道："现在很可能是一个好的时点，从今以后我们不再用这个词了。"美联储在 2021 年逐渐引导市场接受了利率可适度上调的观念之后，于 2022 年 3 月将利率提高了 25 个基点，这是过去 3 年以来第一次提高利率。随后又在 5 月一次性加息了 50 个基点，紧接着在 6 月、7 月、9 月和 11 月完成了一系列 75 个基点的迅猛加息。

因此，从利率到股票市场的所有定价，都要根据这一剧烈变动进行相应的调整。

但是对股票来说，其实还存在某种保护机制。股票就是商业企业的股份份额，而商业企业是追求未来业绩增长的。由于企业营收是以名义值体现的，即与名义 GDP 的增长保持一致，因而如果通胀上升，企业的利润和分红通常也会增加。如果企业能通过提高产品价格，完全覆盖生产成本的上升，那么它就能在一定程度上保护投资者免受通胀升高的影响。

当然，这点对于政府债券或现金来说并不适用。只要政府能偿还债务避免违约，政府债券和现金一般就都是安全的，而且还能提供票面利息或保证收入。但是这类收入与通胀没有关联，所以一旦物价上涨，它们就没那么有价值了。未来可收到的这些固定利息收入在考虑通胀以后价值会低很多。

如图表 10.3 所示，出于对金融危机和量化宽松政策后的经济衰退和通货紧缩的担心，投资者们加大了在低风险政府债券上的敞口。与此同时，监管层还迫使保险公司和养老基金买入政府债券。这些使得股息收益率相对名义或实际收益率的溢价，达到了极高的水平。虽然从绝对意义上来看，股票可能没有太多上升空间，但是由于风险平衡发生了改变，所以在资产配置中，股票和实物资产变得相对更有吸引力了。

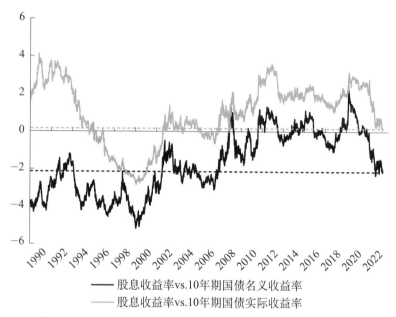

股息收益率vs.10年期国债名义收益率
股息收益率vs.10年期国债实际收益率

图表 10.3　全球金融危机后，股息收益率与名义或实际的国债收益率之间的利差达到了非常高的水平：标准普尔 500 指数 24 个月远期股息收益率与美国 10 年期国债收益率的比较

资料来源：高盛全球投资研究。

但是，对于金融资产整体而言，资金成本的上升和高通胀势必压缩估值扩张的空间，从而导致整体投资回报率的下降。对于那些能在很长时间内创造复合回报的企业，股价也能够上涨。这其中既包括了那些利润再投资的比例较高从而实现长期增长的企业，也包括了那些定期分红而且分红金额稳定的企业。

2. 经济增长趋势放缓

不仅是资金成本的上升会给股价表现带来负面影响，经济增长的长期疲软也会对股价产生类似的影响，这主要是因为企业发展离不开经济增长。经通胀调整后的全球实际 GDP 增长率，已经从金融危机发生前十年的每年平均 3.6%，降低到了新冠疫情前十年的 3.2%。GDP 增长放缓的主要原因是人口增长率的降低和生产效率的下降，这些在一定程度上也与全球化降温有关（见图表 10.4）。

高盛的经济学家预测，我们已经过了全球经济增长的高峰期，预计 2024—2029 年的全球经济平均增速为 2.8%。[①]

全球经济增长放缓的一大重要影响因素是人口。过去 50 年中人口增长率减半了，从以前每年约 2% 的增长，降至目前约每年 1%。根据联合国的数据，人口增速到 2075 年将进一步减慢到零。[②]

此外，其他一些因素也影响了全球经济增长。例如美国国会预算办公室预计，气候变化将使 2051 年的实际 GDP 与假设 2021—2051 年的气候条件和 20 世纪末保持不变的情况相比降低 1%。[③]

[①] Daly，K. and Gedminas，T. (2022). The path to 2075—slower global growth, but convergence remains intact. Goldman Sachs Global Investment Research，Global Economics Paper. Available at https：//publishing. gs. com/content/research/en/reports/2022/12/06/af8feefc-a65c-4d5e-bcb6-51175d816ff1. html.

[②] United Nations (2022). *World Population Prospects 2022：Summary of Results*. New York：United Nations Department of Economic and Social Affairs.

[③] Congressional Budget Office (2021). Budgetary effects of climate change and of potential legislative responses to it. CBO Publication No. 57019.

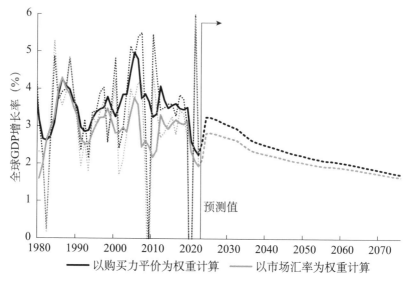

图表 10.4　全球潜在经济增长率呈逐步下降趋势。全球 GDP 增长：
实线表示 5 年中心平均值，虚线表示年增长率

资料来源：高盛全球投资研究。

　　经济增长放缓，意味着企业整体的收入和盈利增长状况下滑。
再加上更高的利率和资金成本，会降低投资者长期的股票收益率。
尽管如此，仍有一些可在部分程度上抵消这一趋势的因素。也许
将来经济增长最重要的潜在驱动因素之一，可能就是生产效率的
提高。虽然近年来生产效率提高的程度通常很难确定，但是机器
人和人工智能领域的新科技发展，将推动未来的经济增长，从而
降低人口增长减缓对经济的影响。我将在下一章中讨论这一点以
及科技对股市的影响。

3. 全球化转向区域化

　　地缘政治环境也正发生着变化，这与孕育了 20 世纪 90 年代和

21世纪第一个十年"现代"时期长期牛市时的政治环境有着显著不同。20世纪70年代许多经济上的问题促成了80年代大规模的经济改革。里根总统和撒切尔夫人的"改革",推动了放松监管、减少工会组织、私有化、减税以及取消信贷管控等一系列措施。

1986年,至关重要的《关税及贸易总协定》的乌拉圭回合谈判,涵盖了服务业、资本市场、纺织业和农业。这也是第一次有发展中国家的积极参与。它标志着一个新的全球化时代的开始。随着1989年柏林墙倒塌、1994年《北美自由贸易协定》签署、1995年印度加入世界贸易组织,以及2001年在多哈回合期间中国加入世界贸易组织,各国间的贸易壁垒降低了,推动了全球贸易的增长,全球化进程加快了。

1995—2010年间,全球贸易增速是GDP增速的两倍(见图表10.5),在全球金融危机后更是达到了顶峰。[1]

如图表10.6所示,随着中国日渐成为世界工厂,正如英国在工业革命期间所表现的一样,中国在全球贸易中的份额也急剧上升。

将制造业外包给中国和全球其他低成本地区,促进了全球贸易增长,提高了企业利润在GDP中的占比。西方进口资本品的成本也大幅降低了,例如德国就是一个明显的受益者(见图表10.7)。

随之而来的结果是,整体发达国家的制造业就业人数大幅下降(见图表10.8),即使是像德国这样高度依赖于制造业的国家也

---

[1] Cigna, S., Gunnella, V. and Quaglietti, L. (2022). Global value chains: Measurement, trends and drivers. ECB Occasional Paper No. 2022/289.

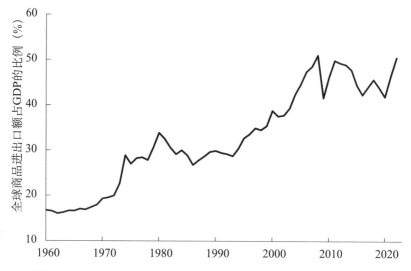

图表 10.5　全球货物贸易在 GDP 中所占比例的最高值出现在 2008 年：
全球商品进出口额占 GDP 的比例

资料来源：高盛全球投资研究。

是如此。这有助于降低企业成本，提高利润率。

　　然而，这些趋势在现行的周期中发生了一定程度的反转。不断增大的 ESG 压力（重点关注环境、社会责任和公司治理的一种投资模式）、对碳减排的关注及地缘政治上的考量，推动了向更加区域化和本地化的转变（见图表 10.9）。执政的压力反映出地缘政治局势紧张的新局面，西方民主国家的选民们对全球化的敌意也在日益增长（见图表 10.10）。

　　保护主义的滋长也反映出了这些政治现实和社会态度的变化——几乎所有国家对全球化的看法都变差了。民粹主义政党和领导人的崛起，以及许多国家民族主义情绪高涨，也都体现了这一点。

　　人们对于全球化的看法发生改变，原因可能有很多，包括：西

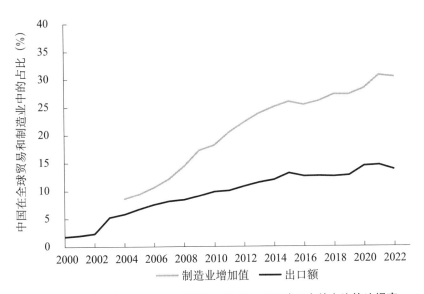

图表 10.6　在加入 WTO 后，中国在全球贸易和制造业中的占比快速提高

资料来源：高盛全球投资研究。

图表 10.7　中国加入 WTO 后，德国进口商品价格下降

资料来源：高盛全球投资研究。

（百万人）

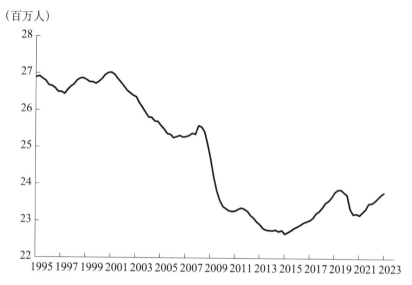

图表 10.8　自 1995 年以来制造业就业人数下降：
欧元区制造业的就业情况（经季节性工作日调整后）

资料来源：高盛全球投资研究。

方国家的人们丢掉了制造业的工作岗位、越发不公平的收入和财富分配，以及由此带来的人们焦虑感的上升。[①]

益普索公司（Ipsos）与世界经济论坛共同完成的一项调查显示：全球化正在降温。在调查的 25 个国家中，只有 48％ 的受访者认为全球化对他们国家是一件好事。这比 2019 年的结果低了 10 个百分点。美国的全球化支持率仅为 42％，意大利为 40％，法国为 27％。此外，在这 25 个国家中，有 37％ 的人支持增加贸易壁垒、限制进口外国商品和服务，而对此持反对意见的只有 27％。

---

　　① Organisation for Economic Co-operation and Development（2017）. Towards a better globalisation：How Germany can respond to the critics. Better Policies Series.

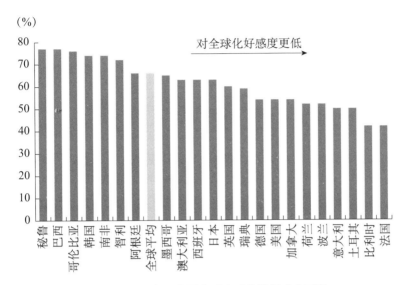

图表 10.9 西方民主国家对全球化的好感度下降：
同意"总体来看，全球化对我的国家是件好事"这一观点的受访者占比
资料来源：益普索公司。

地缘政治局势的变化也改变了世界上两个最大的经济体的态度。2021 年皮尤研究中心（Pew Research Center）的一项调查显示，现在 89% 的美国成年人将中国视作竞争对手或敌人，67% 的人对中国态度"冷淡"，这个比例远高于 2018 年的 46%。[1]

新冠疫情对供应链造成的冲击，也进一步推动了向本地化和区域化的转型。自新冠疫情以来，供应链的脆弱、对"及时库存"系统的过度依赖以及越发严重的贸易紧张局势，促使许多企业积极地实施多元化措施来提高供应链的韧性。

国际贸易的减少和供应链的重复建设，将导致企业成本的上

---

① Myers，J.（2021）. This is what people think about trade and globalization. World Economic Forum.

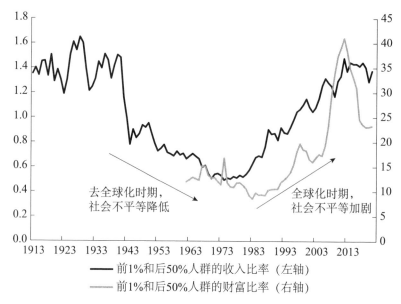

图表 10.10　全球化发展时期见证了不平等的加剧：美国最富有的 1%
与最穷的 50% 的人收入与财富的比率变化

资料来源：世界不平等数据库，高盛全球投资研究。

升和利润率的下降。因此，那些能长期保持高而稳定的利润率的
企业，可能会持续获得投资者的青睐。

4. 劳动力成本和大宗商品价格升高

20 世纪 90 年代和 21 世纪第一个十年在大宗商品开采上的大
量投资，引发了后金融危机时期大宗商品的产能过剩。与此同时，
全球化的发展推动了西方经济体将大量低技术含量的制造业工作
外包出去，从而降低了劳动力的实际成本，尤其是无须职业技术
的劳动力。两者结合，带来了一个能源和劳动力都很充足而且廉
价的时代。于是，人们逐渐没有动力再去投资了。

例如，据经济合作与发展组织的计算，1990—2009 年，30 个发达国家中有 26 个国家的劳动报酬占国民收入的比例下降了，劳动报酬占国民收入比例的中位数从 66.1% 下降到了 61.7%。英国国家统计局的数据显示，2009—2015 年，劳动力的相对价格下降了近 20%，而劳动力供应则增加了约 400 万，或 12.5%。

全球的有效劳动力供给增加（见图表 10.11），导致了劳动在总产出中份额下降，而利润所占份额却上升到了创纪录的高水平。

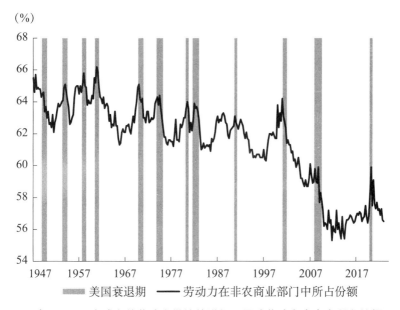

(%)

1947　1957　1967　1977　1987　1997　2007　2017

▨ 美国衰退期　—— 劳动力在非农商业部门中所占份额

图表 10.11　全球有效劳动力供给的增加，导致劳动在产出中所占份额呈下降趋势：美国非农商业部门的劳动力所占份额（以报酬形式支付给劳动力的产出部分）

资料来源：高盛全球投资研究。

自全球金融危机以来企业利润率的持续攀升，有助于抵消销售增长的疲软（见图表 10.12）。造成这一时期企业利润率显著提升的原因可能有许多。劳动力市场缺乏定价能力（反映出科技力量的日

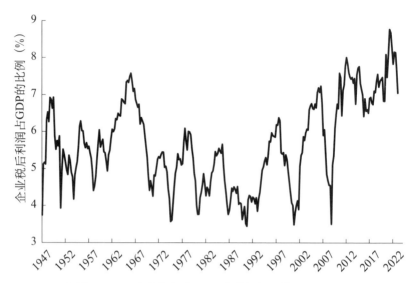

图表 10.12 企业部门在 GDP 中的份额显著上升：美国
资料来源：高盛全球投资研究。

益增强），以及不少科技企业利润率快速上升，都是其中的一部分。
此外，全球化发展的趋势也是一个重要的原因。直到新冠疫情发生
前，德国工人工资的通胀水平多年来一直较低且保持稳定，一部分
原因是如果工会和工人们去争取更高的工资，那么这些高薪工作就
有很大可能被转移去中欧或其他与德国经济联系紧密的国家。

随着劳动力供应的不断增加，大宗商品的供应也在增加（尽
管原因有所不同）。于是在科技股泡沫和金融危机发生后，出现了
能源供给过剩（见图表 10.13）。

页岩气革命使得美国的天然气价格创造了历史新低，而且对
全球能源行业产生了深远的影响。[1]

----

① Medlock，K. B.（2016）. The shale revolution and its implications for the world
energy market. *IEEJ Energy Journal*，Special Issue，pp. 89－95.

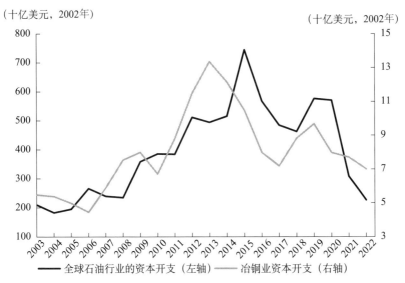

（十亿美元，2002年）　　　　　　　　　　　　　　（十亿美元，2002年）

全球石油行业的资本开支（左轴）　　冶铜业资本开支（右轴）

**图表 10.13　在过去几年中，经通胀调整后的能源和金属冶炼业的
实际资本开支都有所下降**

资料来源：高盛全球投资研究。

石油价格从 20 世纪 90 年代末的每桶约 10 美元，上涨到了
2008 年中期的 140 多美元。在 2008 年底，随着金融危机期间需求
的下降，油价回落到了约 35 美元左右。但是之后在 2014 年中期，
油价又回升到了 100 美元左右，这鼓励美国加大了页岩气的勘采，
生产呈现出急剧上升态势。随后经济的低增长，导致了需求端疲
软、供给过剩和投资动力的不足。后来，随着新冠疫情后全球需
求端复苏，又引起了能源的短缺。

新冠疫情后的反转

自全球新冠疫情以来，各国逐步向本土化发展的转变，使得
劳动力市场变得紧张了。失业率创了历史新低（见图表 10.14），

而且许多国家工人工资正在上涨。美国劳工统计局的数据显示，2021 年参与重大停工（罢工和类似活动）的工人数大约是 2020 年的三倍。一个极具代表性的事件是：在亚马逊公司纽约一个仓库的工人们共同投票加入了工会，这在美国是第一次。不仅如此，在发达经济体中，劳资纠纷也变得越来越普遍了。

劳动力市场的紧张是一把双刃剑，一方面有利于增加消费，但另一方面使得长期高通胀的风险增加了。甚至在德国也发生了同样的情况。2023 年夏天达成的一个协议，为约 250 万的公共部门员工 2 年内涨薪近 12%，即每年约 6%，这在德国联邦和地方层面都设定了一个相当高的参照标准。

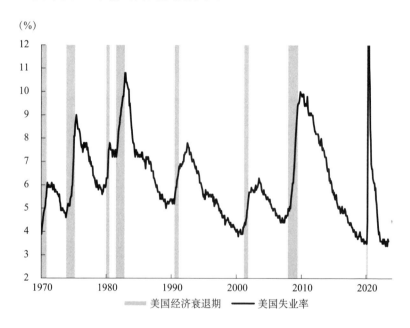

图表 10.14 全球新冠疫情之后失业率创了历史新低：美国失业率
资料来源：高盛全球投资研究。

在全球金融危机后供给过剩的背景下，能源产业之前多年一直投资不足，导致现在能源市场供需也变得紧张起来。投资圈对ESG理念越来越重视并奉行，造成了许多传统碳产业的运营商资金紧缺。[①]

后果及对投资的影响

劳动力和能源市场日趋紧张的局面，创造了新的赢家和输家。正如我们在 20 世纪 70 年代所看到的，劳动力和大宗商品资源的高成本，促使许多企业努力加大投资来提高生产效率。这其中既包括了提供创新性物流解决方案的科技企业，也包括采用机器人之类的节省人工的高科技以提高生产的企业。

从约翰·哈巴库克（John Habakkuk）爵士的研究开始，就有人认为正是劳动力的短缺和随之而来的高工资，导致了 19 世纪机器设备的大量运用，而这样的变化在美国比英国发生得更快，因为美国劳动力的短缺更加严重。[②] 劳动力和商品资源的短缺，激励更多企业加大了在能够提升生产效率的科技上的投资。

大宗商品和劳动力市场的这些变化，与 20 世纪 70 年代受石油供给冲击时的情况有些相似。当时任美国总统的理查德·尼克松对于那场能源危机所采取的应对措施是启动"能源独立计划"。目的是让美国的能源需求实现自给自足。这一举措在今天得到了很

---

① Oppenheimer, P., Jaisson, G., Bell, S., Peytavin, L. and Graziani, F. (2022). The Postmodern Cycle: Positioning for secular change. Goldman Sachs Global Investment Research, Global Strategy Paper. Available at https://publishing.gs.com/content/research/en/reports/2022/05/09/521c316d-2d20-4784-b955-57641712e9d0.html.

② Habakkuk, H. J. (1962). *American and British Technology in the Nineteenth Century: The Search for Labour-Saving Inventions*. Cambridge: Cambridge University Press.

多西方国家的共鸣。当时该政策呼吁美国公民一起做些牺牲，包括调低家里的暖气温度。如今在俄乌冲突后，欧洲立即也采取了相似的措施。

能源成本增高也推动了更多在能源效率提升方面的投资和创新。以前美国曾通过多项法律以提升汽车的燃油效率，如 1975 年的《能源政策与节约法案》。到 1985 年，乘用车必须达到每加仑 27.5 英里的燃油效率，而汽车生产商则需要为每辆汽车每超标 0.1 英里/加仑支付 5 美元的罚款（见图表 10.15）。

由于美国的汽车制造商在减少生产大型车和燃油效率低的汽车上行动缓慢，而日本则在研发更小、油效更高的汽车方面行动更快，所以日本获得了更高的市场份额。

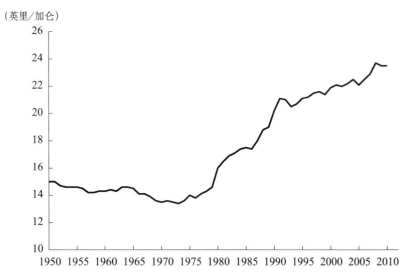

（英里/加仑）

图表 10.15　自 1950 年以来燃油效率提高了约 50%，其中最大的进步是在 20 世纪 70 年代末和 80 年代取得的：每加仑的英里数——短轴距的轻型车辆

资料来源：能源信息署。

此外，燃油价格的提高也推动了在新技术上的投资，包括：巴西的乙醇革命以及涡轮增压器、前轮驱动的车辆、更轻的车身材料和八速自动变速箱的使用。其他一些高能耗行业也采取了一些节能措施，例如在更严格的监管要求下，瑞典的纸浆和造纸行业在1973—1990年间将化石燃料的使用量减少了80%。[①]

更多的资金成本投入对于企业的整体利润率来说其实是一个风险因素。所以，为追求股票回报率，投资者们应当更加关注"创新者"，即那些能帮经营者省钱的企业，尤其是能在能源和劳动力替代上帮助企业提升效率的企业。其中，与能效相关的创新包括碳储存、模块化核电项目和电池储能；而在劳动力替代方面的创新包括机器学习、机器人和人工智能。

人工智能和劳动力市场

在第十一章中，我会详细讨论人工智能对后现代周期的影响。但是，人工智能与劳动力市场和劳动力不确定性的增加有所关联，随着人口老龄化和劳动参与率的下降，重视寻找能替代人工的科技发展将变得越来越重要。所以至少从这个意义上来说，人工智能的规模化和商业应用可能来得正是时候。

从历史上来看，机器和计算机技术的发展往往容易扰动当时的劳动力市场。这是因为机器取代了人工，尤其是从事"常规"工作的人。而那些从事"非常规"工作的人，无论是需要

---

① Bergquist, A.-K. and Söderholm, K.（2016）. Sustainable energy transition: The case of the Swedish pulp and paper industry 1973 – 1990. *Energy Efficiency*, 9（5）, pp. 1179 – 1192.

更高的认知能力，还是更高程度的非标准化技巧，通常都很难被取代。

于是，机器和计算机的发展在 20 世纪 80 年代到 2010 年间扩大了"工作的两极化"。新科技在降低了对常规性中等薪资工作的需求的同时，对非常规性的低薪和高薪工作的需求却扩大了。例如理发师和律师，都很难被机器所取代。相比之下，制造业和常规服务业中的流程性工作，像工厂流水线和打字员，则很容易被替代。阿西莫格鲁（Acemoglu）和奥特尔（Autor）在 2011 年的研究表明：其研究的 16 个西欧国家在 1993—2010 年间都发生了这一情况，另外美国也出现了类似的情形。[①]

不仅如此，人工智能还有潜在的可能通过其他方式破坏劳动力市场。由于人工智能中的一些技术能完成"非常规性"的工作，这就让那些需要高认知能力的高薪工作也变得不稳定了。总的来说，这可能意味着大量工作将被取代，从而缓解因人口老龄化而导致的劳动力短缺，同时也许还有助于减少收入的不平等。[②]

但是，人工智能对于劳动力和薪资的整体影响是比较复杂的。尽管人工智能可能会取代一些工作岗位，但它也可能带来新的工作机会。这个过程当然不是新鲜事。技术进步通过提高生产力往往能推动经济发展并使人们收入增加，从而激发更多的需求，即

---

① Acemoglu, D. and Autor, D. (2011). Chapter 12 – Skills, tasks and technologies: Implications for employment and earnings. *Handbook of Labor Economics*, 4 (Part B), pp. 1043 – 1171.

② The White House (2022). The Impact of Artificial Intelligence on the Future of Workforces in the European Union and the United States of America. Available at https://www.whitehouse.gov/wp-content/uploads/2022/12/TTC-EC-CEA-AI-Report-12052022-1.pdf.

所谓的"X效应"。[①]

根据奥特尔（Autor，2022）的测算，2018年美国有60％以上的工作职位在1940年时并不存在。因此，当一些工作岗位被人工智能取代的同时，很可能另外一些新的工作岗位被创造出来，从而有助于缓解未来全球劳动力紧张的大趋势。

根据英国商业、能源和工业战略部委托普华永道编写的报告，新产生的工作岗位中有许多将会是："提供相对难以自动化的服务，如健康和个人护理，而且对这些服务的需求会很大。这是因为人工智能带来的生产力提升会提高人们的实际收入及消费水平。"[②]

5. 政府开支和债务增加

20世纪80年代的供给侧改革，引发了政府规模缩小和政府开支减少的趋势。在1981年美国里根总统的就职演说中，他说出了名言："政府不是解决问题的办法，而就是问题本身。"在德国柏林墙倒塌后，减少政府开支的机会更多了。1989年11月，乔治·H. W. 布什总统和英国首相玛格丽特·撒切尔夫人商讨了"和平红利"。

随着苏联的解体，布什总统在1991年的全美演讲中，宣布取消了部署在欧洲和亚洲的战术核武器，而且还停止了远程核轰炸

① Autor，D. （2022）. The labor market impacts of technological change：From unbridled enthusiasm to qualified optimism to vast uncertainty. NBER Working Paper No. w30074. Available at SSRN：https：//ssrn. com/abstract ＝ 4122803 or http：//dx. doi. org/10. 2139/ssrn. 4122803.

② PwC （2021）. *The Potential Impact of Artificial Intelligence on UK Employment and the Demand for Skills*. A Report by PwC for the Department for Business，Energy and Industrial Strategy.

机的 24 小时待命机制。英国也在 1990 年夏天宣布了"选择改变"的政策，对军队进行了重组。美国的国防开支在 1985—1993 年间下降了，之后在 1993—1999 年间基本保持不变。

政府支出在 GDP 中占比的下降，使得 1997 年在比尔·克林顿（Bill Clinton）总统的领导下，美国自 1969 年以来第一次有了政府预算盈余。2000 年 12 月，他宣布美国将在接下来的十年内消除政府债务。[①]

2008 年全球金融危机爆发，情况发生了很大转变。经济崩溃的规模之大，迫使许多经济体不得不采取大量积极的财政刺激政策，于是造成了政府部门债务的增加，而私营部门的债务则减少了。

然而，对政府赤字持续性的担忧，再加上主权债务危机的刺激，使得欧洲国家采取了一系列新的紧缩措施。但是之后的新冠疫情使得政策的优先顺序发生了改变。金融危机后积极财政政策引发了道德风险，使得政策效果减弱的问题此时就不再被考虑了（见图表 10.16）。

因此，自新冠疫情开始以来，通过借债，政府开支历史性地大幅增加了。新冠疫情和俄乌冲突共同导致了财政赤字的急剧攀升。根据国际货币基金组织的数据，2020 年是自二战以来债务增幅最大的一年。在这一年，全球债务上升到了 226 万亿美元，占GDP 的比例上升了 28％，高达 256％。[②]

以英国预算责任办公室的最新报告显示为例：自 21 世纪初以

---

① President Clinton (2000). The United States on track to pay off the debt by end of the decade. Available at https：//clintonwhitehouse5. archives. gov/WH/new/html/Fri _ Dec _ 29 _ 151111 _ 2000. html.

② International Monetary Fund (2022). Global Debt Database.

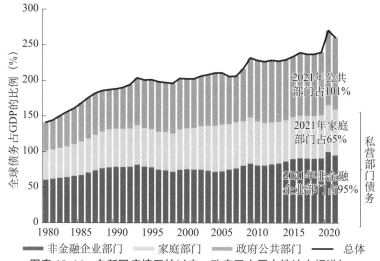

图表 10.16 自新冠疫情开始以来，政府开支历史性地大幅增加：全球债务占 GDP 的比例

资料来源：国际货币基金组织全球债务数据库、《世界经济展望报告》、高盛全球投资研究。

来，公共债务大约增加了 70%，其中四分之三都产生于受金融危机、新冠疫情和能源危机影响最严重的六年中。

气候变化是一项额外的"或有负债"，也可能将导致政府支出的大幅增加。有关气候的问题不再只是一个尾部风险，而是更频繁地发生。保险公司可能会增加承保范围上的限制，迫使政府不得不干预。联合国气候行动财政部长联盟认为："额外的财政支出将会压缩财政部的财政空间，因而可能不仅需要削减一些重要部门预算，如医疗保健、教育，还需要增加税收，抑或接受更高的政府债务水平。"[1]

---

[1] Dunz, N. and Power, S. (2021). *Climate-Related Risks for Ministries of Finance: An Overview.* Washington, DC: The Coalition of Finance Ministers for Climate Action.

如果政府财政赤字很可能变得更高，那么这将降低国家的主权信用，进而导致融资成本上升。国债市场上，期限溢价（投资者由于提供给政府更长期限的借款，而要求的额外回报）仍然很低（见图表 10.17）。根据纽约联储银行的数据，期限溢价仍为负值，从历史上来看处于极低的水平。[1] 随着时间推移，这一溢价可能会上升。很显然，这一风险是存在的，而且可能会导致后现代周期中政府、企业和投资者资金成本的增加。

增加的政府支出可能用于几个方向，国防支出是其中一个。我会在第十二章中进一步讨论这一主题。

监管和产业政策增加

2022 年，美国通过了三项法案：《芯片和科学法案》《基础设施投资及就业法案》《削减通胀法案》。这些都为一轮新的国家干预和产业政策增加的大趋势提供了证据。人们普遍认为，更多的国家干预是实现零碳排放承诺和建立更加抗压的供应链体系的关键。但是这种方式，却与过去四分之一个世纪的主导方式大相径庭。例如，美国总统罗纳德·里根在 1986 年试图减少国家干预时曾说道："英语中最可怕的一句话就是：我是政府代表，来这帮忙的。"但是，在当下的后现代周期中，新冠疫情和俄乌冲突造成的影响，改变了人们对政府的看法。气候危机和疫情时期暴

---

① 基于托比亚斯·阿德里安、理查德·克伦普和伊曼纽尔·芒什（Tobias Adrian，Richard Crump and Emanuel Moench，2013）的模型。Adrian，T.，Crump，R. K. and Moench，E.（2013）. Pricing the term structure with linear regressions. FRB of New York Staff Report No. 340. Available at SSRN：https：//ssrn. com/abstract＝1362586 or http：// dx. doi. org/10. 2139/ssrn. 1362586.

(%)

━━━ 阿德里安、克伦普和芒什的10年期
国债收益率模型中隐含的期限溢价

图表 10.17　与历史水平相比国债的期限溢价仍然很低：
阿德里安、克伦普和芒什的 10 年期国债收益率模型中隐含的期限溢价
资料来源：纽约联储银行。

露出的供应链脆弱的问题，再叠加地缘政治变化的影响，使得现
在的情况变得完全不同了。这些因素有助于减少当前一些行业的
不确定性，但却增大了国家干预另外一些行业所造成的风险
溢价。

2022 年美国通过的三项法案经常被看作一个信号，标志着
拜登政府热衷于产业政策，并将其作为了美国新的经济框架。国
家安全顾问杰克·沙利文（Jake Sullivan）描绘了一个美国现代
产业战略的愿景——"我们要识别出一些特定行业，以确保我们国
家发展雄心的实现。这些特定行业是经济发展的基石，从国家安全

角度来看具有重要的战略意义，而且私营产业自身没打算投资"[1]。

联合国工业发展组织发布过一篇研究论文，用机器学习技术基于政策描述对产业政策进行了分类。在这些政策描述中就包括了旨在"改变经济行为构成"的措施，引号中的内容即为产业政策的定义。他们的研究表明：在全球贸易咨询数据库（一个全球贸易监管数据库）21世纪10年代的数据中，大约有20％的政策可被定义为"产业政策"，而到2019年这一比例提高到了50％。这篇论文中还提到：60％的产业政策只适用于一些特定企业。[2]

贸易保护主义的上升，表明全球贸易中越来越大的比例受到了贸易干预的影响（见图表10.18）。来自全球贸易预警数据库的数据显示：2017年，G20国家50％以上的出口额都受到了各国贸易保护措施的影响。这一比例高于2009年的20％。[3]

商业领袖们也预测贸易保护主义会增加。欧洲研究团体大型企业联合会的报告发现：有近80％的公司CEO认为在未来五年中，越来越多的行业将被视作"关乎国家安全的优先事项"。[4] 他们同时还发现：五个CEO中有四个预测在未来五年，世界将加速

---

[1] The White House (2023b). Remarks by National Security Advisor Jake Sullivan on Renewing American Economic Leadership at the Brookings Institution. Available at https：//www. whitehouse. gov/briefing-room/speeches-remarks/2023/04/27/remarks-by-national-security-advisor-jake-sullivan-on-renewing-american-economic-leadership-at-the-brookings-institution/.

[2] Juhasz, R. , Lane, N. , Oehlsen, E. and Pérez, V. C. (2023). *Trends in Global Industrial Policy*. Industrial Analytics Platform.

[3] Gunnella, V. and Quaglietti, L. (2019). The economic implications of rising protectionism：A Euro area and global perspective. ECB Economic Bulletin No. 3.

[4] Hollinger, P. (2022，May 24). European business leaders fear rising protectionism. *Financial Times*.

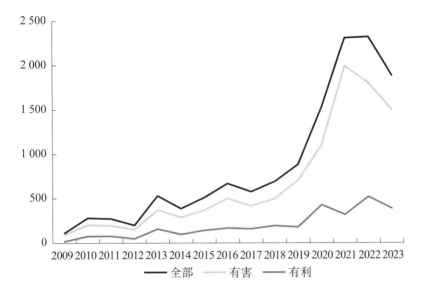

图表 10.18 近年来全球贸易干预的次数快速增长

资料来源：全球贸易预警数据库。

分裂为几个相互竞争的经济集团。[①]

能源转型的支出增加

与此同时，各国对于碳减排的承诺和寻求能源安全（特别是在欧洲）的紧迫性都可能会推动更多的政府支出。高盛的分析强调：在 2004 年（科技股泡沫后）到 2014 年间，曾经有一段能源勘探和大型项目建设的集中期。正是这一时期，推动了资源开采量

---

① Rowsell，J.（2022，August 19）. What's behind the rise in trade protectionism? *Supply Management*.

增加，以及非石油输出国组织（OPEC）的经济增长复苏。[①] 在经历了七年的能源业投资不足（2015—2021 年）、石油储量寿命下降（自 2014 年以来下降了 50％）以及非 OPEC 除页岩气外的能源产量下降后，当前这些情况正在发生逆转。但是，所有这些都离不开在短期和长期的生产周期中资本性开支的快速增加。

随着时间推移，对于政府增加开支的需求还在不断增长（见图表 10.19）。还没筹集到资金应对的一些将来的债务，如养老金、对老年人和心理健康的医疗支出不足，以及国防开支优先级的提高，可能将会一直持续下去。

政治和地缘政治上的情况也支持这样的转变。正如 20 世纪 70 年代见证了一个从航空业、银行业和汽车业产生不少全国冠军（出于安全和政治原因获得政府特别支持的企业）的时代，我们现在正在进入一个将在能源安全、芯片制造和电池技术领域诞生区域冠军的时代。虽然最终结果尚不可知，但是很可能的是，政府债务带来的高负担只能依靠这些方式来缓解：更高的税收、更高的通胀（通胀也是另一种形式的税收），或者是逐渐降低的政府开支。这也是为什么投资者应当关注具有强健的资产负债表和相对稳定现金流的企业的另一个原因。因为在很长的一段时间里，投资者只能更依赖于所投资企业的这些能力才能实现不错的复合投资回报，甚至其间还要克服一些税收增加和利率升高的不利影响。

对于投资者而言，政府债务水平的上升可能意味着，企业税

---

① Della Vigna, M., Bocharnikova, Y., Mehta, N., Choudhary, U., Bhandari, N., Modak, A., et al. (2023). Top projects 2023: Back to growth. Goldman Sachs Global Investment Research. Available at https://publishing.gs.com/content/research/en/reports/2023/06/27/bcd4ad94 - 6106 - 4bb8 - 9133 - fa35a6bfa730. html.

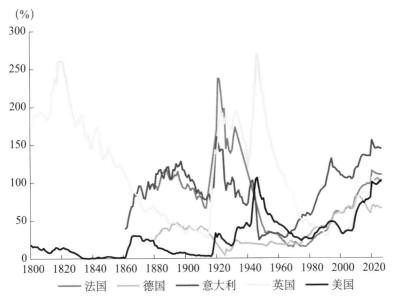

图表 10.19　要求政府增加开支的需求在不断增长：
各国政府债务占 GDP 的百分比

注：1939 年前的美国数据来自国际货币基金组织。其他国家全部数据来自国际货币基金组织。

资料来源：国际货币基金组织。

率降低的大趋势发生了逆转。这也就意味着，在未来十年左右的时间里，通胀和利率可能都会维持在一个更高的平均水平，这有利于政府偿还债务。这些因素可能会逆转投资者近几十年来享受的更高比例的企业利润分成。根据斯莫良斯基（Smolyansky，2023）的测算，较低的利息支出和低企业税率，从机制上解释了1989—2019 年间美国企业利润实际增长的 40％ 以上。[①] 此外，由

[①] Smolyansky，M. (2023). End of an Era：The Coming Long-Run Slowdown in Corporate Profit Growth and Stock Returns. Available at：www.federalreserve.gov/econres/feds/end-of-an-era-the-coming-long-run-slowdown-in-corporate-profit-growth-and-stock-returns.htm.

于各国政府争相吸纳全球各地的储蓄，这可能将导致更高的债券收益率。所有这些都表明了股票投资者的整体回报率将下降，所以应当更加重视多元化配置以及在股市中谨慎选择标的企业的重要性。

6. 资本性支出和基础设施支出增加

后金融危机时代的一个最重要的特点是，虚拟经济的发展和"旧"经济占财富比重的下降。造成的结果是大量资金流入了数字经济，而绝大多数情况下，这是以牺牲"实体"经济为代价的。自 2010 年以来，许多主要国家在基础设施上的资本性支出都有所下降（见图表 10.20 和第十二章）。

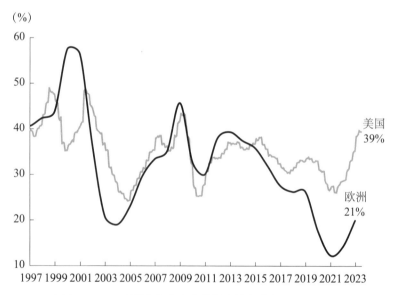

图表 10.20　欧洲企业在未来增长上的投资低于美国同行：
增长性投资比率［（增长性资本支出＋研发费用）/经营现金流］
资料来源：高盛全球投资研究。

通胀下降减少了投资的动力，至少从实物产能上来看是这样。固定资产的平均使用年限比 20 世纪七八十年代延长了近 5 年（见图表 10.21）。

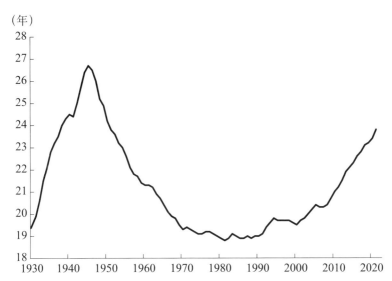

图表 10.21　固定资产的平均使用年限比 20 世纪七八十年代延长了近 5 年：
美国私人固定资产的平均使用年限

资料来源：高盛全球投资研究。

在金融危机后的十年里，轻资本行业的表现明显要更好些。我在第十二章中会具体讨论提高基础设施投资的前景。当然，这并不意味着将来不在科技上扩大投入（我会在第十一章中讨论这一话题）。在科技解决方案上的投入很可能保持强劲的态势，尤其是对能源利用效率和劳动力替代相关的领域，投资热情甚至会更高。然而，为达成 2050 年的碳减排目标，向能源多样化的转型需要更大量的资金投入。虽然过去十年中在初级能源上的资本性支出下降了 18%，但是高盛的股票分析师预计：2022—2027 年它将增长

50％，达到 1.9 万亿美元（2022 年为 1.3 万亿美元，见图表 10.22)。[①]

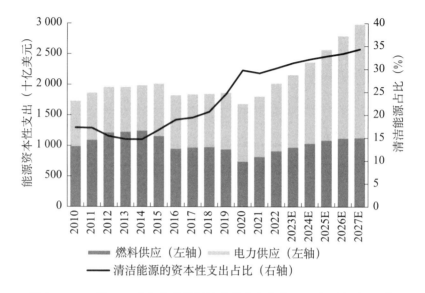

燃料供应（左轴）　电力供应（左轴）
清洁能源的资本性支出占比（右轴）

图表 10.22　到 2027 年初级能源的资本性支出将比 2022 年增长约 50％：
能源供给的资本性支出分为燃料供应和电力供应，
清洁能源（可再生能源、生物能源）所占比例
资料来源：国际能源署世界能源投资报告（历史数据），高盛全球投资研究。

随着对 ESG 投资尤其是碳减排越来越重视，近年来的投资重点已经转移到了可持续能源上。但是，由于相比之下新型能源规模仍然较小、单位产出需要的资本更多，所以到目前为止，还不足以抵消传统能源投资的大幅下降。高盛的股票分析师预计：低碳能源平均所需的资本投入约为传统碳氢化合物能源的两倍。这

---

① Della Vigna，M.，Bocharnikova，Y.，Mehta，N.，Choudhary，U.，Bhandari，N.，Modak，A.，et al.（2023）. Top projects 2023：Back to growth. Goldman Sachs Global Investment Research. Available at https：//publishing. gs. com/content/research/en/reports/2023/06/27/bcd4ad94-6106-4bb8-9133-fa35a6bfa730. html.

进一步提高了对能源投资的需求，到 2032 年，能源的资本性支出需要每年递增 1.5 万亿美元。[①]

以上这些情况说明，投资者应该去寻找那些"赋能者"，即能为企业提供降本增效解决方案的企业。他们也可以去寻找那些受益于政府开支增加和资本性支出提高的企业。许多与这些主题最为相关的企业估值，在近几个月都已经下降了，因而提供了合理的股价和有吸引力的成长机会。

7. 人口结构改变

除了以上一些影响投资环境的因素正在发生变化外，人口结构也在发生很大比例的变化。富裕的发达经济体正在快速走向人口老龄化。

日本和韩国人口老龄化的速度是最快的：预计到 2050 年，日本 80 岁以上的人口数将占到总人口的 15%，韩国的情况也几乎一样。2017 年，G20 国家的人口抚养比，超过了每六个适龄（15~64 岁）劳动人口对应一个 65 岁以上的人。而这一比例预计到 2050 年将降低一半，即每三个适龄劳动人口对应一个老人。在一些最富裕的国家，这一比例预计将降到略高于 2∶1（见图表 10.23 和图表 10.24）。[②]

---

① Della Vigna，M.，Clarke，Z.，Shahab，B.，Mehta，N.，Bhandari，N.，Amorim，B.，et al.（2022）. Top projects 2022：The return of the energy investment cycle. Goldman Sachs Global Investment Research. Available at https：//publishing. gs. com/content/research/en/reports/2022/04/19/ae5c2010-d7ef-400c-b8e7-1cf25650 ef17. html.

② International Labour Organization and Organization for Economic Co-operation and Development（2019）. New job opportunities in an ageing society. Paper presented at the 1st Meeting of the G20 Employment Working Group，25 - 27 February 2019，Tokyo，Japan.

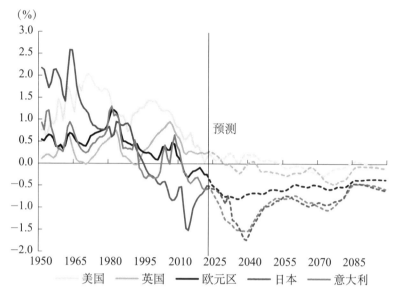

图表 10.23　欧元区和日本的适龄劳动人口预计将为负增长：
按照联合国预测，年龄在 15～64 岁人口的增长情况

资料来源：高盛全球投资研究。

　　由于照顾老年人和其他尚需融资的重大负债，碰巧与劳动力人口下降和政府税基减少相重叠，这就给原已很紧张的政府预算又增添了更重的负担。从积极的一面来看，这很可能会是激发扩大机械智能化投资的另一个推动力。而其他高科技（比如人工智能）将提升护理行业的就业前景和就业质量。

人口老龄化和政府赤字

　　老龄化问题将对政府赤字和融资产生深远的影响。根据经济合作与发展组织的数据，在未来的几十年中，养老金和医疗保健方面的公共支出都将急剧增长。如果没有重大的结构性改革或对

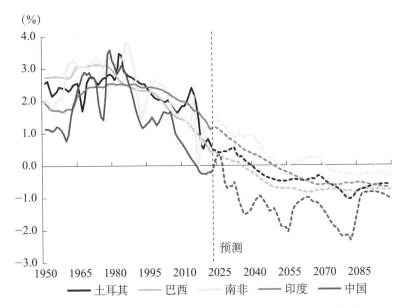

图表 10. 24　中国和其他新兴市场的适龄劳动人口增长预计将转为负值：
按照联合国预测，年龄在 15～64 岁人口的增长情况

资料来源：高盛全球投资研究。

养老金福利的削减，"按照经济合作与发展组织长期模型的预测，政府需要大幅提高税收才能稳定这些公共债务。"[①]

人口老龄化和新的市场

随着越来越多的产品和服务开始进入那些之前没被服务到的市场，老龄化也将带来一些新的机会。到 2030 年，世界上的老年人群将成为最有钱的群体，预计每年可消费 15 万亿美元（按 2011

---

① Crowe，D.，Haas，J.，Millot，V.，Rawdanowicz，Ł. and Turban，S.（2022）. Population ageing and government revenue：Expected trends and policy considerations to boost revenue. OECD Economics Department Working Paper No. 1737.

年的购买力平价计算），高于 2020 年的 8.7 万亿美元。[①]

由人口结构变化带来的消费模式的转变，还会带来另一个重大机会：考虑人口总量，亚洲老年人购买力的增长将更为强劲。中国就正走在这样的路上，预计到 2030 年中国的老年人消费将扩大三倍，从每年 7 500 亿美元增加到 2.1 万亿美元。而印度的消费增长可能是最惊人的，将从目前每年约 1 000 亿美元增加到 2030 年的约 1 万亿美元。

新兴市场，特别是非洲，将会从一些显著的增长机会中受益。目前，非洲的总人口约为 14 亿，但预计到 21 世纪末将增长到近 40 亿。这意味着，虽然目前非洲人口仅占世界总人口的约 18%，但到 2100 年这一占比将攀升到 38%，而亚洲人口数预计将从目前占世界总人口的约 60%，下降到 2100 年的 45%。综合这些来看，到 21 世纪末，世界上将有 80% 的人口居住在非洲和亚洲。[②]

印度超过中国成为世界上人口最多的国家，也将是一次重大变化，将会为该地区的投资者带来许多潜力巨大的机会（见图表 10.25）。

虽然老龄化问题在发达国家中最为严重，但是许多新兴经济体也正走在即将经历劳动参与率下降的路上。这加重了不少国家在债务融资问题上的困难，即使它们可能经济发展更快、人口也更多。它也突显了人工智能和其他科技解决方案的重要性，因为它们能在

---

① Fengler，W. (2021). The silver economy is coming of age：A look at the growing spending power of seniors. Available at https：//www. brookings. edu/articles/the-silver-economy-is-coming-of-age-a-look-at-the-growing-spending-power-of-seniors/.

② Roser，M. and Rodés-Guirao，L. (2019). Future population growth. Available at https：//our worldindata. org/population-growth Our World in Data.

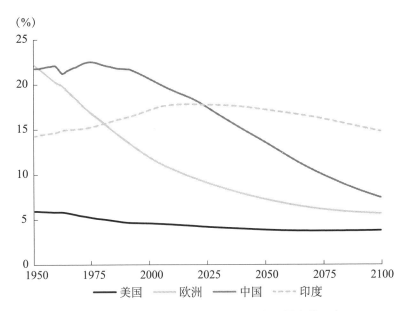

图表 10. 25 印度超过中国成为世界上人口最多的国家：各国人口占全球的百分比

资料来源：联合国经济和社会事务部、高盛全球投资研究。

未来帮助解决这些问题。虽然发达经济体的人口老龄化最快，但新兴经济体中的劳动参与率也已经在放缓（见图表 10. 26）。[①]

8. 地缘政治局势紧张加剧与世界多极化

在现代时期，即 1982—2000 年的长周期中，随着柏林墙倒塌和苏联解体，全球的风险溢价下降了。这对于全球的风险偏好造成了重要的影响。信心的提振在弗朗西斯·福山（Francis Fukuyama）

---

① 关于人口结构有关问题的详细讨论，参见 Roy，A.（2022）. *Demographics Unravelled：How Demographics Affect and Influence Every Aspect of Economics，Finance and Policy*. Chichester：Wiley.

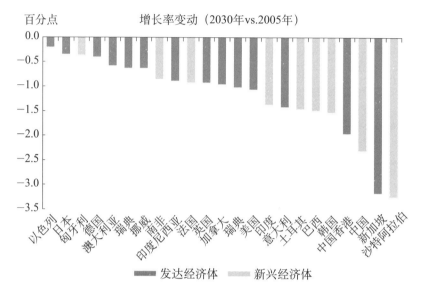

图表 10.26　许多新兴经济体预期未来都将经历劳动参与率的下降：
2005—2030 年间适龄劳动人口增长率的变动情况

资料来源：高盛全球投资研究。

的《历史的终结》（*The End of History*）一书中有所阐述。他认为
自由民主主义导致了"人类意识形态进化的终点，以及西方自由
民主主义作为人类政府最终形式的普及"[①]。近年来，地缘政治平
衡被打破了。德国总理奥拉夫·舒尔茨（Olaf Scholtz）在 2022 年
达沃斯的一次演讲中描述了一个新"多极化"的出现。新的联盟
正在形成：北约正不断扩张，吸纳了芬兰和瑞典，美英澳三边安
全伙伴关系（AUKUS）* 将加深在印太地区的防务合作。[②]

[①]　Fukuyama，F.（1992）. *The End of History and the Last Man*. New York：Free Press.

* 　2024 年日本宣布加入该联盟。——译者注

[②]　AUKUS 是澳大利亚、英国和美国之间的三边安全协议的首字母缩写。

从地缘政治的角度来看，印度的位置正变得越来越重要。2023 年 1 月，莫迪总理呼吁改变："我们，地处地球南方，拥有着未来最大的筹码。地球南方四分之三的人类生活在我们的国家。我们也应当拥有相应的发言权。所以，当已持续了八十年的全球治理模式慢慢发生改变，我们应该尝试去构建新的秩序。"

2023 年 6 月，在对美国的国事访问中，莫迪总理与拜登总统签署了一份合作文件，"代表了我们双边关系发展史上范围最广和最全面的发展愿景"[①]。

这不是一个新的现象。欧洲协调机制存在于拿破仑战争和克里米亚战争之间的一个时期，当时欧洲的各大国家在多极化的基础上定期会面，讨论国际问题。一战结束后的时期也常被视作多极化时期。但是，许多现实主义者认为多极化更容易引发冲突。它与国际关系中的双极甚至是单极秩序相比，也更不稳定。例如，"长周期模型"在国际关系方面就认为：多极化是最不稳定的系统，而单极化则最稳定、最不容易爆发冲突。[②]

虽然这些变化很难在金融市场的定价中得以反映，但是它们可能意味着风险溢价会随着时间推移而变得更高，因此资金成本也会更高。

---

① The White House (2023a). Joint Statement from the United States and India. Available at https://www.whitehouse.gov/briefing-room/statements-releases/2023/06/22/joint-statement-from-the-united-states-and-india/.

② 关于稳定系统的争论在一项关于 1494—1983 年全球大国间的极性和战争的实证研究中得到了检验。这项研究认为，在单极和近乎单极的时期，全球性战争的可能性最低；在双极年代略有增加；而在多极时期则更有可能发生。Thompson，W. R. (1986). Polarity, the long cycle, and global power warfare. *Journal of Conflict Resolution*，30（4），pp. 587 – 615.

第十一章

后现代周期与技术进步

大脑中电信号的传输速度，只有硅芯片的十万分之一！

——比尔·盖茨（Bill Gates）

围绕第四次工业革命和互联网商业化的热情，在其初始阶段就催生了一次史上最大的金融泡沫之一。这次金融泡沫在世纪之交达到顶峰后，就轰然崩溃了。如同历史上围绕新技术产生的许多轮泡沫一样，它并不是完全没有基础的。投资者们敏锐地察觉到，一轮重大的创新周期将对未来的经济增长和企业盈利带来深远的影响。但是问题在于，当时高估了产生回报的时间和回报的大小。最终行业赢家中的不少企业，在当时也还没出现。

与以往的资产泡沫一样，最终泡沫破灭淘汰了许多新入行企业，但是带来资产泡沫的技术本身却存活了下来。技术领域在经历了一段时间关注度的减少后，重新成为后金融危机时期企业股价表现和利润的主要驱动因素。随着近期对新科技尤其是人工智能关注度的提高，在后现代周期中技术进步对于整体经济和股市仍然是至关重要的。

自 2007—2008 年全球金融危机以来，科技股一直是影响股市回报的主要因素。科技股的表现可以被划分为四个阶段：

（1）2010—2019 年。在这一阶段，科技股跑赢主要受到这些因素的驱动：科技企业盈利能力增强、智能手机的广泛普及、零利率政策的影响以及价值股遇到困难。

（2）2020—2022 年。新冠疫情期间，当其他消费受限时，对科技及其相关服务的需求反而爆炸式增长了，这使得科技股在这一时期表现十分优异。

（3）2022—2023 年。自 2022 年初以来通货膨胀率和利率一起上升，科技股的表现快速回落，尤其是那些尚未盈利的科技企业。由于资金成本的提高及其对科技股"长久期"现金流造成的负面效应，科技企业均面临了很大的压力。其中许多企业以前资金成本低的时候过度扩张，现在融资成本提高了，所以不得不缩减开支。

（4）2023年至今。自2023年开始，科技股板块再次表现抢眼，这次是由一些美国大型科技企业引领的，因为它们被视作人工智能新兴科技领域里潜在的赢家。

因此，过去15年中科技股板块的整体表现，尽管反映了市场上乐观情绪的爆发和价值重估的过程，但是它更主要依赖的仍是强大的基本面。股市中这一板块的规模扩张和盈利能力都超越了其他板块（见图表11.1），所以它享受了长时间的更高的资本回报率（见图表11.2）。

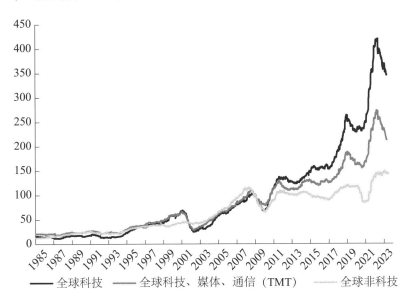

图表 11.1 科技股板块的规模增长和盈利能力超过了股市中的其他板块：过去 12 个月的每股收益（美元计），2009 年 1 月为基准 100
资料来源：高盛全球投资研究。

到2023年夏天，这导致了市场的整体回报再次变得越来越集

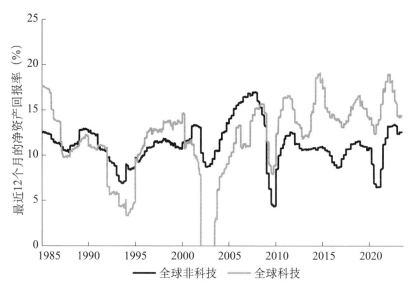

图表 11. 2　科技行业取得了持续的更高的资本回报率
资料来源：高盛全球投资研究。

中，例如美国 15 家公司的回报在 2023 年 1—5 月期间占到了标准
普尔 500 指数整体回报的 90％以上。

为什么科技股会胜出

尽管最近人们对科技的热情可能再次过分夸大了它的短期潜
力，尤其是对单个企业而言，但是这个板块仍然很可能是后现代
周期中影响投资回报的主要因素。新科技将在帮助提升非科技类
企业的生产效率方面发挥重要作用。

大多数新技术的发展都依赖于此前的创新。这就使得这一过
程更像是进化，而不是革命。但是，历史上也有这样一些时期，
正如在政治和艺术方面，二次创新和创意的想法在一段相对集中
的时间里大量涌现。这些时期带来了创新上台阶式的飞跃，并由

此引发了经济、股市及社会结构的快速变动，从而为其他创新的出现提供了一个平台，例如铁路和电话的创新就是这样。

从这个意义上说，20世纪末由互联网商业化所带来的爆发式创新（现在演化为了人工智能），类似于我们在历史上其他时期所见证的一些革命性的技术进步。图表11.3展示了18世纪以来四个爆炸式创新的时期。然而，与历史上其他创新周期一样，由于正向的网络效应和对技术更高效的使用慢慢成为主流，在未来几年中我们很可能会看到技术对经济和金融市场的影响变得越来越大。

图表 11.3 工业革命的历史

资料来源：高盛全球投资研究。

技术革命的特征

我们可以回顾历史，观察过去一些相似的时期是如何发展演化的，这有助于我们更好地理解我们正经历的当今社会和经济的快速变化。尽管很难概括，但现在这一时期与过去相比还是有一些共性的特征：

- 出现了一个新的技术突破，并且达到了商业化的规模。

- 很多新企业和资本都涌入这一领域。

- 投机活动增多，企业估值提升，通常会引发资产泡沫。

- 泡沫破灭，但是新技术会作为经济和股票市场的主要驱动因素，重新回到人们的视野。

- 少数几家大企业在新的技术或行业中占据主导地位。

- 二次创新出现，在初期的新技术及其应用场景的激发下，诞生了新的企业，创造出了新的产品。

- 创新给其他行业带来了冲击，迫使原来的企业要么适应，要么被淘汰。

- 产品和服务上的二次创新创造了新的就业机会以及随之而来的新需求。这项新技术通常只有在被全面应用并且产生了网络效应以后才能提高生产效率。

- 创新发生的速度常常与更广泛的重大社会变革相关联，包括社会观念、消费者行为、政府政策和商业经营的转变。这就为那些因需求变动而不断调整的企业带来了新的机遇和挑战。

繁荣、投机与泡沫

正如我们在互联网和更近期的人工智能的规模化和商业化过程中所看到的，一个重大的新技术的出现往往会引起投资者们的热情高涨、大量资本的涌入，以及行业新进入者数量的迅速增加。随着对技术的理解和接受度的增加，投资者们的兴趣会变得更大，投机活动也随之变多。

从投资者的角度来看，一项创新的成功与否和其最终带来影响的大小，在开始的时候是不知道的，更不用说预测其中哪个竞争者最后在长期竞争中能胜出了。于是，为确保将来的投资收益，投资者就会选择分散投资于多家企业。因此，当一项创新在首次商业化时，与这个主题相关的所有企业能产生的综合回报往往被高估了，导致整体估值升高，由此泡沫产生了。之后泡沫破灭，通常是由一家标志性的企业失败了，或资金成本的急剧变化而引发的。

历史上有许多这样的例子。最近的一项研究发现，在1825—2000年间的51项主要技术创新中，73%的创新引发了资产泡沫。[①]运河的开凿作为一项技术创新，是第一次工业革命中的重要组成部分。第一条开通的运河为投资者们带来了丰厚的回报，于是吸引了更多新资金流入股市，推高了相关股票的价格。在18世纪90年代，伦敦证券交易所出现了运河股票泡沫，这轮热潮在1793年达到顶峰。到19世纪第一个十年，运河股的资本回报率从泡沫发生前高峰的50%跌到了只有5%，25年过后，只剩25%的运河股还在支付分红。但是，运河相关的基础性设施，却仍在后来的工业格局重构和工厂生产中发挥了作用，于是又催生了许多新的行业、商业和产品的发展。

类似的情况也出现在19世纪铁路的发展上，铁路同样也推动了经济增长、商业组织和社会的变革。大量资金为了追求高增长和高回报纷纷涌入英国铁路股票，使得投机越来越猖獗，导致了19世纪40年代泡沫的形成。经历过大涨以后，铁路股的股价从19

---

① Chancellor, E., and Kramer, C. (2000). *Devil Take the Hindmost: A History of Financial Speculation*. New York: Plume Books.

世纪 50 年代的巅峰期平均下跌了 85％，这些股票的总市值也跌到投入资金额的一半不到。[①] 与之前的运河行业一样，铁路行业遗留下来的基础设施，对后来其他行业的发展也发挥了重要的作用。

20 世纪迎来了一系列新的技术浪潮。一战和二战后时期，对消费品的巨大需求，吸引了许多新市场参与者的涌入，从而带来了大量的投资。比如，随着广播电台的兴起，对收音机的需求激增。1923—1930 年间，有 60％的美国家庭购买了收音机，这就推动了广播电台的高速发展。1920 年，美国广播电台中的龙头是 KDKA，但到了 1922 年，全美已有 600 个广播电台。后来随着电视技术的应用和普及，这些电台扩大了广告的覆盖范围，也加快了其他新产品的市场推广。例如，美国无线电公司的股价在 20 世纪 20 年代就从 5 美元上涨到了 500 美元，但在 1929—1932 年间却大幅下跌了 98％。绝大多数的收音机制造商都随之破产了。

个人电脑革命，也引发了一场类似的繁荣，不仅带来了更多的市场参与者，还提高了相关企业的估值。尽管 IBM 早已推动了个人电脑的大范围商用，但数百家新企业都是在 20 世纪 80 年代才进入这一市场的。到 1983 年，包括雅达利（Atari）、德州仪器（Texas Instruments）和 Coleco 在内的多家业内企业都宣布亏损。随后，个人电脑相关股票的价格崩盘了，许多个人电脑制造商倒闭，其中包括：康懋达（Commodore）、哥伦比亚数据系统（Columbia Data Systems）和鹰电脑（Eagle Computer）。许多幸存下

---

① Odlyzko, A. (2000). Collective hallucinations and inefficient markets: The British railway mania of the 1840s. Available at SSRN: https://ssrn.com/abstract = 1537338 or http://dx.doi.org/10.2139/ssrn.1537338.

来的企业直到多年后才恢复过来。后来随着个人电脑行业逐渐进入成熟期，最终变成了由少数几家巨头主导。

同样的行业发展模式，在 20 世纪 90 年代末的互联网泡沫中再次上演。刚开始的时候，随着投资者认识到互联网的潜力，投机迅速增长。当搜索引擎公司雅虎首次公开募股时，其股价在一天内从 13 美元上涨到了 33 美元。1999 年，高通的股价涨幅超过了 2 600％，13 家大型上市企业的股价涨幅超过了 1 000％，另外 7 家大型上市企业的股价涨幅超过了 900％。纳斯达克指数在 1995—2000 年间上涨了五倍。然而，仅仅在 2000 年达到顶峰后的一个月内，纳斯达克指数就下跌了 34％，数百家企业的市值跌了 80％或者更多。在这之后，纳斯达克指数于 2002 年 10 月触底，共下跌了近 80％。

像某种定律一样，人们对于新技术的潜力感到兴奋，这就会吸引新的参与者和竞争者进入市场。同时，随着市场对新技术的故事越来越感兴趣，投资者们担心错过这次机会，投机就会变得越来越多。最后，创新行业的估值终将下调，行业洗牌导致竞争者变少。在这之后，行业常常还会再次复苏，引领下一轮周期。互联网泡沫破灭后的科技行业，就验证了这一演化模式。最近的一些创新，尤其是围绕人工智能的演化模式也很可能与此相似。它将对后现代周期中的投资者预期回报作出很大的贡献。

对人工智能革命的启示是：投资于人工智能工具和算力的很多企业，从长期来看，可能不会是新技术的最大赢家，正如我们在互联网发展史中看到的那样。那些利用人工智能工具提升医疗和教育水平，以及用人工智能来重塑原有的业务模式、降低成本的企业，才可能成为最后的赢家。新业务领域的创新者，比如数据和事实核查以及使用人工智能技术的新产品，可能最终会蓬勃发展起来。

领先效应

全新的技术往往会吸引大量资本进入，从而加剧竞争，最终导致许多企业倒闭，但这并不意味着技术本身的失败。更常见的是，随着市场的扩大和接受度的提高，最初的技术取得了成功，随后领先的企业通过不断继续创新，扩大技术的范围和影响力。技术普及的速度随着它所带来的真实收入的增长以及地理覆盖范围的扩大而不断加快。

像某种定律一样，市场结构变化的模式在不同的创新浪潮中往往是相似的。最初，这个行业通常由少数的几个赢家所主导。由于网络效应带来了让赢家市场份额不断增长的良性循环，加上赢家会通过不断扩大"护城河"维持其领导地位，于是它们的竞争力变得越来越强。由于受监管影响（如反垄断），或对另外一些创新反应不及时，这些赢家的领导地位最终变得不稳固。

二次创新的出现

尽管一个技术创新领域可能在很长一段时间是由少数几个非常大的企业主导的，但最初的革命性技术会激发出后续一系列的其他创新。而这些将带来新的市场机会，产生新的企业。

例如，在第一次工业革命中，虽然煤炭和蒸汽是基础，但很快出现了一系列的其他创新。人口大规模迁移到城市、远离农业，带来了新的消费品需求。于是，机械织布机使得纺织业转型，日用品如肥皂开始在工厂生产，取代了家庭作坊。这些带来了新的市场，成为打造消费品牌、广告和市场营销的催化剂。在铁路热潮时期，蒸汽发动机推动了铁路产业的进步，由此产生的网络效应和连通性也促进了其他技术的发展。

与此类似地，在第二次工业革命期间，利用天然气和石油发电是一个关键的技术发明，而它又反过来推动了钢铁的规模化生产、内燃机的进步以及汽车的发展。更进一步的创新是工厂里的现代化流水生产线，它使得许多新产品的制造和分销都发生了转型升级。同样，铁路热潮和电报的发展所产生的网络效应也带来了大量新的市场机会，吸引来了许多企业。

随着第三次工业革命计算机时代的来临，一些相关的配套服务产业发展迅速。1952年，由于消费者愿意为了低功耗和便携性买单，首批晶体管计算机消费产品出现，打开了新的市场。20世纪50年代中期，硅器件原型机在加利福尼亚州北部被成功开发出来。在跨国公司的发展带来很多新的市场机会的同时，塑料和轻质材料产品也创造了很大的新市场。

不仅如此，技术普及的速度也在加快（见图表11.4）。

这点在过去二十年间是很明显的。互联网及相关技术的快速迭代和接受度的提高，使得智能手机的发展和普及成为可能。而这又催生了提供手机"应用程序"的行业（比如出租车和食品配送行业的变革），以及"物联网"（各种家用电器和设备互联的世界）。

因此，尽管21世纪20年代那些领先的科技企业仍然很可能将在各自的市场中占据主导地位，但围绕机器学习和人工智能的快速创新，很可能会产生新一拨的科技巨头。人工智能和机器人技术，不仅将产生新的科技领导企业，还大幅提高了传统行业技术

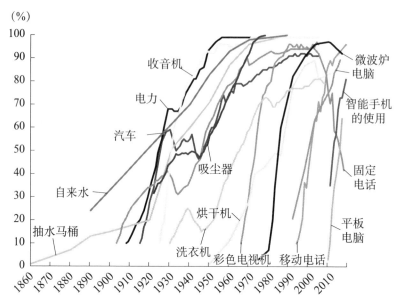

**图表 11.4　技术普及的速度往往随着时间推移而越来越快：
1860—2019 年使用特定技术产品的美国家庭占比变化**

资料来源：Our World in Data.

革新的潜在收益。

那么，现在我们处于新技术生命周期中的哪个阶段呢？结合上面提到的历史，股票市场中科技行业的典型生命周期一般可以划分为四个阶段：

（1）新的技术带动了强劲的股价表现，估值提高。此时的高估值被认为是由将来的利润增加所引起的，所以是合理的。

（2）人们热情高涨，推动股票估值不断提高，大量新进入的企业涌现。最终，这批股票的估值达到了一个极高的水平，以至于按此推导出它的未来市场规模，则整个行业将来的市场规模将大到无法合理解释。

（3）泡沫破裂。

（4）许多企业消失，只剩下那些新技术的领导者们继续推动技术的发展。直到该技术的第二波浪潮中出现新的赢家和输家，它们才会对经济产生更加深远的影响。

我认为我们目前仍然处于一轮典型技术浪潮中的第一阶段。如果的确如此，那就意味着这个领域中将会有更多新进入的企业涌现，同时伴随着估值上升。现在人们热情高涨，但这有可能会引发资产价格泡沫，或导致现在这些企业估值变得过高，超过了它未来增长的潜力。但是，我认为目前还没达到这样的程度。

在后现代周期中，随着时间推移，非科技行业的数字化转型很可能为投资者们带来更多好的投资机会。绿色科技、医疗科技、教育科技、人工智能和机器人等领域的发展，将为科技行业之外的企业带来一系列新的发展机会，重塑银行、零售、娱乐、教育、交通和医疗等传统行业旧的商业模式。

科技行业能否始终保持最大行业的地位？

自20世纪80年代软件革命以来，科技行业在行业总市值方面（至少在美国）一直稳定占据着领先地位，只在全球金融危机前被金融业短暂地超越过。但是，作为衡量标准的标准普尔500指数的行业构成，其过去的历史表明：领导性行业可以在很长时间内保持它的地位不变。随着时间的推移，技术发展中不同的浪潮导致了行业在不同阶段的主导地位。随着股市越来越分散化，最大的行业所占的市场份额趋向于减小。尽管如此，科技行业仍很可能将继续保持全球市场中最大行业的地位。随着人们对科技行业

信心的恢复和 IPO 的重新兴起，许多新的企业可能会进入该行业
（见图表 11.5）。我们可以将美国股市很长的历史按照领导行业的
不同划分为四个时期：

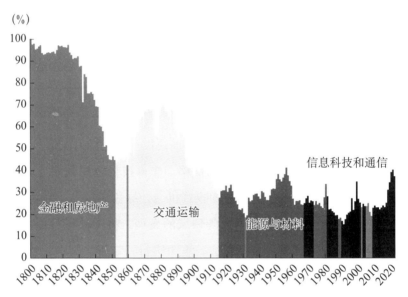

**图表 11.5　只有少数几个行业曾是市场上最大的，它们反映出了
经济发展的历程：美国最大行业所占的市场份额**
资料来源：高盛全球投资研究。

1. 1800 年—19 世纪 50 年代：金融

这一时期银行业是最大的行业。一开始几乎占到了股票市场
的 100％，之后随着股市发展而被稀释。到 19 世纪 50 年代，金融
业占比已经减半了。

2. 19 世纪 50 年代—20 世纪 10 年代：交通运输

随着银行开始为美国及其他地区铁路系统的快速发展提供资

金支持，交通运输股成了在指数中占比最高的。交通运输股最好的时候，在美股指数中的市值占比接近 70%。之后到第一次世界大战时，交通运输股的市值降到了美股总市值的约三分之一。

3. 20 世纪 20—70 年代：能源

由于石油而非蒸汽和煤炭推动了工业化的巨大发展，能源股成为股市中最大的行业。能源业的主导地位一直保持到了 20 世纪 90 年代，尽管其间穿插了一些很短暂的由新兴科技行业领导的时期（第一波是由大型计算机所主导，接下来的是由软件业所主导）。

4. 20 世纪 80 年代至今：科技

自从 20 世纪 70 年代大型计算机出现以来，除了在全球金融危机前夕曾被银行业短暂超过，科技行业一直是美国最大的几个行业之一，虽然并非在所有其他国家都如此。当然，这一时期中，科技行业的领导者始终在变化。20 世纪 80 年代中期，由于大型计算机推动了数据革命，IBM 成为最大的企业；随着 20 世纪 90 年代科技发展开始主要由软件推动，微软变成了最大的企业；之后在 21 世纪第一个十年，苹果接替了最大企业的位置，并一直保持至今。这期间存在周期性的波动，像 2000 年的互联网泡沫和随后科技股的崩塌。然而，在全球金融危机前夕被银行业短暂超越过后，科技行业很快又回到了最大行业的位置。

目前的科技巨头能否保持领导地位？

下一波科技浪潮的领导者是现有的企业还是新的？在美国和

其他市场,一些超大的科技股的领导地位是相当稳固的。这种存在市场领导者的格局并不是现在的科技行业所独有的:过去也存在多家企业因为享受了一个重大创新或技术周期所带来的红利而主导了所在的行业。科技行业的发展史反映了:它是如何最终成为一个"赢家通吃"的市场的。

● 例如截至 1900 年,标准石油公司控制了美国超过 90％的石油生产和 85％的石油销售。

● 到 1969 年,贝尔电信已经覆盖了 90％的美国家庭。1982 年,贝尔电信放弃了对贝尔运营公司的控制,并分拆成不同的公司。在此之前,它的市场份额曾达到了 5.5％。

● 在 1955—1973 年间,通用汽车的盈利超过了标准普尔 500 指数的 10％。在其巅峰时期,通用汽车占据了美国 50％的市场份额,在 1931—2007 年间,它是世界上最大的汽车制造商。

● 随着 20 世纪 70 年代大型计算机的发展,市场越发地集中化:1981 年,IBM 在大型计算机市场上的份额超过 60％。

● 随着软件成为推动科技发展的主力,行业领导者又一次发生了变化。到 2000 年,微软在个人电脑和笔记本市场上占据了主导,它在操作系统上的份额高达 97％。

不管在什么时候,股票指数中最大的企业历来都是来自当时的主导行业。通常情况下,行业领导者都可以维持它在股票市场中的相对体量,除非反垄断的监管直接干预,迫使其降低市场份额,或者它输给了一个拥有更前沿的科技而且行动敏捷的新进入企业(见图表 11.6)。

尽管如此,从历史上来看,随着时间推移许多新企业通常会在新产品和新技术上占据主导地位,尤其是在美国。例如自 1955

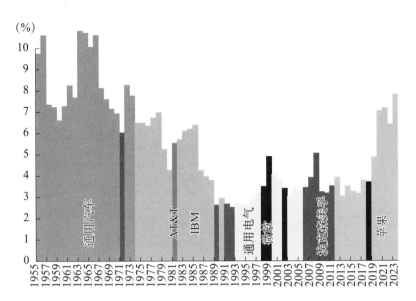

图表 11.6　股票指数中占比最大的企业，历史上通常来自当时的

主导行业：标准普尔 500 指数市值的百分比和 1974 年以前净收入的百分比

资料来源：高盛全球投资研究。

年以来，仅有略高于 10％的财富 500 强企业仍在榜单上。

　　基于这样的历史，我们似乎有理由相信，从现在起 60 年后的财富 500 强名单上，只会有极少数的几家当前占据行业主导的企业。至少从历史趋势和现在的情况来看是这样。大量新的企业将在我们今天甚至都无法想象的新兴行业中诞生并发展起来。正如图表 11.7 所示，1985 年标准普尔 500 指数中的前十大企业，到 2020 年没有一家保持在前十名中，不仅如此，2000 年前十名榜单中也只有一家企业到 2020 年还留在前十名中。

　　虽然历史表明，行业的领导者可以在很长一段时间内保持其行业领导地位，但也有许多企业曾经占据了行业领导位置，却没能保持住。在很大程度上，这是由于被另外的一项创新打断了，或者是未能研发出新的技术，而这往往是因为它们过于担心现有的市场领导地位被蚕食掉。

不过，我找到了三个原因，可以解释为什么在现在的周期中占据领导地位的科技企业，与历史上其他周期中的领导企业相比，能将现有领先规模保持更长的时间。

1985		1990		1995		2000	
IBM		IBM	2.9%	General Electric	2.6%	General Electric	4.1%
Exxon Mobil		Exxon Mobil	2.9%	AT & T	2.2%	Exxon Mobil	2.6%
General Electric		General Electric	2.3%	Exxon Mobil	2.2%	Pfizer	2.5%
AT&T		Philip Morris	2.2%	Coca-Cola	2.0%	Cisco Systems	2.4%
General Motors		Royal Dutch Shell	1.9%	Merck & Co	1.8%	Citigroup	2.2%
Amoco		Bristol-Myers Squibb	1.6%	Philip Morris	1.7%	Walmart	2.0%
Royal Dutch Shell		Merck & Co	1.6%	Royal Dutch Shell	1.6%	Microsoft	2.0%
Du Pont		Walmart	1.6%	Procter & Gamble	1.2%	American International Group	2.0%
AT & T		AT & T	1.5%	Johnson & Johnson	1.2%	Merck & Co	1.8%
Chevron		Coca-Cola	1.4%	IBM	1.1%	Intel	1.7%

2005		2010		2015		2020	
General Electric	3.3%	Exxon Mobil	3.2%	Apple	3.3%	Apple	6.7%
Exxon Mobil	3.1%	Apple	2.6%	Alphabet	2.5%	Microsoft	5.3%
Citigroup	2.2%	Microsoft	1.8%	Microsoft	2.5%	Amazon	4.4%
Microsoft	2.1%	General Electric	1.7%	Exxon Mobil	1.8%	Alphabet	3.3%
Procter & Gamble	1.7%	Chevron	1.6%	General Electric	1.6%	Meta Platforms	2.1%
Bank of America	1.6%	IBM	1.6%	Johnson & Johnson	1.6%	Tesla	1.7%
Johnson & Johnson	1.6%	Procter & Gamble	1.6%	Amazon	1.5%	Berkshire Hathaway	1.4%
American International	1.6%	AT&T	1.5%	Wells Fargo	1.4%	Johnson & Johnson	1.3%
Pfizer	1.5%	Johnson & Johnson	1.5%	Berkshire Hathaway	1.4%	JPMorgan Chase	1.2%
Philip Morris	1.4%	JPMorgan Chase	1.5%	JPMorgan Chase	1.4%	Visa	1.2%

图表 11.7　标准普尔 500 指数中市值最大的十家企业随时间变化情况：截至 12 月 31 日的市值

资料来源：高盛全球投资研究。

首先，科技行业是通货紧缩型行业。只要这一情况不变，政治家们就没有真正的动力去打击它。从政策这个角度来看，科技行业可能与银行、超市或能源等其他行业有所区别，对于其他行业，政治家们经常争论的是一些政策红利是不是没有传导到消费者，例如给储户更高的利息，调低食品和能源的价格。这并不是说科技企业对监管不敏感，而是说监管对科技企业的影响更可能来自个人隐私、数据利用，或者对用户心理健康的影响这些方面，而不是在定价上。

其次，科技越来越被视作一个国家安全问题。科技包括网络安全、芯片和人工智能。这些被看作国家基础设施和战略防御的一个重要组成部分。随着全球地缘政治紧张局势的升级，这一点已经变得愈发重要。

最后，科技行业在研发上投入巨大。由于现在的领导企业很能赚钱，它们有能力维持这样的巨额投入，从而加强它们的市场"护城河"，提高未来增长的潜力。

为什么新技术可以提高生产效率?

技术创新对于生产效率的影响是很重要的，这是因为它会影响整体的经济活动，从而对股票市场的总市值产生影响。近年来，在经历了多年的缓慢增长后，我们终于看到了一些生产效率改善的迹象（见图表 11.8）。一些学者认为，这可能一部分是由于疫情带来的一次性影响，另一部分也可能是由于 J 曲线效应。[①] 这正是一些如互联网或人工智能等新兴科技在得到充分利用前，需要大量持续投资的时候。

我们有理由相信，在过去几十年中，生产效率被低估了。这是由于经济中的很多"免费"商品的增长并没有被全部计算进去。高盛的经济学家指出，复制一台现在智能手机的主要基本功能，

[①] Brynjolfsson，E.，Rock，D. and Syverson，C.（2021）. The Productivity J-Curve：How intangibles complement general purpose technologies. *American Economic Journal：Macroeconomics*，13（1），pp. 333 - 372.

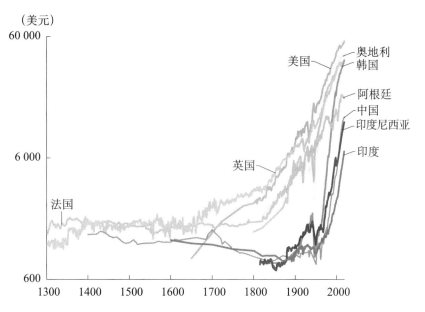

（美元）

图表 11.8　新技术提高了生产效率：按照不同时期的物价
（即通胀水平）和不同国家间物价差异调整后的人均 GDP 比较，
以 2011 年的美元为基准（对数值）

资料来源：Our World in Data.

需要 10 种以上的设备和 3 000 美元，但是，这样的复制并没有考
虑到手机中一些免费的数字化产品，如谷歌地图、手机相机和
Snapchat 等。它们所带来的经济活动增加就可能被低估了。[①] 在一
个实验中，埃里克·布林约尔松（Erik Brynjolfsson）等实验人员让

———————————

　　①　Hatzius，J.，Phillips，A.，Mericle，D.，Hill，S.，Struyven，D.，Choi，D.，et al. (2019). Productivity Paradox v2.0：The price of free goods. Goldman Sachs Global Investment Research. Available at https：//publishing.gs.com/content/research/en/ reports/2019/07/15/d359dbb5-88ce-4cfb-8fdd-e7687bf2b4e1.html.

一些消费者在放弃社交软件和支付现金罚款之间做个选择。[1] 按照实验参与者的中位数所评估的社交软件价值，数万亿美元的消费者剩余没有被测算。

历史上有充分的证据表明，以前的技术浪潮所带来的生产效率的提高和经济活动的增加，比人们通常所认为的要慢。例如尽管詹姆斯·瓦特（James Watt）1774 年就成功销售了第一台蒸汽机，但直到 1812 年才出现了第一台商业上成功的蒸汽机车，而且直到 19 世纪 30 年代，英国的人均产值才开始加速增长。这是由于技术所带来的影响会受到网络效应的制约。煤炭运输虽然最终极大地推动了经济的增长和生产效率的提高，但在交通运输网络没有建设好以前，也难以全面铺开。同样地，也只有当用户量达到足够大时，切换到新的能源才能收回前期投资的高额固定成本。同时，采用蒸汽动力，需要建造工厂、修建运河，才能方便运输原材料和成品。与此类似，由内燃机向电气化的转型从技术上来说可行，但在全面普及前就需要建立综合的电力供应系统和充电站。

在 19 世纪 80 年代电气化时期也可以看到与之相似的情况。一直到 20 世纪 20 年代人们重新设计并建造了工厂之后，电力创新才带来了实质性的生产效率的提高。[2] 20 世纪 80 年代，出于对当时经济增长过慢的担忧，市场对科技企业的估值普遍偏低。诺贝尔

① Brynjolfsson, E. , Collis, A. and Eggers, F. （2019）. Using massive online choice experiments to measure changes in well-being. *Proceedings of the National Academy of Sciences*, 116 （15）, pp. 7250 - 7255.

② Crafts, N. （2004）. Productivity growth in the Industrial Revolution: A new growth accounting perspective. *The Journal of Economic History*, 64 （2）, pp. 521 - 535.

经济学奖得主罗伯特·索洛（Robert Solow）在 1987 年曾说道：
"你到处都能发现计算机时代的踪迹，除了生产总值的统计数
据。"[1] 直到 20 世纪 90 年代，许多经济体见证了科技所带来的生
产效率的显著提升，这样的担忧才逐渐消退。

在当今的信息科技革命之后也出现和上述相似的情形，是完
全有可能的。[2] 如果真的出现这一情况，这场科技革命目前尚不能
大幅提高现在的生产效率也是可以理解的。[3]

互联网世界的低生产效率

上一轮周期所带来的生产效率提高，有些令人失望。有些人
认为这是一个悖论，如果这些技术的影响是很有限的，那么相关
股票的价格必然被高估，超过了它们原有的潜力。但是，对于当
前的后现代周期而言，其实也有一些值得我们对生产效率提高的
前景更乐观的理由。

首先，企业部门向电商及其他生产效率更高的行业持续转移，
应该可以创造更高的收益。其次，办公的数字化以及向办公室和
家庭混合式办公的转变，可以有效减少通勤和差旅的时间，从而
提高生产效率。再次，如在历史上其他技术浪潮中所看到的那样，

---

① Roach，S. S.（2015）. Why is technology not boosting productivity? Available at
https：//www. weforum. org/agenda/2015/06/why-is-technology-not-boosting-productivity.

② David，P. A. and Wright，G.（1999）. General purpose technologies and surges
in productivity：Historical reflections on the future of the ICT revolution. Paper presented
at the International Symposium on Economic Challenges of the 21st Century in Historical
Perspective，Oxford，2 – 4 July.

③ Mühleisen，M.（2018）. The long and short of the digital revolution. *Finance
and Development*，55（2），art. A002.

资金成本的上升有助于淘汰那些本身盈利能力较差的企业，从而加快技术发展中"创造性破坏"的进程。最后，也许是最重要的，虽然在后金融危机时期，技术更专注于提供那些"有会更好"的产品，而不是很多解决问题所"必须有"的产品，但下一轮周期却很可能会由这些聚焦于解决问题的技术所驱动。

从"有会更好"到"必须有"

在过去 15 年中，增长最快的一些领域是：社交媒体、搭建的平台型企业，以及为了交易更方便而开发的应用程序。根据 RiskIQ 最近的一份报告，全世界移动应用程序的数量已经达到了惊人的 890 万个。[①] 当然，并不是所有的应用程序都是由新企业开发的，有些应用还是为了服务原有业务。例如，许多应用搭建了企业与数字化平台的连接，让用户可以通过应用订购现有的产品，如外卖。这些无疑是很有用的，但在很多情况下，客户所购买的底层商品并没有发生变化。送货上门的模式常常用的是电动自行车，实际上并不比一个世纪前更复杂。此外，根据 Statista 的统计，在 2022 年下载的所有应用程序中，超过 60％ 是游戏，而这些并不会提高社会生产效率。[②] 新技术使用的规模太大了，一些企业不得不限制员工在一些特定时间查收电子邮件的数量，来减轻他

① RiskIQ (2021). 2020 Mobile App Threat Landscape Report：Tumultuous year bred new threats，but the app ecosystem got safer. Available at https：//www.riskiq.com/wp-content/uploads/2021/01/RiskIQ-2020-Mobile-App-Threat-Landscape-Report.pdf.

② Armstrong，M.（2023）. Games dominate global app revenue. Available at https：//www.statista.com/chart/29389/global-app-revenue-by-segment/.

们的工作压力，提高生产效率。[①]

随着我们进入后现代周期，一些新的重大挑战使得我们更加关注那些能够提供问题解决方案的技术进步。尤其是，出于对能效和碳减排的关注，人们会加大对有助于提升效率的高科技企业的投资，而非提供消费产品的企业。

同时，人口老龄化和大幅下降的劳动参与率，也会激励企业加大在机械化和用技术替代劳动力方面的投资。

生产效率与人工智能的影响

当今最重要的技术革命浪潮也许是在人工智能和机器人领域。新兴的大语言模型的推广速度令人震惊。根据 Statista 的统计数据，ChatGPT 的下载量达到 100 万次仅用了 5 天时间，相比之下，Netflix 达到相同的下载量却用了 10 倍的时间。

这样的一些创新会带来两个潜在的影响。首先，会对许多现在市场上的岗位造成冲击，甚至取代它们。其次，提高生产效率并推动经济增长，有可能进而提高多年没有变化的实际收入。如果这成为现实，那么实际收入的增长很可能将创造一系列新的子行业，并带来新的就业机会。

关于对现有工作岗位的破坏，初看之下前景似乎令人担忧。高盛的经济学家们认为，人工智能通过实现自动化，可能将取代多达四分之一的现有工作，即 3 亿个全职工作岗位。不过，我们不必过于担心。人工智能所引起的工人失业，通常会被它所创造

---

① Clark, P. (2023, June 3). The dismal truth about email. *Financial Times*.

的新行业或新工作机会所抵消。这些新的行业是我们在眼下很难想象的，例如健身行业或者餐厅就餐的爆炸性增长。最重要的是，他们认为人工智能既能带来劳动力成本的节省，还能提高工人在现有工作岗位上的生产效率，两者结合可以提高未来生产效率进步的前景，进而可能推动经济的高速发展，尤其是，如果在未来几十年中几乎免费的可再生能源的利用成为现实的话。他们估计，在广泛普及后的十年中，仅在美国人工智能每年所能带来的总产值增加接近 1.5%。因而，人工智能可能最终将使全球 GDP 增加的 7%。[①]

支持这一点的是，最近的一项研究显示：自 21 世纪 10 年代深度学习技术出现以来，训练计算（即用于训练人工智能模型的计算数量）大约每 6 个月翻一番。[②] 这还不到摩尔定律所示的翻倍时间的三分之一，而摩尔定律在过去六十年中都是很有效的。[③]

美国国家经济研究局最近的一篇工作论文研究了 5 179 名客服代表使用基于人工智能的会话助手后的数据。[④] 他们发现，使用该工具平均提高了 14% 的工作效率（以每小时解决的问题数量衡量）。他们还发现，这个工具对新手或技能水平较低员工的效果更

---

① Hatzius, J., Briggs, J., Kodnani, D. and Pierdomenico, G. (2023). The potentially large effects of artificial intelligence on economic growth (Briggs/Kodnani). Goldman Sachs Global Investment Research. Available at https://publishing.gs.com/content/research/en/reports/2023/03/27/d64e052b-0f6e-45d7-967b-d7be35fabd16.html.

② Sevilla, J., Heim, L., Ho, A., Besiroglu, T., Hobbhahn, M. and Villalobos, P. (2022). Compute trends across three eras of machine learning. arXiv: 2202.05924.

③ Moore's law suggests that the number of transistors on a microchip doubles roughly every two years and, with it, the speed and capability of computers.

④ Brynjolfsson, E., Li, D. and Raymond, L. (2023). Generative AI at work. NBER Working Paper No. 31161.

好。一定程度上这是由于这个工具主要将有经验员工所知道的传授给了新员工，帮助他们更快地进步。此外，人工智能助手也让客户的感受更好，还有助于提高员工的留任率。这是一个不错的例子，它展示了人工智能技术所带来的效率提升，以及如何惠及传统非科技企业，帮助它们利用人工智能工具来提高生产和工作效率。下一章中，我还将探讨传统经济将来的发展前景。

人工智能和技术发展的 PEARLs 框架

在技术创新快速发展的背景下，是否有一种方法可以用来判断谁是赢家或输家？一种考虑这个问题的方式是建立一个框架，关注如何创新、如何应对和利用新的科技。为此，我们在高盛开发出了一个 PEARLs 框架，主要由以下几部分组成：

PIONEERS（先锋者）—— 早期的创新者。

ENABLERS（赋能者）——那些帮助创新者将新技术商业化的企业。

ADAPTORS（适应者）—— 通过调整原有的商业模式，来适应新技术商业化的其他行业的企业。

REFORMERS（改革者）——利用新技术并将其规模化，重塑和颠覆其他行业的新入行的企业。

LAGGARDS（落后者）——对创新反应迟缓的企业，被竞争对手超越，或淘汰。

先锋者

创新者首先通常会受益于自身股价的升值。他们是新技术的创造者，或者说是在技术研发上投入最大的企业，通常是最容易识别的。如我们所见，这类企业到目前为止的表现是最好的，尽管它们的估值并不那么高，但是现金流通常比以前周期中的许多创新者更好。

然而，虽然先锋者可能是最容易在早期被识别出来的，但它们往往并不是最大的受益者。经常会出现一些更加敏锐的新进入者，来篡夺创新的领导地位。即便如此，最初创新的企业仍然是成功的。比如，互联网搜索引擎行业就是这样的一个例子。但是，从原始技术中衍生出的二级创新，则往往来自后来的先锋者。这些后续创新可以引发一个全新的产品线，甚至是新行业的出现，并带来极大的增长。当然，这些在技术发展的早期是很难发现的，但是它们却可以借此成为行业巨头中的一员。互联网领域的一个例子是智能手机和社交媒体企业的出现。

赋能者

帮助促成技术变革的企业对于新技术商业化的成功至关重要。对于当前的人工智能浪潮来说，这些企业就包括了对人工智能技术普及至关重要的许多芯片制造商。随着新技术的规模化和商业化的初步验证，这些赋能者像先锋者一样通常很容易被发现。但是，对于在这些企业上的长期投资的影响却通常不是很明确。例如，在互联网革命中，如果没有通信企业，就不可能实现互联网的商业化和大规模应用。这些企业搭建了所需的基础设施，而且投资了互联网的建设。很多人认为，通信企业拥有"通道"，因而会获得高额的回报，但最终却是其他企业（和消费者）从中受益了。不仅如此，由于通信企业在购买频段许可证时竞争激烈，而且承担了大部分基础设施建设的成本，所以最后它们没能达到足够的投资回报率，来证明当初高估值的合理性。

如图表 11.9 和图表 11.10 所示，在一段时间内，这些通信企业的股价涨幅与科技行业一样多，于是股价变得很高。但是，绝大多数的通信企业都没能赚来足够高的投资回报。

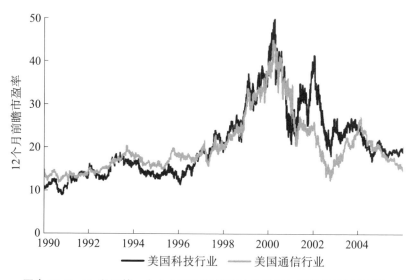

图表 11.9   21 世纪第一个十年美国通信板块的涨幅与科技板块相差不多
资料来源：高盛全球投资研究。

许多最终的受益者并不是技术的赋能者，而是那些技术创新企业，或者在新技术一出现就积极利用新技术的企业，比如平台型商业中的创新者，就是通过利用新技术颠覆了现有的业务模式而抢占了市场份额，像共享单车和打车软件，或者是基于新应用程序的商业模式创新者，它们在互联网铺开以前是不存在的。

但是，一些其他的技术赋能者，如半导体板块则股价表现良好，我们认为在人工智能领域可以是这种情况。这样的差异在很

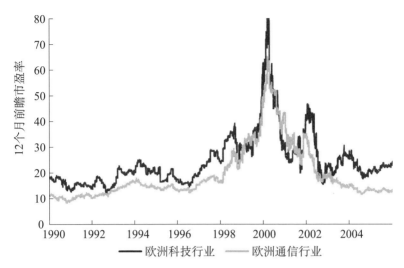

图表 11.10　21 世纪第一个十年欧洲通信板块的涨幅与科技板块相差不多
资料来源：高盛全球投资研究。

大程度上反映出了不同行业的进入壁垒。最关键的问题是，这些企业通常需要投入大量资本，之后是否能产生足够的投资回报来验证它们估值的合理性。

适应者

适应者是指科技行业以外的一些企业，它们应用新技术，并改变了原有的商业模式。这些企业能否成功也是不明确的。例如那些通过使用人工智能工具改善医疗和教育服务的企业，以及利用人工智能技术重构业务模式、降低成本的企业，也许最后会成为大的赢家。在新业务增长方面的创新，如数据和事实核查，最终可能也会蓬勃发展起来。最后，大多数好处都会以更便宜的新服务的方式，返还给消费者们。如果一个成熟行业中的所有企业都利用新科技来提高效率，那么它们之间的相互竞争通常意味着最大的赢家将会是消费者，以及那些商业模式能从人们增加的休闲时间和更高的可支配收入中受益的企业。

最后，行业竞争的激烈程度和执行效果的影响都是很大的。例如在20世纪80年代和90年代，绝大部分行业的大多数企业都从使用大型计算机，转而面向个人电脑。由于这些变化提高了生产效率，降低了成本，所有的企业都在这么做。于是，这里主要的受益者就成了消费者。互联网革命时期发生的情况也大致一样。绝大多数非科技行业的企业都"上网"了，变得效率更高，服务半径也更广了。由于几乎所有的企业都这么做，竞争就导致大部分的获益都以价格更低和服务更好的方式流向了消费者。尽管如此，许多行业都还是出现了一家领导企业。这可能是由于它开始的时候就规模更大，或者是因为它做得更好。以零售业为例，大多数企业都有网站，但在许多国家，只有少数几家企业在全渠道销售上做得更好，于是随时间推移就领先了其他竞争者。

改革者

改革者通常是那些不受过去成本拖累的新市场参与者。这样的企业可以利用新技术，打造一个比现有竞争对手更具规模化效应的新商业模式，从而颠覆一个成熟的传统行业。这样的例子就包括了零售业中的亚马逊、共享汽车应用程序和线上银行。随着一个行业的主流商业模式和利润形态被重塑，这些企业就抢占了原有竞争者的市场份额，从而实现了自身收入的快速增长，于是它们的企业价值也就越来越高了。

落后者

这些企业通常被认为是隐身了。也许因为这些企业曾在行业中占据主导地位，但不管是什么原因，它们在行业发生变革和需要紧跟新技术发展时，反应太迟缓了。这些企业的估值往往很高，而且很容易被更加灵活、技术创新的竞争对手所取代，所以它们估值下调的风险也是最大的。历史上许多知名度很高的企业，都曾经在其行业中占据不可动摇的领先位置，但后来由于被行动更敏捷、拥有更新更优的技术的企业所超越，而最终走向衰落。

柯达（Kodak）就是一个很好的例子。据说它在 1975 年发明了第一台数码相机，但该产品被拒绝推向市场，因为管理层担心它将对胶卷市场造成负面的冲击。最终，柯达在 2012 年申请破产（见图表 11.11）。宝丽来（Polaroid）的命运也与此相似。20 世纪 60 年代和 70 年代初，宝丽来在即时摄影市场上占据了垄断地位。它还在美国胶卷市场上占了约 20% 的市场份额，在相机市场上则占了 15% 的市场份额。尽管宝丽来确实也曾投资了数码照相技术，但它始终坚信印刷照片才是占主导的，于是在面对洪水般涌入的大量新进入者时，它失败了（见图示 11.12）。

施乐公司（Xerox）是第一家发明个人电脑的企业，但其管理层认为个人电脑商业化的成本太高了，所以不可行。他们相信企业的未来仍是复印机，因为它们在 20 世纪 70 年代占据了复印机市场 95% 的份额。

百视达（Blockbuster）曾是一家成功的录像带租赁企业，它成功地从 VHS 转到了 DVD，但却没有转向流媒体。2000 年，

图表 11.11　柯达在 1975 年发明了第一台数码相机，
但在 2012 年申请破产：股价以其峰值为基准折算

资料来源：高盛全球投资研究。

Netflix 曾提出与百视达一起合作，希望百视达在其门店中宣传 Netflix 品牌，而 Netflix 则负责运营百视达的线上业务，但是这一提议被拒绝了。百视达于 2010 年申请了破产。

诺基亚曾经一度拥有全球手机市场 40% 以上的份额，占芬兰股市总市值的 70%，约占芬兰 GDP 的 4%。但是，该企业没能跟上智能手机技术的发展，并最终在 2013 年将其手机业务卖给了微软。在此之后，它收购了阿尔卡特-朗讯（Alcatel-Lucent），业务重心转向通信基础设施领域（见图表 11.13）。

戴尔也没能跟上技术革新和消费者需求。创新领域从企业转向了消费者，主要的计算终端也从桌面电脑转变为智能手机和平板电脑。云服务的大幅增加，减少了大多数企业所需的硬件量。因此，戴尔落后于了其他一些企业，如苹果、亚马逊和微软等。

图表 11. 12　宝丽来在即时摄影市场拥有垄断地位：股价以其峰值为基准折算
资料来源：高盛全球投资研究。

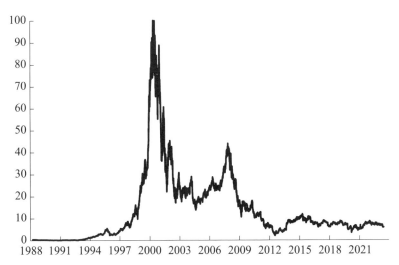

图表 11. 13　诺基亚没能跟上智能手机技术的发展：股价以其峰值为基准折算
资料来源：高盛全球投资研究。

但是，也有一些因新进入者涌入和技术革新而导致股价崩塌的行业领导者，确实学会了适应，并积极进行业务转型。例如2000年3月，思科（Cisco）当时是世界上市值最高的企业，总市值超过5 000亿美元，这主要得益于它在互联网协议领域的主导地位，但是后来它的股价崩溃了。于是，思科积极应对，在保持与原有业务一定的相关性的同时，将业务转向了如在线视频、数据服务等领域。不仅是思科，微软（见图表11.14）和爱立信等企业也曾进行过类似的转型。

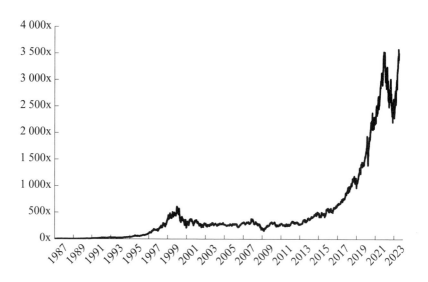

图表11.14　微软在互联网泡沫后的股价表现低迷，之后迅速反弹：
自上市以来的股价回报率情况（1x = 100%的回报率）

资料来源：高盛全球投资研究。

在新一轮的技术浪潮中，一些被视作"早期赢家"的企业，已经经历了企业价值的显著重估。它们可能是该领域中的先锋者，也可能是赋能者。随着新技术使用规模的扩大，这些企业可能会继续有优秀的表现。最终，二次创新的先锋者们，即那些在原技术的基础上再创造出新产品的创新者，也许会带来令人兴奋的投资机会。随着时间推移，在利用人工智能重塑行业的新改革者身上，我们也许可以找到更大的投资机会。在行业中具有最佳执行力的适应者，也很可能提供一个有吸引力的投资机会。然而，随着越来越多的企业采用人工智能的新技术，更多的好处就会被传递给消费者。能够抓住这一机会的企业，也可能获得比目前市场更高的收益。

第十二章

后现代周期："旧经济"中的机会

全球基础设施投资需求预计到 2040 年将达到 94 万亿美元。此外，为实现联合国在电力和水资源上的可持续发展目标，还额外需要 3.5 万亿美元。

——全球基础设施中心

每个时代都有其独特的问题，但在很多情况下，这也伴随着很多机会。随着我们进入后现代周期，人类面临一系列重大挑战。不断变化的地缘政治格局、现在工作岗位的未来前景、人口老龄化和环境问题，在可见的将来很可能会成为突出问题。

从投资者角度来看，我们将来要实现的终极目标令人感到无比激动。成功转型成零碳排放的世界，不仅能够显著改善人类健康状况，而且无论是从财务上还是地球资源上来看，都能将人们消耗的每单位能源边际成本降低到接近零的水平。根据国际能源署的估算，到 2050 年，尽管全球经济总量预计将比现在翻一倍，全球总人口也将增长 20 亿，但能源需求却将比今天低 8%。能源和资源利用效率的提升以及人类行为方式的改变，将有助于抵消能源需求的增长。同样，尽管人工智能的崛起由于太具颠覆性可能让人感觉不安，但它却蕴含着巨大的潜力，可以推动许多行业的发展和效率的提升。

"旧经济"中的机会

正如第八章中所讨论的，后金融危机时期股市中最大的机会之一，就是科技行业的出色表现。在很大程度上，这反映了当许多传统行业遇到产能过剩和收益率下降时，科技行业却实现了企业盈利的快速增长和高额的投资回报。对数字革命投入的大幅增加在很大程度上是以牺牲传统实体产业的投资为代价的。如图表12.1 所示，自全球金融危机以来，绝大多数经济体中企业资本性支出在销售额中的占比都大幅降低了。

由于全球需求相对疲软和供给过剩，很多大宗商品价格走低，因此压抑了与此相关的投资（见图表12.2）。

极低利率的宏观环境，通过为科技行业中的新企业提供充沛的流动性和低成本的融资，加强了上述趋势。那些自身不盈利且需要大量初期投入的企业很容易获得外部融资。由于低利率就意味着持有现金的机会成本（即现金可能产生的其他收益）是非常低的，所以这些企业久期长（是指通过企业经营盈利为投资者带来回报的周期很长）的问题，也就不再是投资的一个阻碍了。

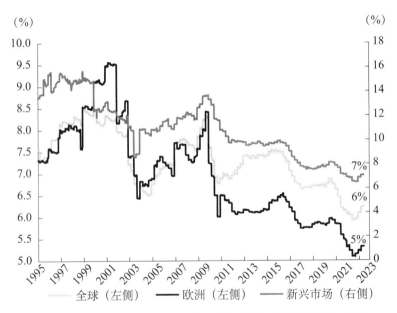

图表 12.1　自全球金融危机以来，绝大多数经济体中企业资本性支出在销售额中的占比大幅降低了：资本性支出在销售额中的占比
资料来源：高盛全球投资研究。

近十年或更长的时间以来，轻资产行业的股票表现明显好过更传统的资本密集型行业。而最近一段时间轻资产股票的表现不佳，主要反映了自2021年以来资金成本的提高（见图表12.3）。

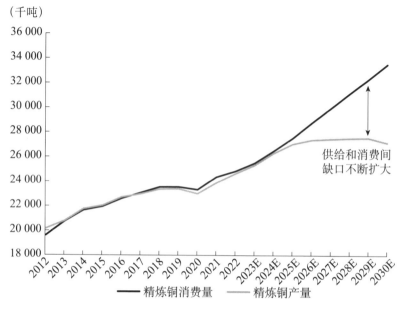

（千吨）

图表 12.2 能源和大宗商品现状抑制了与此相关的投资：
精炼铜的供给和需求

资料来源：高盛全球投资研究。

然而，这样的投资格局正在发生变化。现在许多新的、优先级更高的投资项目，如增加国防开支、寻找替代能源和碳减排，不仅项目本身的成本非常高，而且不能仅仅靠开发手机应用程序或软件来实现，它们需要在基础设施上投入大量资金。

国防支出

自 20 世纪 70 年代以来，全球国防支出总体呈下降趋势（见图表 12.4）。根据国际货币基金组织的数据，全球军事支出按照不加权的所有国家平均值来算，从 1970—1990 年冷战期间占 GDP 的 3.4%，下降到了全球金融危机后（2010—2019 年）的不到 2%。

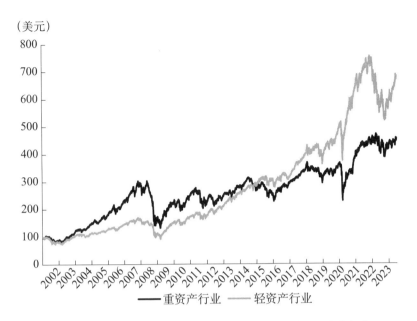

图表 12.3 过去一段时间,轻资产行业股票表现优于重资产行业:
全球的重资产行业和轻资产行业比较(价格收益)

注:重资产行业包括通信服务商、汽车及零部件、休闲用品、建筑及材料、一般工业、工业运输、工业材料、工业金属、矿产、石油、天然气、煤炭、替代能源、电力、燃气、水务。轻资产行业包括软件与计算机服务、技术硬件、医疗设备与服务、制药与生物技术、消费者服务、家庭用品、日用品、个人用品、零售商、饮料与酒类、食品生产、烟草、药品/便利店。

资料来源:高盛全球投资研究。

然而,这一趋势正在改变。根据斯德哥尔摩国际和平研究所的数据,2021 年,全球的国防支出增长到了 2 万亿美元,而俄乌冲突很可能进一步推高这一数字。[1]

---

[1] Marksteiner,A.(2022). Explainer:The proposed hike in German military spending. Available at https://sipri. org/commentary/blog/2022/explainer-proposed-hike-german-military-spending.

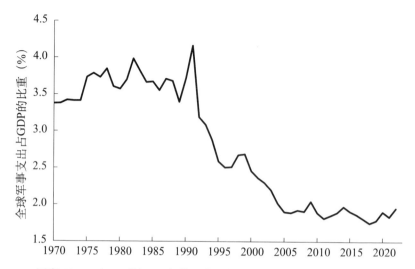

图表 12.4 自 20 世纪 70 年代以来，全球国防支出总体呈下降趋势：全球军事支出占 GDP 的比重变化

资料来源：斯德哥尔摩国际和平研究所军事支出数据库，国际货币基金组织。

　　加剧的地缘政治风险和俄乌冲突，使得许多国家纷纷转而提高国防支出。德国政府通过暂停其宪法对债务的限制，重新调整了冷战后的外交和国防政策，并设立了 1 000 亿欧元的特别基金，用于在未来几年实现武装力量的现代化。德国还表示，将增加对北约的国防支出，达到 GDP 的 2%，这意味着预算将提高近 30%，从 2021 年的 530 亿欧元增加到约 700 亿欧元。这次是德国在国防支出上的一次重大方向性转变，因为自 20 世纪 90 年代初以来，德国国防支出一直保持在其 GDP 的 1.0%～1.5% 之间。[①]

　　在美国，拜登总统也签署了一项 7 680 亿美元的国防授权法

---

① House of Commons Library (2022). Defence spending pledges by NATO members since Russia invaded Ukraine. Available at https://commonslibrary.parliament.uk/defence-spending-pledges-by-nato-members-since-russia-invaded-ukraine/.

案，将军事支出提高了5%，这比他最初提出的方案多出了近500
亿美元。这是因为民主党和共和党都认为，拜登的提案不足以对
抗中国和俄罗斯军事能力的提高。

日本也增加了国防预算，结束了其自二战后保持了六十多年
平稳的国防政策。2022年底，日本发布的新安全战略指出，"自
二战结束以来，日本所面临的安全环境前所未有的严峻和复杂"。
在接下来的5年里，日本计划花费43万亿日元，即3 130亿美
元，来加强其防御能力，日本的军事支出将提高到GDP的约
2%，与它自己之前所设定的上限GDP的1%相比，产生了实质
性的变化。另一个地缘政治发生转变的迹象是，《金融时报》的一
篇文章所讨论的日本的野心。日本希望通过与美国和其他盟友间
更紧密的合作，实现"自由开放的印度—太平洋，以达成'国际
关系新的平衡'"，这些都正在重塑全球的国防支出和供应链
体系。[1]

基础设施支出

另一个驱动资本性支出在实体经济中重新变得重要起来的因
素，就是急需升级的老化基础设施和为满足人口增长所需的新建
基础设施。这就引出了谁来付款的问题，以及如何才能让投资新
科技不仅从商业上来看是可行的，而且从投资成本的角度分析具
有足够的吸引力。不管怎么说，这样的投资需求显然早已存在。

根据全球基础设施中心和牛津经济研究院的数据，到2040年

---

[1]　Inagaki，K.（2022，December 16）. Japan scraps pacifist postwar defence strate-
gy to counter China threat. *Financial Times*.

全球人口将增加近 20 亿，而随着人口逐渐向城市迁移，城市人口数量将增长近 50%，这将推动基础设施支出的爆发式增长。[1] 他们估计，为了跟上经济发展和人口分布变动的步伐，到 2040 年，这项支出的规模可能将达到 94 万亿美元。如果要实现联合国的可持续发展目标，包括清洁水资源、卫生设施和电力方面的目标，预计这一数字将再上升到 97 万亿美元。这将需要将全球支出占 GDP 的比例从目前的 3%上升到 3.7%。

另外其他一些来源的预测也展现了与此相近的投资规模。根据麦肯锡全球研究所的报告，从现在到 2030 年，全球基础设施的建设和维护需要投入 57 万亿美元，这超过了当今全球基础设施的资产总值。[2] 这些投资仅仅是为了替换现有老旧的基础设施，这也反映了许多新兴经济体的人口增长所导致的全球人口增加，会给我们带来更大的挑战。

2022 年 4 月 26 日，在中国中央财经委员会会议上，习近平主席提出全面加强基础设施建设，构建现代化基础设施体系。他指出，中国的基础设施状况同国家发展和安全保障需要相比还不适应，并强调加强基础设施建设。在欧洲，基础设施建设也是欧盟复苏基金（European Recovery Fund）的一项关键内容。该基金是全面的财政一揽子方案，旨在帮助欧洲疫情后的经济复苏。据欧盟所说，"下一代欧盟计划"是旨在推动欧洲经济复苏的短期财政

---

① Global Infrastructure Hub（2017）. Global infrastructure investment need to reach USD97 trillion by 2040. Available at https：//www. gihub. org/media/global-infrastructure-investment-need-to-reach-usd-97-trillion-by-2040/.

② McKinsey Global Institute（2013）. McKinsey：57 trillion dollar for global infra-structure. Available at https：//www. consultancy. uk/news/153/mckinsey-57-trillion-dollar-for-global-infrastructure.

方案,它与长期聚焦于气候变化和数字化转型等领域的政府支出方案相结合,就组合成了"欧洲有史以来最大的财政方案,价值超过 8 000 亿欧元"[1]。

与绿色相关的支出

或许最显著的投资支出变化将来自碳减排。在这方面基础设施建设的规模将是巨大的。按照国际能源署所说:"这需要彻底转变我们的生产和运输方式。"[2]

根据能源转型委员会的数据,到 2050 年,仅是全球经济实现零碳净排放目标所需的资金投入就高达 3.5 万亿美元,是目前每年约 1 万亿美元支出的三倍。委员会估计,其中约 70% 的资金需要用于低碳发电、电力转换和电力输送。降低对化石能源的投资,可以抵销这些投资中的一部分。他们估计,这将使得未来 30 年中每年的净成本降低到大约 3 万亿美元。[3]

承诺在未来几十年内实现零碳排放的国家越来越多。但是,根据国际能源署最近的报告,即使各国都完全兑现各自的承诺,到 2050 年也不足以将全球能源相关的二氧化碳净排放量减少到零。只有净排放减少到零,才能有助于防止全球地表温度比工业

① European Commission (2021). Recovery plan for Europe. https://commission. europa. eu/ strategy-and-policy/recovery-plan-europe _ en.

② International Energy Agency (2021). Net Zero by 2050:A Roadmap for the Global Energy Sector.

③ Energy Transitions Commission (2023). Financing the transition:Making money flow for net zero. Available at https://www. energy-transitions. org/publications/financing-the-transition-etc/.

化前上升 1.5℃。[1]根据报告，能源企业需要从今年开始就停止所有的新油气勘探项目，以防止全球变暖。此外，还需以前所未有的力度扩大在低碳技术领域的投资——从现在到 2030 年，每年的能源投资需要从当前约 2 万亿美元，增加到 5 万亿美元。

报告还提供了能源供给和需求的细分情况。到 2050 年，煤炭、石油和天然气的需求将分别下降 90%、75% 和 50%。太阳能将成为最大的单一能源来源，满足全球能源需求的 20%。

能源利用效率的提升意味着，到 2050 年，尽管全球经济可能增长一倍以上，但能源需求将比现在低约 8%。电力的使用将变多，到 2050 年约占全部能源消费的一半。

好消息是，按照联合国的数据，为达到气候目标要求，确保全球许多新基础设施项目的启动并不需要太多投入。但是，关键问题是新项目的前期成本会更高，尽管很大程度上它们可以通过项目后期的效率提升和燃料节省来抵消。根据联合国的测算，全球南方（Global South）将占全球基础设施投资的近三分之二，每年约 4 万亿美元，这些都需要国际资本的支持。尽管成本令人望而却步，然而好处是，新基建项目"可以引领建设起可持续的基础设施，从而'跨越'过去那些低效的、无序的、污染环境的基础设施"[2]。

尽管这些基建项目的规模看起来可能是非常大的，但只要激励措施和资金投入得当，仍然是可以达到的。别忘了，过去

---

[1] International Energy Agency (2021). Net Zero by 2050：A Roadmap for the Global Energy Sector.

[2] The New Climate Economy (2016). The Sustainable Infrastructure Imperative：Financing for Better Growth and Development.

十年中，我们已经见证了能源供给的一些重大转变。美国的页岩革命始于 2008 年，并在接下来的十年里让美国变成了世界上最大的石油和天然气生产国。页岩油现在的产量已经接近峰值水平了。未来十年中，美国不能再依靠页岩油作为其竞争优势了，所以投资新能源的动力就更足了，并将出台更多的激励政策。

高盛的石化行业分析师预测，基于可再生能源技术的能源供给可以达到页岩油的两倍。到 2032 年，通过"绿色发电"（70%，主要是太阳能和风能）和"绿色分子"（30%，主要是氢能和生物质能源），可提供的能源相当于每天 4 300 万桶石油，这在未来十年可以带动 3 万亿美元的基础设施投资。[①]

政府政策与支出

资本性支出用于更新现有的基础设施并满足碳减排的要求是一回事，但谁来付钱则是另一回事。也就是说，政府实施零碳排放的计划，以及更加关注 ESG 方面的要求，对投资圈产生了积极的影响，至少是在将资本引向正确的方向上。

虽然所需投资的大部分很可能来自私营部门，但也需要一些刺激措施才能激发这些投资。历史经验表明，投资增加更容易带来规模效应，从而降低新投资和技术的成本，加速技术发展的良性循环。

[①] Della Vigna，M.（2023）. The third American energy revolution. Goldman Sachs Global Investment Research. Available at https：//publishing. gs. com/content/research/ en/reports/2023/03/22/ 4b92c394-2af6-4119-b469-0117d9946b71. html.

近期取得的一些进展让人备受鼓舞。2022 年发布的《美国芯片与科学法案》，将"提供创历史的巨额投资，帮助美国工人、社会团体和企业赢得 21 世纪的竞争。它将主要用于加强美国的制造业、供应链和国家安全"[①]。随着经济从疫情中逐步恢复、地缘政治局势日渐紧张，各国都越来越关注国家安全和供应链的韧性。2022 年的《美国通胀削减法案》是迄今为止最具雄心和最重大的政府干预政策。[*] 美国国会预算办公室预计，该法案中能源和气候条款所影响的预算，在 2022—2031 年间总计达到 3 910 亿美元。这其中包括了约 2 650 亿美元的税收抵免，用于激励对可再生能源和低排放燃料的投资。更重要的是，激励政策的设计能使得大部分的清洁能源产业在规模化生产后都可以实现盈利。这既覆盖了可再生电力行业，如太阳能、风能、储能和电动汽车，也包括了可再生分子产业，如生物能源、氢能和碳捕捉。而且它还鼓励人们选择更加绿色环保的交通出行方式，提高家庭的能源使用效率。

根据高盛的分析师的预测，《美国通胀削减法案》需要美国政府从现在到 2032 年共花费近 1.2 万亿美元，这是美国国会预算办公室所估计规模的三倍。但是，重要的是，从现在到 2032 年，这可能将带动约 3 万亿美元的基础设施投资，是原有投资规模的 2.5 倍。

考虑到美国的这一法案有保护国内制造业的含义，于是作为

---

① The White House (2022, August 9). FACT SHEET: CHIPS and Science Act will lower costs, create jobs, strengthen supply chains, and counter China.

* 原文为 2002 年，但结合上下文，这里应为 2022 年，很可能是作者笔误。——译者注

回应，欧洲也出台了类似的政策——《绿色净零工业法案》。正如长期以来各国争相降低企业税负来吸引投资一样，现在对于那些推动社会向净零碳排放转型的新兴技术，它们也采取了相同的做法，争相为其提供政府补贴和税收减免。

欧洲版本的政策主要聚焦在了三个核心方面。首先，通过简化政府审批流程，加快对可再生能源的投资。其次，关注"欧洲制造"，希望尽可能抵消因被《美国通胀削减方案》政策吸引而迁往美国的那些欧洲制造企业所带来的负面效应。具体做法是，欧盟委员会建议至少40%的清洁能源相关设备应在欧洲本地生产，同时还配套出台了一项《关键原材料法案》，以解决关键原料的采购问题。最后，欧盟还批准了3 750亿欧元的基金，通过政府拨款、税收抵免、直接投资和贷款的方式来提供支持，不过这个基金并没有被包括在支持疫情后欧洲经济复苏的政策法案中。从规模大小和覆盖范围上来看，欧盟这一方案与《美国通胀削减方案》差不多，因此这两项政策加起来预计共可拉动高达6万亿欧元的投资。正因如此，到2050年，预计可再生能源将占到欧盟总发电量的80%～90%，其余部分通过电池、氢能和碳捕存技术来满足。

这标志着近年来欧洲整体投资不足的情况将发生重大转变（尽管近年来欧洲在可再生能源方面的投资已显著增加）。如图表12.5所示，虽然美国和欧洲的整体资本性支出一直保持基本稳定，但一篮子欧洲可再生能源企业的资本性支出却逆势增长。不仅如此，全球的可再生能源行业整体上也呈现出类似的投资增长的趋

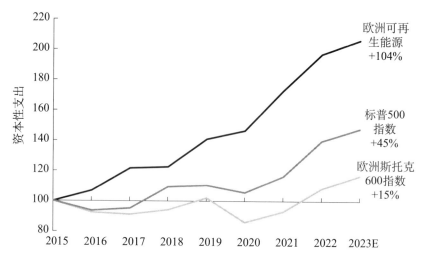

**图表 12.5　尽管美国和欧洲的整体资本性支出一直保持基本稳定，
但一篮子欧洲可再生能源企业的资本性支出却逆势增长了：
以 2015 年的资本性支出额作为基数 100**

资料来源：高盛全球投资研究。

势（见图表 12.6）。[①]

大宗商品支出

另一个能吸引投资的领域就是大宗商品市场。在碳减排的整体战略下，这看起来似乎有些违背直觉。但是，在逐步过渡到零碳排放经济的过程中，对能源的整体需求量仍会持续增加。所以，在可再生能源产量足以满足人们的需求前，对于现有能源的需求

---

① Jaisson，G.，Oppenheimer，P.，Bell，S.，Peytavin，L. and Ferrario，A. (2021). Renewables and other companies investing for the future. Goldman Sachs Global Investment Research. Available at https：//publishing. gs. com/content/research/en/ reports/2021/06/08/08d49f00 – f091 – 4c9b – ab64 – b0a398023f33. html.

（十亿欧元）

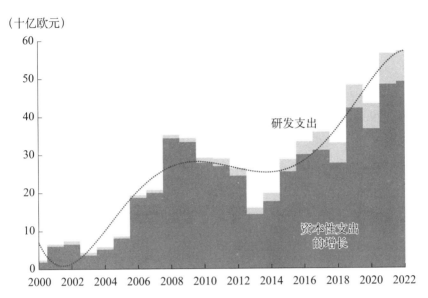

图表 12.6　全球可再生能源行业也呈现出类似的趋势：
一篮子全球可再生能源企业的资本性支出和研发支出

资料来源：高盛全球投资研究。

仍将继续增长。于是在这一阶段中，大宗商品市场预计会经历较长的超级周期。例如，比尔盖·埃尔滕（Bilge Erten）和何塞·安东尼奥·奥坎波（Jose Antonio Ocampo）的分析指出：自 19 世纪以来，已经出现了多次大宗商品的超级周期。[1]

2008—2009 年的全球金融危机导致了全球需求侧的崩塌，中断了这轮超级周期。标准普尔高盛商品指数是大宗商品投资的一个参考指标，也是长期市场表现的一个衡量标准。它在随后十年中下跌超过了 60％。大宗商品价格的大幅下跌、极低的资本回报

① Erten，B. and Ocampo，J. A.（2013）. Super cycles of commodity prices since the mid-nineteenth century. *World Development*，44，pp. 14 - 30.

率以及 ESG 政策的要求，使得这一行业资金匮乏。这些导致了大宗商品供给的减少，而这又为新冠疫情后全球需求端恢复时商品价格的快速上涨创造了有利条件。

尽管有充足的理由需要减少对碳排放量高的大宗商品的投资，但讽刺的是，从以碳氢化合物为基础的经济向零碳经济的转型，却离不开各类原材料。比如，对于电动汽车、供暖、风能、太阳能以及储能而言，铜都必不可少。

此外，所谓对铜的"绿色需求"还会在电网改造时带来"二次效应"（见图表 12.7）。为建设可再生能源的基础设施，各国需要将电网数字化，以便更有效地利用和传输可再生能源。数字化电网可以实时监控当前电力的供需情况，然而它对铜的需求量也

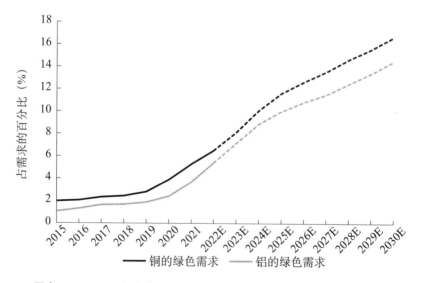

图表 12.7 2030 年之前，铜的绿色需求将占到新增铜需求量的 17%*
资料来源：高盛全球投资研究。

---

* 原书为 47%，疑有误。——译者注

很大。因此，对绿色项目需求的提升，很可能会增加对铜的需求。锂的情况也与此类似（见图表 12.8）。

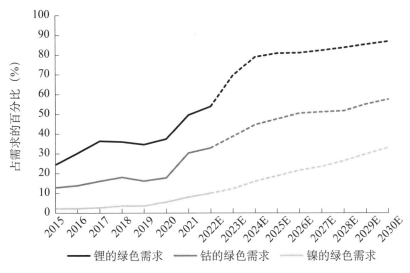

图表 12.8　到 2030 年，锂的绿色需求占锂需求量的近 90%
资料来源：高盛全球投资研究。

资本市场如何为爆炸式增长的资本性支出提供融资

尽管投资需求的规模大到令人望而生畏，但近年来已在加速增长。根据联合国贸易和发展会议的估算，全球资本市场中以可持续发展为主题的投资产品净值到 2020 年已增长到了 3.2 万亿美元，比 2019 年增加了 80% 以上。到 2020 年中期，以可持续发展为主题的投资基金数量已增至近 4 000 只，比 2019 年增加了 30%。同一时期，社会责任债券和混合可持续发展债券的规模增长了五倍，而这得益于如非洲开发银行和欧盟等超国家组织的推动。这些投资产品可以通过不同的融资工具，如可持续发展基金、绿色债券、社会责任债券和混合可持续发展债券等筹集所需资金，扩大投资。[①] 全球流入 ESG 基金的资金量也在持续上升，如图表 12.9 所示。

（十亿美元/月）

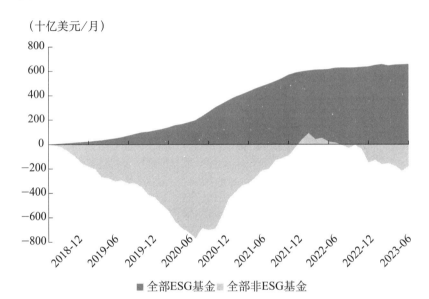

■全部ESG基金 ■全部非ESG基金

图表 12.9　全球流入 ESG 基金的资金量已在持续上升：
流入 ESG 基金和非 ESG 基金的累积资金量阴影区有所重叠

资料来源：高盛全球投资研究。

过去十年中，在鼓励企业管理层将气候变化纳入其战略计划方面，投资人扮演了越来越积极的角色。在 2011—2020 年间，与气候相关的股东会提案数量（即推动气候相关议题的股东会投票）几乎翻了一番，而且还在继续增加。根据 Proxy Insight 的数据，50％的股东会提案是针对能源企业的，另外还有 10％与向能源生产商提供贷款的金融机构相关。"2021 年是有关环境和社会的股东

———————

① United Nations. World Investment Report 2021.

会议案具有标志性意义的一年。这样的议案在股东会获得了创纪录的高支持率，而且发出了一个信号：投资人更倾向于反对管理层的提议。"[1]

这样的结果导致了许多传统能源生产商的资金成本提高，而这反过来又推动了传统能源行业的转型，许多传统能源企业现在开始投资新的清洁能源。[2]

未来的就业

将来的就业市场具有很大的不确定性。如第十一章所讨论的，人工智能的发展可能会对就业产生重大影响。许多发达国家的人口老龄化、全球南部地区的人口增长，加上碳减排的融资需求，将带来不少重大的挑战。但与此同时，它也会在经济的"新""旧"部门中带来很多机会。随着人工智能逐步取代许多现有的工作岗位，以后会出现其他一些新的工作机会。尽管人口老龄化在发达经济体中最为严重，但许多新兴经济体不久后也将经历劳动参与率的下降。这就突显了这些国家面临的债务融资困难，即使它们经济增长更快，人口也更多。同时，这也强调了人工智能和其他技术的应用将来在解决这些问题方面可能会发挥重要作用，以及随着这些技术发展，劳动力市场上的许多工作机会将如何变动。

① Smith, J. (2022a). Four key takeaways from the 2022 proxy season. Available at https://www.ey.com/en_us/board-matters/four-key-takeaways-from-the-2022-proxy-season.

② Nathan, A., Galbraith, G. L. and Grimberg, J. (2020). Investing in climate change. Goldman Sachs Global Investment Research. Available at https://publishing.gs.com/content/research/en/reports/2021/12/13/97ad6bdf-a7c0-4716-80f9-3ee5240036df.html.

根据美国劳工统计局的数据，预计美国经济在 2021—2031 年间将新增 830 万个工作岗位。这其中有很多岗位都是在传统经济领域，尤其是与护理行业相关。例如，卫生保健和"社会援助"部门预计将增加 260 万个岗位，比任何其他部门都多。其中增长最快的是家庭服务相关领域，这在很大程度上是由婴儿潮一代人口的老龄化和慢性病的高发病率所导致的。[①]

同时，绿色革命所需的基础设施方面的投资，也会带来更多的就业。清洁能源企业已经为电工、建筑工人、机械师等提供了大量与清洁能源相关的工作岗位。[②]

政治经济学研究所蓝绿联盟和马萨诸塞大学阿默斯特分校的最新研究表明，《美国通胀削减法案》将推动超过 100 个气候、能源、环境相关的投资项目。下一个十年中，仅在美国它们就将带来超过 900 万个新的工作机会。[③]

因此，虽然人工智能、机器人技术和其他科技发展可能会取代部分劳动力，但它们很可能会在传统行业中创造新的工作机会。此外，许多新岗位会是现在不存在的与服务相关的工作。根据由未来研究所及一个技术、商业和学术专家小组共同编写的、2018 年由戴尔科技发表的一份报告，2030 年有 85％的工作岗位到目前

---

① U. S. Bureau of Labor Statistics (2018). Employment projections: 2018 - 2028 summary. Available at https://www.bls.gov/news.release/archives/ecopro_09042019.pdf.

② Climate Power (2023). Clean energy boom: The 142016 (and counting) new clean energy jobs across the United States. Available at https://climatepower.us/wp-content/uploads/sites/23/2023/04/Clean-Energy-Boom-Report-%E2%80%94-April-2023.pdf.

③ BlueGreen Alliance (2022). 9 Million jobs from climate action: The Inflation Reduction Act. Available at https://www.bluegreenalliance.org/site/9-million-good-jobs-from-climate-action-the-inflation-reduction-act/.

还没被创造出来。[①] 虽然 2030 年这个时间点可能有些过于激进，但是，传统行业逐步引入新的技术和新工作方式，同时也会带来新的工作岗位和更多的就业机会，这一观点很重要。

别忘了怀旧的力量

关于"旧经济"还有最后一点思考。在后现代周期中，虽然技术在经济发展和市场中扮演的角色可能会越来越重要，但是，越是技术化，我们所抛弃的东西就越有价值。这看起来似乎是一个奇怪的观点，但历史告诉我们：那些取代了旧事物的技术，往往为那些看似已被淘汰的事物开辟出新的市场。在一个让人们越来越孤立、人与人的交流越来越数字化的世界中尤其是这样。营销专家越来越多地利用"怀旧营销"，这似乎对所谓的千禧一代特别地有吸引力。[②]

这样的趋势蔓延到了许多行业，并为新老企业都带来了显著的业务增长。对可持续发展的关注和对过去的兴趣共同创造了新的消费市场。根据 GlobalData 为 ThredUP（一家美国二手店）所做的研究，二手服饰业的增长速度是传统零售业的 11 倍。二手服饰业的全球市场规模预计到 2027 年几乎将翻一倍，达到 3 500 亿

---

① Dell Technologies (2018). Realizing 2030：A divided vision of the future. Realizing 2030：A divided vision of the future. Available at https：//www. delltechnologies. com/content/dam/delltechnologies/assets/perspectives/2030/pdf/Realizing-2030-A-Divided-Vision-of-the-Future-Research. pdf.

② Friedman, L. (2016). Why nostalgia marketing works so well with millennials, and how your brand can benefit. Available at https：//www. forbes. com/sites/laurenfriedman/2016/08/02/why-nostalgia-marketing-works-so-well-with-millennials-and-how-your-brand-can-benefit/.

美元。① 该趋势还在加速增长。ThredUP 指出：2021 年第一次尝试转卖衣物的消费者高达 1.18 亿人，而这一数字在 2020 年仅有 3 620万。同时，根据 Statistica 的报告，2021 年，42％的千禧一代和 Z 世代受访者表示，他们可能会购买二手物品。② 像 *Vogue* 和 *Harper's Bazaar* 这样的时尚杂志也注意到了这一趋势。③

还有其他一些利用这一现象的案例：索尼最近重新推出了随身听；电影《壮志凌云》（*Top Gun*）在 2022 年取得了票房的成功（这部电影的第一个版本是 1986 年的热门影片）；凯特·布什（Kate Bush）凭借她 1985 年的歌曲《奔向那山丘》（*Running Up the Hill*）〔来自《怪奇物语》（Stranger Things）系列〕荣登热曲榜首，这是她自 1978 年《呼啸山庄》（*Wuthering Heights*）以来的首个英国榜单第一名；ABBA 通过 *ABBA Voyage* 重燃了他们在 20 世纪 70 年代的成功，这是他们 40 年来的首张录音室专辑，并在伦敦举办了同名演出。这场演出是用四位乐队成员 20 世纪 70 年代全盛时期的虚拟形象制作的。演出大获成功，第一年就吸引了超过一百万观众观看"演唱会"。这是一个很好的例子，展示了如何利用技术创新开发怀旧市场。④

---

① ThredUP Resale Report（2023）. Available at https：//www. thredup. com/resale.

② Smith，P.（2022b）. Female consumer willingness to buy secondhand apparel by age worldwide 2019. Available at https：//www. statista. com/statistics/828034/willingness-to-buy-secondhand-items-by-age-worldwide/.

③ de Klerk，A.（2021，June 23）. Secondhand clothing market set to be twice the size of fast fashion by 2030. *Harper's BAZAAR*；Farra，E.（2020，November 21）. 2020 was a big year for old clothes：How vintage, secondhand, and upcycling took off. *Vogue*.

④ Kielty，M. K.（2023，April 19）. ABBA doesn't know how 'Voyage' show has succeeded. *Ultimate Classic Rock*.

对于颠覆的害怕往往被高估了。例如，当铁路在 19 世纪成为主导性技术时，人们担心不再需要马了。结果却是，铁路建成反而增加了对马的需求，因为货物仍需用马运送到火车站。[①] 这个“最后一公里的问题”与今天有相似之处，随着消费者需求被迁移到互联网上，就更加需要便捷的快递解决方案来满足它。

技术还有助于推动非高科技的副产品的发展。基于移动应用程序的业务模式，能快速扩大传统零售店的业务规模，使之服务更大的市场。社交媒体和网络购物的增长，导致了日益增长的网络安全问题，但它也为提供解决方案的企业开辟了新的市场。因此，解决新技术所产生的问题，是寻找新商机的好地方。

举个例子，人们越来越多地网购食品，但配送通常是通过摩托车、自行车和汽车这些旧有技术来实现的。网购其他消费品也是如此。但是这又反过来推动了新企业的产生，它们利用技术手段更有效地解决物流配送问题。

骑上你的自行车

城市中共享单车和共享滑板车的出现也有着类似的趋势。十年前，几乎没有人预测到自行车市场的稳步增长。2022 年全球自行车市场总值超过 640 亿美元，预计 2023—2030 年的年复合增长率为 9.7%。[②]

---

① Odlyzko, A. (2000). Collective hallucinations and inefficient markets: The British railway mania of the 1840s. Available at SSRN: https://ssrn.com/abstract=1537338 or http://dx.doi.org/10.2139/ssrn.1537338.

② Grand View Research (2023a). Bicycle Market Size, Share and Trends Analysis Report, 2023-2030.

或许更令人惊讶的是，自行车的销量居然比汽车更好。欧洲自行车工业联合会和欧洲自行车联合会对 30 个欧洲国家的分析表明：按照当前的发展趋势，到 2030 年，欧洲每年将可多卖出 1 000 万辆自行车，与 2019 年相比增长了 47％。依此计算，欧洲每年共可卖出 3 000 万辆自行车，这一数字将是每年汽车销量的两倍多。[①]货运自行车作为快递企业应对城市拥堵问题的一种方式，销售量很大。尽管现在很多自行车都是电动的，但它早在维多利亚时期就是许多企业使用的快递配送工具（见图表 12.10）。[②]

怀旧营销的价值在不断增长，之前就有过这样的先例。当电子手表在 20 世纪 70 年代出现时，人们普遍认为机械手表将会消失。但是这些担忧是没有必要的，传统的手表厂商重新打造了它们的品牌形象，并从品质和怀旧的潮流中受益了。今天，瑞士机械手表的市场价值约为 140 亿瑞士法郎。虽然石英表、电子表和智能手表陆续出现，机械手表却仍在市场上占有着一席之地。[③]

电影院也曾面临过类似的情况。20 世纪 80 年代出现了录像技术，之后 1997 年出现了 DVD。随着在家看电影越来越方便，人们预期电影院终将消失。然而，结果却是电影院重新进行了调整，并成为娱乐产业中一个快速增长的板块。预计 2023 年全球电影票房总收入将达到 150 亿美元以上，到 2027 年更将增长到 180 亿美

① Sutton, M. (2020, December 2). Annual bike sales to run at more than double new car registrations by 2030. *Cycling Industry News*.

② Market Prospects (2022). The rising popularity of cargo bikes. Available at https：//www. market-prospects. com/index. php/articles/popularity-of-cargo-bikes.

③ Shahbandeh, M. (2021). Swiss watch industry-statistics & facts. Available at https：//www. statista. com/topics/7813/swiss-watch-industry/.

**图表 12.10 20 世纪希隆代尔圣艾蒂安送货三轮车的一个广告：
来自法国圣艾蒂安武器与自行车法国制造厂的邮购目录印刷品**

资料来源：照片由 Art Media/Print Collector/Getty Images 提供。https：//www.
gettyimages. com/detail/news-photo/hirondelle-saint-etienne-delivery-tricycle-advertisement-news-
photo/463927375。

元以上。[①] 电影工作室通过院线和流媒体的结合创造了新的收入来源。

　　甚至黑胶唱片也在年轻一代中卷土重来。年轻人纷纷被复古
的魅力所吸引，2018 年仅在英国就卖出了超过 400 万张的上榜专
辑。[②] 根据美国唱片业协会的数据，这是自 1986 年以来美国黑胶

---

　　① Statista（2023）. Cinema tickets-worldwide. Available at https：//www. statista.
com/outlook/dmo/eservices/event-tickets/cinema-tickets/worldwide.

　　② Asprou, E.（2019，October 22）. Vinyl records to outsell CDs in 2019 for the
first time in 40 years. Classic FM.

唱片的收入第一次超过 CD 唱片。[①] 2020 年，黑胶唱片的销售额比前一年增长了 28.7%，达到 6.26 亿美元，虽然这只占总销售额的 5.2%。然而，CD 唱片的销售额却下降了 23%，至 4.83 亿美元，而且还在继续下滑。这是一个有趣的例子，说明了新技术是如何取代过时技术，而最终自己又被取代的。

HMV 唱片公司即将在伦敦重新开设一家旗舰店。[②] 这是"高街风格"的典型特质——快速变化而又通常不可预测。贩卖怀旧情怀的生意正在快速增长。根据谷歌的统计，2018 年与时尚相关的频次最高的网络搜索词正是"怀旧"。[③]

在 21 世纪这个高度数字化的世界里，几乎每个人都与互联网相关联，前沿科技的发展威胁即将取代不少企业和工作岗位。此时，一个销售历史品牌遗产价值的企业——LVMH，却成为全欧洲最大的企业，这是富有深意的。LVMH 成立于 1987 年，由两家老牌企业合并而成：路易威登（成立于 1854 年）和酩悦轩尼诗，而后者是在 1971 年由酩悦（香槟生产商，成立于 1743 年）和轩尼诗（白兰地生产商，成立于 1765 年）合并而来。根据其网站，该企业开发的品牌"完美地概括了几个世纪以来为我们的客户所做的一切"。在本书撰稿时，销售有历史的奢侈品牌的业务使 LVHM 的董事长兼首席执行官伯纳德·阿尔诺（Bernard Arnault）成为

---

① Friedlander, P. (2021). Year-end 2020 RIAA revenues statistics. Available at https：//www. riaa. com/wp-content/uploads/2021/02/2020-Year-End-Music-Industry-Revenue-Report. pdf.

② Foster, A. (2023, April 28). HMV's flagship Oxford Street store to reopen. BBC News.

③ Fashion Technology Accelerator (2022). Second-hand business growth: Vintage today. Available at https：//www. ftaccelerator. it/blog/second-hand-business-vintage/.

全世界第二富有的人，仅次于埃隆·马斯克（Elon Musk）。他的个人净资产估计超过 2 000 亿美元。[①]

随着技术的普及和个人对互联网依赖程度的加深，人们将会更加看重"真实性"以及人际交往的价值，而这可能会激起对于更简单的、前互联网时期怀旧生活的向往。在很多不同类别的产品中情况都是如此，甚至包括食品。例如，大视野研究公司（Grand View Research）的研究表明：所谓的"手工工艺"面包产品，在 2022 年的全球市场总值为 951.3 亿美元，2023—2030 年的预计年复合增长率为 5.7%。[②]

在一个快速变化和不确定的世界中，那些帮助消费者继续享受过去的"舒适感"的企业可能会在后现代周期中繁荣发展起来。

---

①　Forbes Wealth Team（2023）. The top ten richest people in the world. Available at https：//www. forbes. com/sites/forbeswealthteam/article/the-top-ten-richest-people-in-the-world/.

②　Grand View Research（2023b）. Artisanal Bakery Products Market Size，Share and Trends Analysis Report，2023-2030.

第十三章

结　论

过去总是令人紧张，但未来却很完美。

——扎迪·史密斯（Zadie Smith）

周　期

市场过去的历史既反映了周期的形态，也展现出了更加长期的趋势，或称超级周期。在《金融周期》一书中，我在回顾历史上的周期时提出了一些重要的指标，这些指标可以帮助投资者们分辨出市场上反复出现的规律，以及可能触发市场拐点的一些因素。而在这本书中，我将更多的关注点放在了长期趋势上。绝大多数的周期都存在于这些长期趋势中，并在其中演化和发展。

尽管不同时期的经济和政治环境通常有所差别，但股票市场的周期却往往会重复出现。过去 70 年的这几轮周期通常都可以被划分为四个不同阶段。每个阶段的主要驱动因素都有所不同，例如对未来经济增长率或估值变动的预期。

（1）绝望阶段。市场从顶峰到谷底的过程，也被称为熊市。一般在 14 个月内股价平均下跌约 35％。

（2）希望阶段。这通常是一个持续时间较短的时期，在美国平均为 9 个月。在这一时期，股市从估值底部反弹，市盈率也随之提高。它往往发生在预期经济即将复苏、未来利润即将增长的背景下，通常会导致市盈率的提高。在这 9 个月中，一般股价的平均年化涨幅为 67％。

（3）增长阶段。这通常是持续时间最长的时期，在美国平均为 49 个月。这一阶段，一般由企业盈利增长推动股价上升，产生回报。股价在 45 个月内平均年化涨幅为 7％。

（4）乐观阶段。这是一轮周期的最后一个部分。在这一阶段，许多投资者变得越来越自信，甚至可能有些自满。估值将会再次上升，并超过了企业盈利的增长，从而为下一次市场自我纠错奠定了基础。群体心理学在这一阶段的估值上升中扮演了重要的角色。一般股价在 21 个月内可以实现平均年化 34％的涨幅。

因此，绝望阶段是投资者在一轮周期中最应该避免的一个阶段。但是，熊市也有不同的类型：

● **结构性熊市**—— 由结构失衡和金融泡沫引发。在此期间，很多时候会伴随着一次"物价"冲击，如通货紧缩，以及因此引发的银行系统危机。结构性熊市平均下跌幅度大约为 57％，平均持续时间为 42 个月。一般要 111 个月，经济才能恢复到熊市开始时的名义值水平，恢复到实际值水平则需要 116 个月。

● **周期性熊市**——一般由利率上升、即将到来的经济衰退以及企业部门的利润下降所共同触发。它是经济周期的体现。周期性熊市平均下跌幅度大约为 31％，平均持续时长为 26 个月，恢复到熊市开始时的名义值水平大约需要 48 个月，而恢复到实际值水平则需要 61 个月。

● **事件驱动型熊市**——由一次性的冲击引发。这样的冲击既不会导致国内经济衰退，也不会在短期内破坏一轮周期的正常运行。常见的一次性冲击包括：战争、石油价格冲击、新兴市场危机或技术性的市场错位。这类熊市的主要驱动因素是风险溢价的提高，而不是一开始的利率上升。事件驱动型熊市平均下跌幅度为 29％，持续时间约为 8 个月。按照名义值来算，恢复时间约为 13 个月。如果要恢复到实际值水平，则需要 55 个月。

超级周期

短周期是很重要的，但长期趋势或超级周期往往对投资者回报起到决定性的作用。在本书中，我讨论了一些影响金融市场的关键基本面因素的长期趋势。这其中包括经济活动、通货膨胀、利率、政府债务和社会公平性。就金融市场本身而言，这些因素以及其他因素，如社会观念、政策和地缘政治的结合，将显著影响投资者的回报率水平。

总体来说，对于像股票这样的风险资产，一些长期趋势是"肥而平"的周期——在较长的时间里，在相对平坦的回报率区间上下震荡。而另一些长期趋势则是长期牛市——周期仍然存在，但整体市场是在上升的轨道中运行。

一般来说，"肥而平"的周期虽然也可能带来不错的投资机会，但是这时市场中个股的差异（alpha）比指数的波动（beta）更加重要。在这些"肥而平"周期中，投资者要尽量少地依赖估值提升作为主要的回报来源，而要更多地依靠公司分红和再投资的收益，随着时间积累带来复合回报。

对于大多发达经济体来说，从第二次世界大战结束到 2020 年间，主要经历了五轮超级周期。每轮都有不同的回报情况和主要的驱动因素。而这些是经济、政治和社会因素共同作用的结果。

● **1949—1968 年：在此期间总回报率为 1 109％，年化回报率为 14％。** 这是一个经济增长强劲、机构大量建立、地缘政治风险溢价较低的时期。婴儿潮和快速的技术变革推动了一轮强大的消费热潮。

● **1968—1982 年：在此期间实际总回报率为－39％，年化回报率为－4％。** 这是一个由高利率、高通胀、劳动纷争、全球贸易体系崩塌和政府赤字升高等因素共同主导的时期。

● **1982—2000 年：在此期间实际总回报率为 1 356％，年化回**

报率为 16%。这是被我称为现代周期的一个时期，因为它比此前的传统周期持续时间更长、波动性更小。这一时期的主要驱动因素是通货膨胀和资金成本的下降。经济中的供给侧改革提高了企业利润率。苏联解体使得全球风险溢价都降低了，并开创了全球化的时代。

● **2000—2009 年：在此期间实际总回报率为−58%，年化回报率为−9%。** 这是一个由资产泡沫主导的时代。2000 年科技股泡沫的破灭，主导了本轮超级周期的第一部分。利率的降低为此后美国房地产泡沫的产生和最终崩溃创造了条件。之后的全球金融危机导致了一轮深度的结构性熊市。

● **2009—2020 年：在此期间实际总回报率为 417%，年化回报率为 16%。** 这是一个由零利率和量化宽松政策主导的时代。股票估值的不断提升以及美国股市和科技板块的领导地位，使得成长股和价值股之间拉开了巨大差距。

新冠疫情引发了一轮短暂的事件驱动型熊市，美股的实际回报率下跌了 34%。但是，利率的降低、更大规模的量化宽松政策、巨额财政支持以及新冠疫苗的成功研发相结合，使得市场发生了强劲的反弹。2021 年，标准普尔 500 指数上涨了 27%（含股息则为 29%），在 1962 年以来所有年度回报率的排名中，位于 85% 的百分位。由于在疫情封控期间消费者只能线上购物，因而技术再次占据了主导，但是，通胀的显现和利率的抬升，引领我们进入了一个新的"肥而平"周期的市场波动范围。

后现代周期

新出现的后现代周期，受到了一系列不同驱动因素的影响：

（1）**资金成本上升**。这轮周期可能会遇到更高的名义和实际收益率。

（2）**经济增长趋势放缓**。人口和生产效率增长放缓，降低了长期的经济增长率。

（3）**全球化转向区域化**。我们正进入一个由技术驱动的更加区域化的时代。便宜和较少的劳动密集型产品，使得本土化或近邻化生产变得可行。在碳减排强调更多的本地化生产的同时，地缘政治局势日益紧张以及贸易保护主义的滋长，也创造了一套与以往不同的商业激励。

（4）**劳动力成本和大宗商品价格升高**。过去 20 年的主要特点是，拥有便宜且充足的能源和劳动力资源。但是，现在我们正从新冠疫情中逐渐走出来，进入了一个劳动力和大宗商品市场都更紧缺的新环境中。

（5）**政府开支和债务的增加**。我们正进入一个监管更多、政府更大（政府开支占 GDP 的比重更高）、税收更高、企业利息支出上升以及利润占 GDP 比重潜在下降的时期。

（6）**资本性支出和基础设施支出的增长**。未来十年，从安全以及环境、社会责任和公司治理的角度出发，有着简化供应链的需求。这些再加上国防和碳减排支出的增加，很可能将推高资本性支出。

（7）**人口结构变化**。许多发达经济体的人口老龄化，引起了人口抚养比的上升和政府负担的增加，而这反过来又导致了更多的政府借贷和更高的税收负担。

随着我们进入后现代周期，许多新的重大挑战使得人们更加关注那些能解决问题的新科技。特别是，对于能效和碳减排的关注，更应该让我们扩大对能提升效率的技术企业的投资（尤其是与消费产品类企业相比）。

同时，人口老龄化与劳动参与率的显著下降，也激励企业在机械化和用技术替代劳动力上投入更多。

人工智能作为一种占据主导的技术出现，将产生深远的影响。首先，它将破坏或取代许多现有工作岗位。其次，它将提高生产效率，推动经济增长，从而提高停滞多年的实际收入水平。如果这成为现实，实际收入的增加可能会催生一系列新的子行业和新的就业机会。

后现代周期还可能会为成熟行业的"旧经济"带来重大的机遇。资本性支出的投资方向正在改变。新的优先投资方向包括增加国防开支、寻找替代能源和碳减排。这些新的投资方向不仅成本高，而且不能仅仅通过开发手机应用或软件程序来实现。需要在基础设施上投入大量资本，从而高效地实现现代经济的重新分配。此外，许多传统的劳动密集型、固定成本高的行业，可能会成为人工智能的主要受益者，因为人工智能可以帮助提高效率并降低成本。

在一个数字化日益发展的世界中，如果不是在虚拟世界，那么消费者可能会更加重视传统。怀旧已经是一个大市场，而且很可能继续保持增长。高科技可以和传统并存。美国最大的企业是一家科技企业，而在欧洲，最大的企业生产的却是手工制作的高端皮革制品和时尚产品。对于投资者来说，二分法和选择性将是取得成功的关键，就像创新和适应都是企业成功的关键一样。

参考文献

第一章 周期和长期趋势的基本介绍

Akerlof, G. A. and Shiller, R. J. (2010). *Animal Spirits: How Human Psychology Drives the Economy, and Why It Matters for Global Capitalism*. Princeton, NJ: Princeton University Press.

Aristotle (1944). *Aristotle in 23 Volumes*, Book V, section 1311b, translated by H. Rackham. London: Heinemann (Cambridge, MA: Harvard University Press).

Baddeley, M. (2010). Herding, social influence and economic decision-making: Socio-psychological and neuroscientific analyses. *Philosophical Transactions of The Royal Society*, Series B, **365**, pp. 281–290.

Basu, D. (2016). Long waves of capitalist development: An empirical investigation. University of Massachusetts Amherst, Department of Economics Working Paper No. 2016–15.

Borio, C. (2013). On time, stocks and flows: Understanding the global macroeconomic challenges. *National Institute Economic Review*, **225**(1), pp. 3–13.

Borio, C. (2014). The financial cycle and macroeconomics: What have we learnt? *Journal of Banking & Finance*, **45**, pp. 182–198.

Borio, C. , Disyatat, P. and Juselius, M. (2013). Rethinking potential output: Embedding information about the financial cycle. BIS Working Paper No. 404.

Bruno, V. and Shin, H. S. (2015). Cross-border banking and global liquidity. *Review of Economic Studies*, **82**(2), pp. 535 – 564.

Dhaoui, A. , Bourouis, S. and Boyacioglu, M. A. (2013). The impact of investor psychology on stock markets: Evidence from France. *Journal of Academic Research in Economics*, **5**(1), pp. 35 – 59.

Eckstein, O. and Sinai, A. (1986). The mechanisms of the business cycle in the postwar era. In R. J. Gordon (ed.), *The American Business Cycle: Continuity and Change*. Chicago, IL: University of Chicago Press, pp. 39 – 122.

Evans, R. (2014, May 23). How (not) to invest like Sir Isaac Newton. *The Telegraph*.

Fama, E. f. (1970). Efficient capital markets: A review of theory and empirical work. *The Journal of Finance*, **25**(2), pp. 383 – 417.

Filardo, A. , Lombardi, M. and Raczko, M. (2019). Measuring financial cycle time. Bank of England Staff Working Paper No. 776.

Fisher, I. (1933). The debt-deflation theory of great depressions. *Econometrica*, **1**(4), pp. 337 – 357.

Kahneman, D. and Tversky, A. (1979). Prospect theory: An

analysis of decision under risk. *Econometrica*, **47**(2), pp. 263 – 292.

Keynes, J. M. (1936). *The General Theory of Employment, Interest, and Money*. London: Palgrave Macmillan.

Kindleberger, C. (1996). *Manias, Panics and Crashes*, 3rd ed. New York: Basic Books.

Klingberg, f. J. (1952). The historical alternation of moods in American foreign policy. *World Politics*, **4**(2), pp. 239 – 273.

Loewenstein, G. , Scott, R. and Cohen, J. D. (2008). Neuroeconomics. *Annual Review of Psychology*, **59**, pp. 647 – 672.

Mackay, C. (1852). *Extraordinary Popular Delusions and the Madness of Crowds*, 2nd ed. London: Office of the National Illustrated Library.

Malmendier, U. and Nagel, S. (2016). Learning from inflation experiences. *The Quarterly Journal of Economics*, **131**(1), pp. 53 – 87.

Minsky, H. P. (1975). *John Maynard Keynes*. New York: Columbia University Press.

Minsky, H. P. (1986). *Stabilizing an Unstable Economy: A Twentieth Century Fund Report*. New Haven, CT: Yale University Press.

Minsky, H. P. (1992). The financial Instability Hypothesis. Jerome Levy Economics Institute Working Paper No. 74. Available at SSRN: https://ssrn. com/abstract = 161024 or http:// dx. doi. org/10. 2139/ssrn. 161024.

Odlyzko, A. (2010). Collective hallucinations and inefficient markets: The British railway mania of the 1840s. Available at SSRN: https://ssrn.com/abstract=1537338 or http://dx.doi.org/10.2139/ssrn.1537338.

Rose, R. and Urwin, D. W. (1970). Persistence and change in Western party systems since 1945. *Political Studies*, **18**(3), pp. 287 – 319.

Schlesinger, A. M. (1999). *The Cycles of American History*. Boston, MA: Houghton Mifflin.

Shaw, E. S. (1947). Burns and Mitchell on business cycles. *Journal of Political Economy*, **55**(4), pp. 281 – 298.

Shiller, R. J. (1981). Do stock prices move too much to be justified by subsequent changes in dividends? *The American Economic Review*, **71**(3), pp. 421 – 436.

Shiller, R. J. (2000). *Irrational Exuberance*. Princeton, NJ: Princeton University Press.

Soros, G. (2014). Fallibility, reflexivity, and the human uncertainty principle. *Journal of Economic Methodology*, **20**(4), pp. 309 – 329.

Thompson, K. W., Modelski, G. and Thompson, W. R. (1990). Long cycles in world politics. *The American Historical Review*, **95**(2), pp. 456 – 457.

Wilde, O. (1889). *The Decay of Lying: A Dialogue*. London: Kegan Paul, Trench &. Co.

Zullow, H. M. (1991). Pessimistic ruminations in popular songs and news magazines predict economic recession via decreased consumer optimism and spending. *Journal of Economic Psychology*, **12**(3), pp. 501 – 526.

第二章 股票市场周期及其驱动因素

Oppenheimer, P. , Jaisson, G. , Bell, S. and Peytavin, L. (2022). Bear repair: The bumpy road to recovery. Goldman Sachs Global Investment Research, Global Strategy Paper. Available at https://publishing. gs. com/content/research/en/reports/2022/09/07/8ebbd20c – 9099 – 4940-bff2-ed9c31aebfd9. html.

第三章 超级周期及其主要影响因素

Alfani, G. (2021). Economic inequality in preindustrial times: Europe and beyond. *Journal of Economic Literature*, **59**(1), pp. 3 – 44.

Álvarez-Nogal, C. and De La Escosura, L. P. (2013). The rise and fall of Spain (1270 – 1850). *The Economic History Review*, **66**(1), pp. 1 – 37.

Basu, D. (2016). Long waves of capitalist development: An empirical investigation. University of Massachusetts Amherst, Department of Economics Working Paper No. 2016 – 15.

Bernanke, B. S. (2005). The global saving glut and the U. S. current account deficit. Speech at the Sandridge Lecture, Virginia Association of Economics, Richmond, VA, March 10.

Bernanke, B. S. (2010). Causes of the recent financial and economic crisis. Testimony before the Financial Crisis Inquiry Commission, Washington, D. C.

Bernanke, B. S. , Bertaut, C. C. , DeMarco, L. P. and Kamin, S. (2011). International capital flows and the returns to safe assets in the United States, 2003 – 2007. International Finance Discussion Paper No. 1014.

Bolt, J. and van Zanden, J. L. (2020). The Maddison Project. Maddison-Project Working Paper No. WP – 15.

Broadberry, S. (2013). Accounting for the Great Divergence: Recent findings from historical national accounting. London School of Economics and CAGE, Economic History Working Paper No. 184.

Broadberry, S. , Campbell, B. , Klein, A. , Overton, M. , and van Leeuwen, B. (2011). *British Economic Growth*, *1270 – 1870*: *An Output-Based Approach*. Cambridge: Cambridge University Press.

Bryan, M. (2013). The Great Inflation. Available at https://www. federal reservehistory. org/essays/great-inflation.

Costa, L. f. , Palma, N. , and Reis, J. (2013). The great escape? The contribution of the empire to Portugal's economic growth, 1500 – 1800. *European Review of Economic History*, **19** (1), pp. 1 – 22.

Drehmann, M. , Borio, C. and Tsatsaronis, K. (2012). Characterising the financial cycle: Don't lose sight of the medium term! BIS Working Paper No. 380.

Fouquet, R. and Broadberry, S. (2015). Seven centuries of European economic growth and decline. *Journal of Economic Perspectives*, **29**(4), pp. 227 – 244.

King, S. D. (2023). *We Need to Talk About Inflation: 14 Urgent Lessons from the Last 2,000 Years*. New Haven, CT: Yale University Press.

Lindert, P. H. (1986). Unequal English wealth since 1670. *Journal of Political Economy*, **94**(6), pp. 1127 – 1162.

Lunsford, K. G. and West, K. (2017). Some evidence on secular drivers of US safe real rates. Federal Reserve Bank of Cleveland Working Paper No. 17 – 23.

Macfarlane, H. and Mortimer-Lee, P. (1994). Inflation over 300 years. Bank of England.

Maddison, A. (2001). *The World Economy: A Millennial Perspective*. Paris: OECD.

Malanima, P. (2011). The long decline of a leading economy: GDP in central and northern Italy, 1300 – 1913. *European Review of Economic History*, **15**(2), pp. 169 – 219.

McCombie, J. S. L. and Maddison, A. (1983). Phases of capitalist development. *The Economic Journal*, **93**(370), pp. 428 – 429.

Owen, J. (2012). Old Coppernose – quantitative easing, the medieval way. Royal Mint.

Piketty, T. (2014). *Capital in the Twenty-First Century*. Translated by A. Goldhammer. Cambridge, MA: The Belknap Press of Harvard University Press.

Piketty, T. (2020). *Capital and Ideology*. Translated by A. Goldhammer. Cambridge, MA: Harvard University Press.

Poghosyan, T. (2015). How do public debt cycles interact with financial cycles? IMF Working Paper No. 15(248).

Ritter, J. R. and Warr, R. S. (2002). The decline of inflation and the bull market of 1982 – 1999. *The Journal of Financial and Quantitative Analysis*, **37**(1), pp. 29 – 61.

Roser, M. (2013). Economic growth. Available at https://ourworldindata. org/economic-growth.

Schmelzing, P. (2020). Eight centuries of global real interest rates, R-G, and the 'suprasecular' decline, 1311 – 2018. Bank of England Staff Working Paper No. 845.

Schön, L. and Krantz, O. (2012). The Swedish economy in the early modern period: Constructing historical national accounts. *European Review of Economic History*, **16**(4), pp. 529 – 549.

Schön, L. and Krantz, O. (2015). New Swedish historical national accounts since the 16th century in constant and current prices. Department of Economic History, Lund University. Lund Papers in Economic History No. 140.

Shirras, G. F. and Craig, J. H. (1945). Sir Isaac Newton and the currency. *The Economic Journal*, **55**(218/219), pp. 217 – 241.

Stockhammer, E. and Gouzoulis, G. (2022). Debt – GDP cycles in historical perspective: The case of the USA (1889 – 2014). *Industrial and Corporate Change*, **32**(2), pp. 317 – 335.

Summers, L. H. (2014). U. S. economic prospects: Secular stagnation, hysteresis, and the zero lower bound. *Business Economics*, **49**(2), pp. 65 - 73.

Szreter, S. (2021). The history of inequality: The deep-acting ideological and institutional influences. IFS Deaton Review of Inequalities.

Thomas, R. and Dimsdale, N. (2017). A Millennium of UK Macroeconomic Data. Bank of England OBRA Dataset.

van Zanden, J. L. and van Leeuwen, B. (2012). Persistent but not consistent: The growth of national income in Holland 1347 - 1807. *Explorations in Economic History*, **49**(2), pp. 119 - 130.

第四章　1949—1968 年：二战后的繁荣期

Anstey, V. (1943). *World Economic Survey*, *1941 - 42* [Book Review]. *Economica*, **10**(38), pp. 212 - 214.

Crafts, N. (2020). Rebuilding after the Second World War: What lessons for today? Warwick Economics Department, CAGE Research Centre.

Crafts, N. F. R. (1995). The golden age of economic growth in Western Europe, 1950 - 1973. *The Economic History Review*, **48**(3), pp. 429 - 447.

Eduqas (2018). *Austerity, Affluence and Discontent: Britain, 1951 - 1979* [GCSE History Resource].

Federal Reserve Bank of Boston (1984). *The International Monetary System: Forty Years After Bretton Woods*. Boston, MA:

Federal Reserve Bank of Boston.

Frankel, R. S. (2021). When were credit cards invented: The history of credit cards. Available at https://www. forbes. com/ advisor/credit-cards/history-of-credit-cards/.

Glyn, A. , Hughes, A. , Lipietz, A. and Singh, A. (1988). The rise and fall of the golden age. United Nations University WIDER Working Paper No. 43/1988.

Goss, J. (2022). *Design, 1950 - 75*. Essay - The Metropolitan Museum of Art.

International Monetary Fund (2020). The end of the Bretton Woods System (1972 - 81). Available at https://www. imf. org/ external/about/histend. htm.

Kim, W. (2022). Television and American consumerism. *Journal of Public Economics*, **208**, art. 104609.

Miller, A. , Berlo, J. C. , Wolf, B. J. and Roberts, J. L. (2018). *American Encounters: Art, History, and Cultural Identity*. Washington, D. C. : Washington University Libraries.

Notestein, F. W. (1983). Frank Notestein on population growth and economic development. *Population and Development Review*, **9**(2), pp. 345 - 360.

Powell, J. H. (2020). New economic challenges and the Fed's monetary policy review. Speech (via webcast) at Navigating the Decade Ahead: Implications for Monetary Policy, an economic policy symposium sponsored by the Federal Reserve Bank of Kansas City, Jackson Hole, WY, 27th August.

Reinhart, C. M., Kirkegaard, J. f. and Sbrancia, M. B. (2011). Financial repression redux. Available at https://www. imf. org/ external/pubs/ft/ fandd/2011/06/pdf/reinhart. pdf.

Rose, J. (2021). Yield curve control in the United States, 1942 to 1951. Available at https://www. chicagofed. org/publications/ economic-perspectives/2021/2.

Statista (2023). Average annual growth in the economic output of Western European countries during the Golden Age from 1950 to 1970. Available at https://www. statista. com/statistics/730758/ western-europe-economic-manufacturing-output-growth-golden-age/.

The Economic Times (2008, July 1). General Motors's stock skids to 1950s level.

The National WWII Museum (2013). *Thanks to Penicillin … He Will Come Home! The Challenge of Mass Production* [Lesson Plan from the Education Department].

United Nations (2017). Post-war reconstruction and development in the Golden Age of Capitalism. *World Economic and Social Survey* 2017, pp. 23 – 48.

Vonyó, T. (2008). Post-war reconstruction and the Golden Age of economic growth. *European Review of Economic History*, **12** (2), pp. 221 – 241.

Whiteley, N. (1987). Toward a throw-away culture. Consumerism, 'style obsolescence' and cultural theory in the 1950s and 1960s. *Oxford Art Journal*, **10**(2), pp. 3 – 27.

第五章　1968—1982 年:通货膨胀与低回报率

Boughton, J. M. (2002). Globalization and the silent revolution of the 1980s. *Finance & Development*, **39**(1), pp. 40 – 43.

Bryan, M. (2013). The Great Inflation. Available at https://www.federal reservehistory. org/essays/great-inflation.

Church, M. (1976, November 29). Catching up with punk. *The Times*.

Fletcher, N. (2018). "If only I could get a job somewhere": The emergence of British punk. Young Historians Conference, 19. Available at https://pdxscholar. library. pdx. edu/younghistorians/2018/oralpres/19.

Hodgson, J. D. and Moore, G. H. (1972). *Analysis of Work Stoppages, 1970*. U. S. Department of Labor, Bulletin 1727.

Irwin, D. A. (1994). The new protectionism in industrial countries: Beyond the Uruguay Round. IMF Policy Discussion Paper No. 1994/005.

Lydon, J. , Matlock, G. , Cook, P. T. and Jones, S. P. (1976). *No Future*.

Maddison Database (2010). https://www. rug. nl/ggdc/historicaldevelopment/ maddison/releases/maddison-database – 2010? lang＝en.

Meltzer, A. H. (1991). US policy in the Bretton Woods era. *Federal Reserve Bank of St. Louis Review*, **73**(3), pp. 54 – 83.

Schwenk, A. E. (2003). Compensation in the 1970s. *Compensation and Working Conditions*, **6**(3), pp. 29 – 32.

Siegel, J. J. (2014). *Stocks for the Long Run: The Definitive Guide to Financial Market Returns & Long-Term Investment Strategies*. New York: McGraw-Hill Education.

United Nations Department of Economic and Social Affairs (2017). World Economic and Social Survey 2017: Reflecting on Seventy Years of Development Policy Analysis. New York: United Nations.

第六章 1982—2000 年:现代周期

Bernanke, B. (2004). The Great Moderation: Remarks before the Meetings of the Eastern Economic Association, Washington, D. C.

Boughton, J. M. (2002). Globalization and the silent revolution of the 1980s. *Finance & Development*, **39**(1), pp. 40‐43.

Boughton, J. M. (2012). *Tearing Down Walls: The International Monetary Fund, 1990‐1999*. Washington, D. C. : International Monetary Fund.

Brookings (2001). The long and large decline in U. S. output volatility. Available at https://www. brookings. edu/articles/the-long-and-large-decline-in-u-s-output-volatility/.

Corsetti, G. , Pesenti, P. and Roubini, N. (1998a). What caused the Asian currency and financial crisis? Part I: A macroeconomic overview. NBER Working Paper No. 6833.

Corsetti, G. , Pesenti, P. and Roubini, N. (1998b). What caused the Asian currency and financial crisis? Part II: The policy debate. NBER Working paper No. 6834.

Côté, D. and Graham, C. (2004). Convergence of government bond yields in the euro zone: The role of policy harmonization. Bank of Canada Working Paper No. 2004 – 23.

Crafts, F. R. N. (2004). The world economy in the 1990s: A long run perspective. Department of Economic History, London School of Economics, Working Paper No. 87/04.

Cutts, R. L. (1990). Power from the ground up: Japan's land bubble. *Harvard Business Review*, **May/Jun.** https://hbr.org/1990/05/power-from-the-ground-up-japans-land-bubble.

Dabrowski, M. (2022). Thirty years of economic transition in the former Soviet Union: Macroeconomic dimension. *Russian Journal of Economics*, **8**(2), pp. 95 – 121.

Danielsson, J., Valenzuela, M. and Zer, I. (2016). Learning from history: Volatility and financial crises. FEDS Working Paper No. 2016 – 93.

Encyclopaedia Britannica (*1987*). President Ronald Reagan speaking at the Berlin Wall, 1987. https://www.britannica.com/story/mr-gorbachev-tear-down-this-wall-reagans-berlin-speech.

Feldstein, M. (1994). American economic policy in the 1980s: A personal view. In M. feldstein (ed.), *American Economic Policy in the 1980s*. Chicago, IL: University of Chicago Press, pp. 1 – 80.

Fox, J. (2017). The mostly forgotten tax increases of 1982 –

1993. Available at https://www. bloomberg. com/view/articles/
2017 - 12 - 15/the-mostly-forgotten-tax-increases-of - 1982 - 1993.

Hodkinson, S. (2019). *Safe as Houses: Private Greed, Political
Negligence and Housing Policy After Grenfell*. Manchester:
Manchester University Press.

Hoj, J. , Kato, T. and Pilat, D. (1995). Deregulation and priva-
tisation in the service sector. OECD Economic Studies No. 25.

International Monetary Fund. Money Matters: An IMf Exhibit -
The Importance of Global Cooperation. Debt and Transition
(1981 - 1989), Part 4 of 7. Available at https://www. imf. org/
external/np/exr/center/mm/eng/ dt_sub_3. htm.

Johnston, E. (2009, January 6). Lessons from when the bubble
burst. *The Japan Times*.

Laffer, A. (2004). The Laffer Curve: Past, present, and future.
Available at https://www. heritage. org/taxes/report/the-laffer-
curve-past-present-and-future.

Lankes, H. , Stern, N. , Blumenthal, M. and Weigl, J. (1999).
Capital flows to Eastern Europe. In M. Feldstein (ed.), *Inter-
national Capital Flows*. Chicago, IL: University of Chicago
Press, pp. 57 - 110.

Miller, M. , Weller, P. and Zhang, L. (2002). Moral hazard and
the US stock market: Analysing the 'Greenspan Put'. *The Eco-
nomic Journal*, **112**(478), pp. C171 - C186.

Okina, K. , Shirakawa, M. and Shiratsuka, S. (2001). The asset
price bubble and monetary policy: Experience of Japan's econo-

my in the late 1980s and its lessons. *Monetary and Economic Studies*, **19**(S1), pp. 395 – 450.

Parry, T. R. (1997). The October'87 crash ten years later. FRBSF Economic Letter, Federal Reserve Bank of San Francisco.

Pera, A (1989). Deregulation and privatisation in an economy-wide context. *OECD Journal: Economic Studies*, **12**, pp. 159 – 204.

Piketty, T. (2014). *Capital in the Twenty-First Century*. Translated by A. Goldhammer. Cambridge, MA: The Belknap Press of Harvard University Press.

Ritter, J. R. and Warr, R. S. (2002). The decline of inflation and the bull market of 1982 – 1999. *The Journal of Financial and Quantitative Analysis*, **37**(1), pp. 29 – 61.

Stock, J. H. and Watson, M. W. (2002). Has the business cycle changed and why? *NBER Macroeconomics Annual*, **17**, pp. 159 – 218.

Syed, M. and Walsh, J. P. (2012). The tiger and the dragon. *Finance & Development*, **49**(3), pp. 36 – 39.

The Economist (1997, April 3). Freedom in the air.

The Economist (2002, June 27). Coming home to roost.

Turner, G. (2003). *Solutions to a Liquidity Trap: Japan's Bear Market and What It Means for the West*. London: GFC Economics.

Wessel, D. (2018). For the Fed, is it 1998 all over again? Available at https://www. brookings. edu/articles/for-the-fed-is-it-1998-all-over-again/.

Williamson, J. (1998). Globalization: The concept, causes, and consequences. Keynote address to the Congress of the Sri Lan-kan Association for the Advancement of Science, Colombo, Sri Lanka, 15th December.

第七章 2000—2009 年:泡沫与困境

Berkshire Hathaway (2022). Annual Report.

Cohen, B. H. and Remolona, E. M. (2001). Overview: Financial markets prove resilient. *BIS Quarterly Review*, **Dec**, pp. 1 - 12.

Gompers, P. A. and Lerner, J. (2004). *The Venture Capital Cycle*, 2nd ed. Cambridge, MA: MIT Press.

Gordon, J. N. (1999). Deutsche Telekom, German corporate governance, and the transition costs of capitalism. Columbia Law School, Center for Law and Economic Studies, Working Paper No. 140.

Hayes, A. (2023). Dotcom bubble definition. Available at https://www. investopedia. com/terms/d/dotcom-bubble. asp.

Makinen, G. (2002). *The Economic Effects of 9/11 : A Retrospective Assessment*. Congressional Research Service Report RL31617.

Mason, P. (2011, October 7). Thinking outside the 1930s box. BBC News.

McCullough, B. (2018). A revealing look at the dot-com bubble of 2000 — and how it shapes our lives today. Available at https://ideas. ted. com/an-eye-opening-look-at-the-dot-com-bubble-of-2000-and-how-it-shapes-our-lives-today/.

Norris, F. (2000, January 3). The year in the markets: 1999: Extraordinary winners and more losers. *New York Times*.

Oppenheimer, P. C. (2020). *The Long Good Buy*. Chichester: Wiley.

Perez, C. (2009). The double bubble at the turn of the century: Technological roots and structural implications. *Cambridge Journal of Economics*, **33**(4), pp. 779 – 805.

Pezzuto, I. (2012). Miraculous financial engineering or toxic finance? The genesis of the U. S. subprime mortgage loans crisis and its consequences on the global financial markets and real economy. *Journal of Governance and Regulation*, **1**(3), pp. 113 – 124.

Romer, C. and Romer, D. (2017). New evidence on the aftermath of financial crises in advanced countries. *American Economic Review*, **107**(10), pp. 3072 – 3118.

Skeel, D. (2018). History credits Lehman Brothers' collapse for the 2008 financial crisis. Here's why that narrative is wrong. Available at https://www. brookings. edu/articles/history-credits-lehman-brothers-collapse-for-the – 2008-financial-crisis-heres-why-that-narrative-is-wrong/.

The Financial Crisis Inquiry Commission (2011). The CDO

machine. *Financial Crisis Inquiry Commission Report*, Chapter 8. Stanford, CA: Financial Crisis Enquiry Commission at Stanford Law.

Torres, C., Ivry, B. and Lanman, S. (2010). Fed reveals Bear Stearns assets it swallowed in firm's rescue. Available at https://www. bloomberg. com/ news/articles/2010 - 04 - 01/ fed-reveals-bear-stearns-assets-swallowed-to-get-jpmorgan-to-rescue-firm.

Weinberg, J. (2013). The Great Recession and its aftermath. Available at https://www. federalreservehistory. org/essays/great-recession-and-its-aftermath.

第八章　2009—2020 年:后金融危机周期与零利率

Antolin, P., Schich, S. and Yermi, J. (2011). The economic impact of protracted low interest rates on pension funds and insurance companies. *OECD Journal: Financial Market Trends*, **2011**(1), pp. 237 - 256.

Balatti, M., Brooks, C., Clements, M. P. and Kappou, K. (2016). Did quantitative easing only inflate stock prices? Macroeconomic evidence from the US and UK. Available at SSRN: https://ssrn. com/abstract=2838128 or http:// dx. doi. org/10. 2139/ssrn. 2838128.

Belke, A. H. (2013). Impact of a low interest rate environment - global liquidity spillovers and the search-for-yield. Ruhr Economic Paper No. 429.

Bernanke, B. S. (2005). The global saving glut and the U. S. current account deficit. Speech at the Sandridge Lecture, Virginia Association of Economics, Richmond, VA, March 10.

Borio, C. , Piti, D. and Rungcharoenkitkul, P. (2019). What anchors for the natural rate of interest? BIS Working Paper No. 777.

Caballero, R. J. and farhi, E. (2017). The safety trap. *The Review of Economic Studies*, **85**(1), pp. 223 – 274.

Christensen, J. and Krogstrup, S. (2019). How quantitative easing affects bond yields: Evidence from Switzerland. Available at https://res. org. uk/mediabriefing/how-quantitative-easing-affects-bond-yields-evidence-from-switzerland/.

Christensen, J. H. E. and Speigel, M. M. (2019). Negative interest rates and inflation expectations in Japan. *FEBSF Economic Letter*, **22**.

Cunliffe, J. (2017). The Phillips curve: Lower, flatter or in hiding? Speech given at the Oxford Economics Society. Available at https://www. bankofengland. co. uk/speech/2017/jon-cunliffe-speech-at-oxford-economics-society.

Gagnon, J. , Raskin, M. , Remache, J. and Sack, B. (2011). The financial market effects of the Federal Reserve's large-scale asset purchases. *International Journal of Central Banking*, **7**(1), pp. 3 – 43.

Gilchrist, S. and Zakrajsek, E. (2013). The impact of the Federal Reserve's large-scale asset purchase programs on corporate credit risk. NBER Working Paper No. 19337.

Lazonick，W.（2014）. Profits without prosperity. *Harvard Business Review*，**Sept.** https：//hbr. org/2014/09/profits-without-prosperity.

Lian，C. ，Ma，Y. and Wang，C.（2018）. Low interest rates and risk taking：Evidence from individual investment decisions. *The Review of Financial Studies*，**32**(6)，pp. 2107–2148.

OECD Business and Finance Outlook（2015）. Chapter 4：Can pension funds and life insurance companies keep their promises?

Summers，L. H.（2015）. Demand side secular stagnation. *American Economic Review*，**105**(5)，pp. 60–65.

第九章 新冠疫情与"肥而平"周期的回归

Averstad，P. ，Beltrán，A. ，Brinkman，M. ，Maia，P. ，Pinshaw，G. ，Quigley，D. ，*et al*.（2023）. McKinsey Global Private Markets Review：Private markets turn down the volume. Available at https：//www. mckinsey. com/industries/private-equity-and-principal-investors/our-insights/mckinseys-private-markets-annual-review.

Cerclé，E. ，Bihan，H. and Monot，M.（2021）. Understanding the expansion of central banks' balance sheets. Banque de France Eco Notepad，Post No. 209.

Deloitte Center for Financial Services（2021）. The rise of newly empowered retail investors. Available at https：//www2. deloitte. com/content/dam/Deloitte/us/Documents/financial-services/us-the-rise-of-newly-empowered-retail-investors-2021. pdf? ref = zoya-blog.

Franck, T. and Li, Y. (2020, March 8). 10-year Treasury yield hits new all-time low of 0. 318% amid historic flight to bonds. CNBC.

Haley, B. (2022). Venture capital 2021 recap—a record breaking year. Available at https://insight. factset. com/venture-capital-2021-recap-a-record-breaking-year.

Harari, D. , Keep, M. and Brien, P. (2021). Coronavirus: Effect on the economy and public finances. House of Commons Briefing Paper No. 8866.

Kaissar (2021). GameStop furor Inflicts Lasting Pain on Hedge Funds. Bloomberg.

Koetsier,J. (2020). 97% of executives say Covid-19 sped up digital transformation. Available at https://www. forbes. com/sites/johnkoetsier/2020/09/10/97-of-executives-say-covid-19-sped-up-digital-transformation/.

Levy, A. (2021, December 24). Here are the top-performing technology stocks of 2021. CNBC.

Matthews, S. (2020). U. S. jobless rate may soar to 30%, Fed's Bullard says. Available at https://www. bloomberg. com/news/articles/2020-03-22/fed-s-bullard-says-u-s-jobless-rate-may-soar-to-30-in-2q.

Mueller-Glissmann, C. , Rizzi, A. , Wright, I. and Oppenheimer, P. (2021). The Balanced Bear - Part 1: Low(er) returns and latent drawdown risk. GOAL – Global Strategy Paper No. 27.

Organisation for Economic Co-operation and Development (2020). G20 GDP Growth – first quarter of 2020.

Ponciano, J. (2021). Is the stock market about to crash? Available at https://www.forbes.com/sites/jonathanponciano/2021/02/12/is-the-stock-market-about-to-crash/.

Reed, S. and Krauss, C. (2020, April 20). Too much oil: How a barrel came to be worth less than nothing. *The New York Times*.

Sandford, A. (2020, April 2). Coronavirus: Half of humanity on lockdown in 90 countries. Euronews.

Scheid, B. (2020). Top 5 tech stocks' S&P 500 dominance raises fears of bursting bubble. Available at https://www.spglobal.com/marketintelligence/en/news-insights/latest-news-headlines/top-5-tech-stocks-s-p-500-dominance-raises-fears-of-bursting-bubble-59591523.

Strauss, D. (2020, September 23). Pandemic knocks a tenth off incomes of workers worldwide. *Financial Times*.

UNESCO (2020). Education: From school closure to recovery. Available at https://www.unesco.org/en/covid-19/education-response.

United States Census Bureau (2022). Impacts of the COVID – 19 pandemic on business operations. Available at https://www.census.gov/library/publications/2022/econ/2020-aces-covid-impact.html.

Waters, R. (2022, August 1). Venture capital's silent crash:

When the tech boom met reality. *Financial Times*.

第十章 后现代周期

Acemoglu，D. and Autor，D.（2011）. Chapter 12 – Skills，tasks and technologies：Implications for employment and earnings. *Handbook of Labor Economics*，**4**(Part B)，pp. 1043 – 1171.

Adrian，T.，Crump，R. K. and Moench，E.（2013）. Pricing the term structure with linear regressions. FRB of New York Staff Report No. 340. Available at SSRN：https：//ssrn. com/abstract＝ 1362586 or http：//dx. doi. org/10. 2139/ssrn. 1362586.

Autor，D.（2022）. The labor market impacts of technological change：From unbridled enthusiasm to qualified optimism to vast uncertainty. NBER Working Paper No. w30074. Available at SSRN：https：//ssrn. com/ abstract＝4122803 or http：//dx. doi. org/10. 2139/ssrn. 4122803.

Bergquist，A. -K. and Söderholm，K.（2016）. Sustainable energy transition：The case of the Swedish pulp and paper industry 1973 – 1990. *Energy Efficiency*，**9**(5)，pp. 1179 – 1192.

Cigna，S.，Gunnella，V. and Quaglietti，L.（2022）. Global value chains：Measurement，trends and drivers. ECB Occasional Paper No. 2022/289.

Congressional Budget Office（2021）. Budgetary effects of climate change and of potential legislative responses to it. CBO Publication No. 57019.

Crowe，D.，Haas，J.，Millot，V.，Rawdanowicz，Ł. and Turban, S. (2022). Population ageing and government revenue: Expected trends and policy considerations to boost revenue. OECD Economics Department Working Paper No. 1737.

Daly, K. and Gedminas, T. (2022). The path to 2075 — slower global growth, but convergence remains intact. Goldman Sachs Global Investment Research, Global Economics Paper. Available at https://publishing. gs. com/content/research/en/reports/2022/12/06/af8feefc-a65c‐4d5e-bcb6‐51175d816ff1. html.

Della Vigna, M. , Bocharnikova, Y. , Mehta, N. , Choudhary, U. , Bhandari, N. , Modak, A. , et al. (2023). Top projects 2023: Back to growth. Goldman Sachs Global Investment Research. Available at https://publishing. gs. com/content/research/en/reports/2023/06/27/bcd4ad94-6106-4bb8-9133-fa35a6bfa730. html.

Della Vigna, M. , Clarke, Z. , Shahab, B. , Mehta, N. , Bhandari, N. , Amorim, B. , et al. (2022). Top projects 2022: The return of the energy investment cycle. Goldman Sachs Global Investment Research. Available at https://publishing. gs. com/content/research/en/reports/2022/04/19/ae5c2010-d7ef-400c-b8e7-1cf25650ef17. html.

Dunz, N. and Power, S. (2021). *Climate-Related Risks for Ministries of Finance: An Overview*. Washington, DC: The Coalition of Finance Ministers for Climate Action.

Fengler, W. (2021). The silver economy is coming of age: A look at the growing spending power of seniors. Available at https://www. brookings. edu/articles/the-silver-economy-is-coming-of-age-a-look-at-the-growing-spending-power-of-seniors/.

Fukuyama, F. (1992). *The End of History and the Last Man*. New York: Free Press.

Gunnella, V. and Quaglietti, L. (2019). The economic implications of rising protectionism: A Euro area and global perspective. ECB Economic Bulletin No. 3.

Habakkuk, H. J. (1962). *American and British Technology in the Nineteenth Century: The Search for Labour-Saving Inventions*. Cambridge: Cambridge University Press.

Hollinger, P. (2022, May 24). European business leaders fear rising protectionism. *Financial Times*.

International Labour Organization and Organization for Economic Cooperation and Development (2019). New job opportunities in an ageing society. Paper presented at the 1st Meeting of the G20 Employment Working Group, 25 – 27 february 2019, Tokyo, Japan.

International Monetary Fund (2022). Global Debt Database.

Juhász, R., Lane, N., Oehlsen, E. and Pérez, V. C. (2023). *Trends in Global Industrial Policy*. Industrial Analytics Platform.

Medlock, K. B. (2016). The shale revolution and its implications for the world energy market. *IEEJ Energy Journal*, *Special Issue*, pp. 89 – 95.

Myers, J. (2021). This is what people think about trade and globalization. World Economic Forum.

Oppenheimer，P.，Jaisson，G.，Bell，S.，Peytavin，L. and Graziani，F.（2022）. The Postmodern Cycle：Positioning for secular change. Goldman Sachs Global Investment Research，Global Strategy Paper. Available at https：//publishing. gs. com/content/ research/en/reports/2022/05/09/521c316d-2d20-4784-b955-57641712e9d0. html.

Organisation for Economic Co-operation and Development（2017）. Towards a better globalisation：How Germany can respond to the critics. Better Policies Series.

Oxenford，M.（2018）. The lasting effects of the financial crisis have yet to be felt. Chatham House Expert Comment.

President Clinton（2000）. The United States on track to pay off the debt by end of the decade. Available at https：//clinton whitehouse5. archives. gov/WH/new/html/fri_Dec_29_151111_ 2000. html.

PwC（2021）. *The Potential Impact of Artificial Intelligence on UK Employment and the Demand for Skills*. A Report by PwC for the Department for Business，Energy and Industrial Strategy.

Roser，M. and Rodés-Guirao，L.（2019）. Future population growth. Available at https：//ourworldindata. org/population-growth.

Rowsell，J.（2022，August 19）. What's behind the rise in trade protectionism? *Supply Management*.

Roy，A.（2022）. *Demographics Unravelled：How Demographics*

Affect and Influence Every Aspect of Economics, *Finance and Policy*. Chichester: Wiley.

Smolyansky, M. (2023). End of an Era: The Coming Long-Run Slowdown in Corporate Profit Growth and Stock Returns. Available at: https://www. federalreserve. gov/econres/feds/end-of-an-era-the-coming-long-run-slowdown-in-corporate-profit-growth-and-stock-returns. htm.

The White House (2022). The Impact of Artificial Intelligence on the Future of Workforces in the European Union and the United States of America. Available at https://www. whitehouse. gov/wp-content/uploads/2022/12/TTC-EC-CEA-AI-Report-12052022 – 1. pdf.

The White House (2023a). Joint Statement from the United States and India. Available at https://www. whitehouse. gov/briefing-room/statements-releases/2023/06/22/joint-statement-from-the-united-states-and-india/.

The White House (2023b). Remarks by National Security Advisor Jake Sullivan on Renewing American Economic Leadership at the Brookings Institution. Available at https://www. whitehouse. gov/briefing-room/speeches-remarks/2023/04/27/remarks-by-national-security-advisor-jake-sullivan-on-renewing-american-economic-leadership-at-the-brookings-institution/.

Thompson, W. R. (1986). Polarity, the long cycle, and global power warfare. *Journal of Conflict Resolution*, **30**(4), pp. 587 – 615.

United Nations (2022). *World Population Prospects 2022*: *Summary of Results*. New York: United Nations Department of

Economic and Social Affairs.

第十一章 后现代周期与技术进步

Armstrong，M.（2023）. Games dominate global app revenue. Available at https：//www. statista. com/chart/29389/global-app-revenue-by-segment/.

Baskin，J. S.（2013）. The internet didn't kill Blockbuster，the company did it to itself. Available at https：//www. forbes. com/ sites/jonathansalembaskin/2013/11/08/the-internet-didnt-kill-blockbuster-the-company-did-it-to-itself/.

Brynjolfsson，E.，Collis，A. and Eggers，F.（2019）. Using massive online choice experiments to measure changes in well-being. *Proceedings of the National Academy of Sciences*，**116**（15），pp. 7250－7255.

Brynjolfsson，E.，Li，D. and Raymond，L.（2023）. Generative AI at work. NBER Working Paper No. 31161.

Brynjolfsson，E.，Rock，D. and Syverson，C.（2021）. The Productivity J-Curve：How intangibles complement general purpose technologies. *American Economic Journal：Macroeconomics*，**13**（1），pp. 333－372.

Chancellor，E. and Kramer，C.（2000）. *Devil Take the Hindmost：A History of Financial Speculation*. New York：Plume Books.

Clark，P.（2023，June 3）. The dismal truth about email. *Financial Times*.

Crafts, N. (2004). Productivity growth in the Industrial Revolution: A new growth accounting perspective. *The Journal of Economic History*, **64**(2), pp. 521 – 535.

David, P. A. and Wright, G. (1999). General purpose technologies and surges in productivity: Historical reflections on the future of the ICT revolution. Paper presented at the International Symposium on Economic Challenges of the 21st Century in Historical Perspective, Oxford, 2 – 4 July.

Hatzius, J., Briggs, J., Kodnani, D. and Pierdomenico, G. (2023). The potentially large effects of artificial intelligence on economic growth (Briggs/ Kodnani). Goldman Sachs Global Investment Research. Available at https://publishing. gs. com/content/research/en/reports/2023/03/27/d64e052b-0f6e-45d7-967b-d7be35fabd16. html.

Hatzius, J., Phillips, A., Mericle, D., Hill, S., Struyven, D., Choi, D., et al. (2019). Productivity Paradox v2. 0: The price of free goods. Goldman Sachs Global Investment Research. Available at https://publishing. gs. com/content/research/en/reports/2019/07/15/d359dbb5-88ce-4cfb-8fdd-e7687bf2b4e1. html.

Mühleisen, M. (2018). The long and short of the digital revolution. *Finance and Development*, **55**(2), art. A002.

Odlyzko, A. (2000). Collective hallucinations and inefficient markets: The British railway mania of the 1840s. Available at SSRN: https://ssrn. com/abstract＝1537338 or http://dx. doi. org/10. 2139/ssrn. 1537338.

RiskIQ (2021). 2020 Mobile App Threat Landscape Report：Tumultuous year bred new threats，but the app ecosystem got safer. Available at https：//www. riskiq. com/wp-content/uploads/2021/01/RiskIQ-2020-Mobile-App-Threat-Landscape-Report. pdf.

Roach，S. S. (2015). Why is technology not boosting productivity? Available at https：//www. weforum. org/agenda/2015/06/why-is-technology-not-boosting-productivity.

Sevilla，J.，Heim，L.，Ho，A.，Besiroglu，T.，Hobbhahn，M. and Villalobos，P. (2022). Compute trends across three eras of machine learning. arXiv：2202. 05924.

Smith，D. K. and Alexander，R. C. (1999). *Fumbling the Future*：*How Xerox Invented*，*then Ignored*，*the First Personal Computer*. Bloomington，IN：iUniverse.

第十二章 后现代周期："旧经济"中的机会

Asprou，E. (2019，October 22). Vinyl records to outsell CDs in 2019 for the first time in 40 years. Classic FM.

BlueGreen Alliance (2022). 9 Million jobs from climate action：The Inflation Reduction Act. Available at https：//www. bluegreenalliance. org/site/9-million-good-jobs-from-climate-action-the-inflation-reduction-act/.

Climate Power (2023). Clean energy boom：The 142,016 (and counting) new clean energy jobs across the United States. Available at https：//climatepower. us/wp-content/uploads/sites/23/2023/04/Clean-Energy-Boom-Report-%E2%80%94-April－2023. pdf.

de Klerk, A. (2021, June 23). Secondhand clothing market set to be twice the size of fast fashion by 2030. *Harper's BAZAAR*.

Dell Technologies (2018). Realizing 2030: A divided vision of the future. Available at https://www. delltechnologies. com/content/dam/delltechnologies/assets/perspectives/2030/pdf/Realizing-2030-A-Divided-Vision-of-the-future-Research. pdf.

Della Vigna, M. (2023). The third American energy revolution. Goldman Sachs Global Investment Research.

Energy Transitions Commission (2023). Financing the transition: Making money flow for net zero. Available at https://www. energy-transitions. org/publications/financing-the-transition-etc/.

Erten, B. and Ocampo, J. A. (2013). Super cycles of commodity prices since the mid-nineteenth century. *World Development*, **44**, pp. 14 – 30.

European Commission (2021). Recovery plan for Europe. Available at https://commission. europa. eu/strategy-and-policy/recovery-plan-europe_en.

Farra, E. (2020, November 21). 2020 was a big year for old clothes: How vintage, secondhand, and upcycling took off. *Vogue*.

Fashion Technology Accelerator (2022). Second-hand business growth: Vintage today. Available at https://www. ftaccelerator. it/blog/second-hand-business-vintage/.

Forbes Wealth Team (2023). The top ten richest people in the world. Available at https://www. forbes. com/sites/forbeswealthteam/article/the-top-ten-richest-people-in-the-world/.

Foster，A.（2023，April 28）. HMV's flagship Oxford Street store to reopen. BBC News.

Friedlander，P.（2021）. Year-end 2020 RIAA revenues statistics. Available at https：//www. riaa. com/wp-content/uploads/2021/02/2020-Year-End-Music-Industry-Revenue-Report. pdf.

Friedman，L.（2016）. Why nostalgia marketing works so well with millennials，and how your brand can benefit. Available at https：//www. forbes. com/sites/laurenfriedman/2016/08/02/why-nostalgia-marketing-works-so-well-with-millennials-and-how-your-brand-can-benefit/.

Global Infrastructure Hub（2017）. Global infrastructure investment need to reach USD97 trillion by 2040. Available at https：//www. gihub. org/media/global-infrastructure-investment-need-to-reach-usd97-trillion-by‑2040/.

Grand View Research（2023a）. Bicycle Market Size，Share and Trends Analysis Report，2023‑2030.

Grand View Research（2023b）. Artisanal Bakery Products Market Size，Share and Trends Analysis Report，2023‑2030.

House of Commons Library（2022）. Defence spending pledges by NATO members since Russia invaded Ukraine. Available at https：//commonslibrary. parliament. uk/defence-spending-pledges-by-nato-members-since-russia-invaded-ukraine/.

Inagaki，K.（2022，December 16）. Japan scraps pacifist postwar defence strategy to counter China threat. *Financial Times*.

International Energy Agency（2021）. Net Zero by 2050：A Roadmap for the Global Energy Sector.

Jaisson, G. , Oppenheimer, P. , Bell, S. , Peytavin, L. and Ferrario, A. (2021). Renewables and other companies investing for the future. Goldman Sachs Global Investment Research. Available at https://publishing. gs. com/content/research/en/reports/2021/06/08/08d49f00-f091 – 4c9b-ab64-b0a398023f33. html.

Kielty, M. K. (2023, April 19). ABBA doesn't know how 'Voyage' show has succeeded. *Ultimate Classic Rock*.

Market Prospects (2022). The rising popularity of cargo bikes. Available at https://www. market-prospects. com/index. php/articles/popularity-of-cargo-bikes.

Marksteiner, A. (2022). Explainer: The proposed hike in German military spending. Available at https://sipri. org/commentary/blog/2022/explainer-proposed-hike-german-military-spending.

McKinsey Global Institute (2013). McKinsey: 57 trillion dollar for global infrastructure. Available at https://www. consultancy. uk/news/153/mckinsey-57-trillion-dollar-for-global-infrastructure.

Nathan, A. , Galbraith, G. L. and Grimberg, J. (2020). Investing in climate change. Goldman Sachs Global Investment Research.

Odlyzko, A. (2000). Collective hallucinations and inefficient markets: The British railway mania of the 1840s. Available at SSRN: https://ssrn. com/abstract = 1537338 or http://dx. doi. org/10. 2139/ssrn. 1537338.

Shahbandeh, M. (2021). Swiss watch industry – statistics &

facts. Available at https://www. statista. com/topics/7813/ swiss-watch-industry/.

Smith, J. (2022a). Four key takeaways from the 2022 proxy season. Available at https://www. ey. com/en_us/board-matters/ four-key-takeaways-from-the – 2022-proxy-season.

Smith, P. (2022b). Female consumer willingness to buy second-hand apparel by age worldwide 2019. Available at https:// www. statista. com/statistics/828034/willingness-to-buy-second hand-items-by-age-worldwide/.

Statista (2023). Cinema tickets – worldwide. Available at https:// www. statista. com/outlook/dmo/eservices/event-tickets/cinema-tickets/worldwide.

Sutton, M. (2020, December 2). Annual bike sales to run at more than double new car registrations by 2030. *Cycling Industry News*.

The New Climate Economy (2016). The Sustainable Infrastructure Imperative: Financing for Better Growth and Development.

The White House (2022, August 9). FACT SHEET: CHIPS and Science Act will lower costs, create jobs, strengthen supply chains, and counter China.

ThredUP Resale Report (2023). Available at https://www. thredup. com/resale.

United Nations (2023). World Investment Report 2021.

U. S. Bureau of Labor Statistics (2018). Employment projections: 2018 – 2028 summary. Available at https://www. bls. gov/ news. release/archives/ecopro_09042019. pdf.

推荐阅读

Anderson, R. G. (2010). The first U. S. quantitative easing: The 1930s. Federal Reserve Bank of St. Louis Economic Synopses No. 17. Available at https://files. stlouisfed. org/files/htdocs/ publications/es/10/ES1017. pdf.

Armantier, O. , Goldman, L. , Koşar, G. , Topa, G. , van der Klaauw, W. and Williams, C. J. (2022, February 14). What are consumers' inflation expectations telling us today? *Liberty Street Economics*.

Arroyo Abad, L. and van Zanden, J. L. (2016). Growth under extractive institutions? Latin American per capita GDP in colonial times. *Journal of Economic History*, **76**(4), pp. 1182 – 1215.

Axenciuc, V. (2012). Produsul intern brut al Romaniei: 1862 – 2000. Institutl de Economie Nationala, 1.

Baffigi, A. (2011). Italian National Accounts, 1861 – 2011. Banca d'Italia Economic History Working Papers No. 18.

Barro, R. J. and Ursua, J. F. (2008). Macroeconomic crises since 1870. *Brookings Papers on Economic Activity*, *Economic Studies Program*, *The Brookings Institution*, **39**(1), pp. 255 – 350.

Bassino, J.-P., Broadberry, S., Fukao, K., Gupta, B. and Takashima, M. (2018). Japan and the Great Divergence, 730 – 1874. CEI Working Paper Series 2018 – 13.

Bernanke, B. S. (2015). Why are interest rates so low? Available at https://www. brookings. edu/articles/why-are-interest-rates-so-low/.

Bèrtola, L. (2016). El PIB per capita de Uruguay 1870 – 2016: una reconstruction. PHES Working Paper No. 48.

Bèrtola, L. and Ocampo, J. A. (2012). *The Economic Development of Latin America Since Independence*. Oxford: Oxford University Press.

Blanchard, O. (2022). Why I worry about inflation, interest rates, and unemployment. Available at https://www. piie. com/blogs/realtime-economic-issues-watch/why-i-worry-about-inflation-interest-rates-and-unemployment.

Bolt, J. and van Zanden, J. L. (2020). Maddison style estimates of the evolu-tion of the world economy. A new 2020 update. Maddison-Project Working Paper WP – 15.

Broadbent, B. (2018). The history and future of QE. Available at https://www. bankofengland. co. uk/-/media/boe/files/speech/2018/the-history-and-future-of-qe-speech-by-ben-broadbent. pdf? la=en&hash=127499DFD9AE5D6E0F3FC73529E83FDF9766471D.

Broadberry, S. and van Leeuwen, B. (2011). *The Growth of the English Economy*, *1086 – 1270*. London: LSE.

Broadberry, S. N., Custodis, J. and Gupta, B. (2015). India and the great divergence: An Anglo-Indian comparison of GDP per capita, 1600 – 1871. *Explorations in Economic History*, **55**, pp. 58 – 75.

Broadberry, S. N., Guan, H. and Li, D. D. (2018). China, Europe and the Great Divergence: A study in historical national accounting, 980 – 1850. *Journal of Economic History*, **78**(4), pp. 955 – 1000.

Buyst, E. (2011). Towards estimates of long term growth in the Southern Low Countries, ca. 1500 – 1846. Available at https://warwick. ac. uk/fac/soc/economics/seminars/seminars/conferences/venice3/programme/buyst. pdf.

Caballero, R. J. (2010). Macroeconomics after the crisis: Time to deal with the pretense-of-knowledge syndrome. *Journal of Economic Perspectives*, **24**(4), pp. 85 – 102.

Caballero, R. J. and Krishnamurthy, A. (2009). Global imbalances and financial fragility. *American Economic Review*, **99**(2), pp. 584 – 588.

Caballero, R. J., Farhi, E. and Gourinchas, P. -O. (2017). The safe assets shortage conundrum. *Journal of Economic Perspectives*, **31**(3), pp. 29 – 46.

Caballero, R. J., Farhi, E. and Gourinchas, P. -O. (2020). Global imbalances and policy wars at the zero lower bound. NBER Working Paper w21670.

Cha, M. S., Kim, N. N., Park, K. -J. and Park, Y. (2020). *Historical Statistics of Korea*. New York: Springer.

Clark, G. (2007a). The long march of history: Farm wages, population, and economic growth, England 1209 – 1869. *The Economic History Review*, **60**(1), pp. 97 – 135.

Clark, G. (2007b). *A Farewell to Alms: A Brief Economic History of the World*. Princeton, NJ: Princeton University Press.

Clark, G. (2014). The price history of English agriculture, 1209 – 1914. In *Research in Economic History*. Bingley: Emerald Publishing, pp. 41 – 123.

Crafts, N. F. R. and Harley, C. K. (1992). Output growth and the British Industrial Revolution: A restatement of the Crafts – Harley view. *The Economic History Review*, **45**(4), pp. 703 – 730.

De Corso, G. (2013). Venezuelan economic growth from the conservative oligarchy to the Bolivarian Revolution: 1830 – 2012. *Revista de Historia Económica – Journal of Iberian and Latin American Economic History*, **31**(3), pp. 321 – 357.

Del Negro, M. , Giannone, D. , Giannoni, M. P. and Tambalotti, A. (2019). Global trends in interest rates. *Journal of International Economics*, **118**, pp. 248 – 262.

DeLong, B. J. (2002). Productivity growth in the 2000s. *NBER Macroeconomics Annual*, **17**, pp. 113 – 145.

Diffie, B. W. and Boxer, C. R. (1962). Four centuries of Portuguese expansion, 1415 – 1825: A succinct survey. *The William and Mary Quarterly*, **19**(4), p. 640.

Dumenil, G. , Glick, M. A. and Lévy, D. (2000). Long-term

trends in profitability: The recovery of World War II. Jerome Levy Economics Institute Working Paper No. 10.

Eloranta, J. , Voutilainen, M. and Nummela, I. (2016). Estimating Finnish economic growth before 1860.

Fatas, A. (2000). Do business cycles cast long shadows? Short-run persistence and economic growth. *Journal of Economic Growth*, **5**(2), pp. 147 – 162.

Federal Reserve Bank of New York (2002). Economic Policy Review – Financial Innovation and Monetary Transmission.

Feinstein, C. H. (1991). A new look at the cost of living 1870 – 1914. In J. Foreman-Peck (ed.), *New Perspectives on the Late Victorian Economy: Essays in Quantitative Economic History, 1860 – 1914*. Cambridge: Cambridge University Press, pp. 151 – 179.

Feinstein, C. H. (1998). Pessimism perpetuated: Real wages and the standard of living in Britain during and after the Industrial Revolution. *The Journal of Economic History*, **58**(3), pp. 625 – 658.

Fiorentini, G. , Galesi, A. , Pérez-Quirós, G. and Sentana, E. (2018). The rise and fall of the natural interest rate. Banco de Espana Working Paper No. 1822.

Fourie, J. and Van Zanden, J. L. (2013). GDP in the Dutch Cape Colony: The national accounts of a slave-based society. *South African Journal of Economics*, **81**(4), pp. 467 – 490.

Fukao, K. , Bassino, J. -P. , Makino, T. , Paprzycki, R. , Settsu, T. , Takashima, M. and Tokui, J. (2015). *Regional Inequality* and Industrial Structure in Japan: 1874 – 2008. Tokyo: Maruzen.

Fukao, K. , Ma, D. and Yuan, T. (2007). Real GDP in pre-war East Asia: A 1934 – 36 benchmark purchasing power parity comparison with the U. S. *Review of Income and Wealth*, **53**(3), pp. 503 – 537.

Gamber, E. N. (2020). The historical decline in real interest rates and its implications for CBO's projections. Congressional Budget Office Working Paper 2020 – 09.

Garcia, A. S. (2005). Las cuentas nacionales de Cuba, 1960 – 2005. Available at https://digital. csic. es/bitstream/10261/29002/4/PIB%201690 – 2010. pdf.

Gerbaudo, P. (2021, February 13). Big government is back. *Foreign Policy*.

Girod, S. J. G. (2016). Part 1: The end of globalization? Available at https://www. imd. org/research-knowledge/strategy/articles/part – 1-the-end-of-globalization/.

Goodhart, C. and Pradhan, M. (2020). The great demographic reversal. *Economic Affairs*, **40**(3), pp. 436 – 445.

Gourinchas, P. O. and Rey, H. (2016). Real interest rates, imbalances and the curse of regional safe asset providers at the zero lower bound. NBER Working Paper w22618.

Gregory, P. R. (1982). *Russian National Income*, 1885 – 1913. Cambridge: Cambridge University Press.

Grytten, O. H. (2015). Norwegian gross domestic product by industry 1830 – 1930. Norges Bank Working Paper 19/2015.

Haberler, G. , Harris, S. E. , Leontief, W. W. and Mason, E. S. (1951). Professor Joseph A. Schumpeter. *The Review of Economics and Statistics*, **33**(2), pp. 89 – 90.

Hansen, A. H. (1951). Schumpeter's contribution to business cycle theory. *The Review of Economics and Statistics*, **33**(2), pp. 129 – 132.

Herranz-Loncán, A. and Peres-Cajías, J. (2016). Bolivian GDP per capita since the mid-nineteenth century. *Cliometrica*, **10**, pp. 99 – 128.

Hills, S. , Thomas, R. and Dimsdale, N. (2010). The UK recession in context – what do three centuries of data tell us? *Bank of England Quarterly Bulletin*, **Q4**, pp. 277 – 291.

Høj, J. , Kato, T. and Pilat, D. (1995). Deregulation and privatisation in the service sector. OECD Economic Studies No. 25.

Hördahl, P. , Sobrun, J. and Turner, P. (2016). Low long-term interest rates as a global phenomenon. BIS Working Paper No. 574.

International Monetary Fund (2000). IMF World Economic Outlook (WEO), Asset Prices and the Business Cycle.

Ivanov, M. (2006). Bulgarian national income between 1892 and 1924. Bulgarian National Discussion Papers DP/54/2006.

Jongrim, H. , Kose, M. A. and Ohnsorge, F. (2022, July 1). Today's global economy is eerily similar to the 1970s, but governments can still escape a stagflation episode. *Brookings.*

Keynes, J. M. (1930). Economic possibilities for our grandchildren. In *Essays in Persuasion*. London: Palgrave Macmillan, pp. 358 – 373.

Kim, C. -J. and Nelson, C. R. (1999). Has the U. S. economy become more stable? A Bayesian approach based on a Markov-switching model of the business cycle. *The Review of Economics and Statistics*, **81**(4), pp. 608 – 616.

King, S. D. (2018). *Grave New World: The End of Globalization, the Return of History*. New Haven, CT: Yale University Press.

Kostelenos, G. , Petmezas, S. , Vasiliou, D. , Kounaris, E. and Sfakianakis, M. (2007). *Gross Domestic Product 1830 – 1939*. Sources of Economic History of Modern Greece: Quantitative Data and Statistical Series 1830 – 1939. Historical Archives of the National Bank of Greece, Athens.

Krantz, O. (2017). Swedish GDP 1300 – 1560: A tentative estimate. Lund Papers in Economic History: General Issues No. 152.

Laubach, T. and Williams, J. C. (2016). Measuring the natural rate of interest redux. *Business Economics*, **51**(2), pp. 57 – 67.

Lindert, P. H. (2004). *Growing Public: Social Spending and Economic Growth Since the Eighteenth Century*. Cambridge: Cambridge University Press.

Lisack, N. , Sajedi, R. and Thwaites, G. (2021). Population ageing and the macroeconomy. Banque de france Working Paper WP #745.

Maddison, A. (1995). *Monitoring the World Economy 1820 - 1992*. Paris: OECD.

Maddison, A. (2001). *The World Economy*. Paris: OECD.

Maddison, A. (2003). *The World Economy: Historical Statistics*. Paris: OECD.

Maddison, A. (2007). *Contours of the World Economy, 1 - 2030 AD: Essays in Macro-economic History*. Oxford: Oxford University Press.

Malinowski, M. and van Zanden, J. L. (2017). National income and its distribution in preindustrial Poland in a global perspective. *Cliometrica*, **11**(3), pp. 375 - 404.

Markevich, A. and Harrison, M. (2011). Great War, Civil War, and recovery: Russia's national income, 1913 to 1928. *The Journal of Economic History*, **71**(3), pp. 672 - 703.

McCusker, J. J. (2006). *Historical Statistics of the United States*, Millennial Edition Online: Colonial Statistics. Cambridge: Cambridge University Press.

Meister, D. (2011, February 2). Ronald Reagan, enemy of the American worker. *Truthout*.

Milanovic, B. (2006). An estimate of average income and inequality in Byzantium around year 1000. *Review of Income and Wealth*, **52**(3), pp. 449 - 470.

Milner, H. (1987). Resisting the protectionist temptation: Industry and the making of trade policy in France and the United States during the 1970s. *International Organization*, **41**(4), pp. 639 – 665.

Mitchell, B. R. (1988). *British Historical Statistics*. Cambridge: Cambridge University Press.

Nazrin Shah, S. (2017). *Charting the Economy: Early 20th Century Malaya and Contemporary Malaysian Contrasts*. Oxford: Oxford University Press.

Neufeld, D. (2020, February 4). Visualizing the 700-year fall of interest rates. *Visual Capitalist*.

O'Sullivan, M. (2022, December 15). Return of the state – will big government come back as recession hits? *Forbes*.

Palma, N. (2019). Money and modernization in early modern England. University of Manchester and CEPR. EHES Working Paper No. 147.

Palma, N. and Reis, J. (2019). From convergence to divergence: Portuguese economic growth, 1527 – 1850. *The Journal of Economic History*, **79**(2), pp. 477 – 506.

Pamuk, S. (2006). Estimating economic growth in the Middle East since 1820. *The Journal of Economic History*, **66**(3), pp. 809 – 828.

Pamuk, Ş. (2009). Estimating GDP per capita for the Ottoman Empire in a European comparative framework, 1500 – 1820. XVth World Economic History Congress.

Pamuk, Ş. and Shatzmiller, M. (2011). Real wages and GDP per capita in the Medieval Islamic Middle East in comparative perspective, 700 – 1500. IXth Conference of the European Historical Economics Society.

Pfister, U. (2011). Economic growth in Germany, 1500 – 1850. Quantifying Long Run Economic Development Conference, University of Warwick.

Prados de la Escosura, L. (2009). Lost decades? Economic performance in post-independence Latin America. *Journal of Latin America Studies*, **41**, pp. 279 – 307.

Prados de la Escosura, L. (2017). *Spanish Economic Growth, 1850 – 2015*. London: Palgrave Macmillan.

Ramskogler, P. (2015). Tracing the origins of the financial crisis. *OECD Journal: Financial Market Trends*, **2014**(2), pp. 47 – 61.

Ridolfi, L. (2016). The French economy in the longue durée: A study on real wages, working days and economic performance from Louis IX to the Revolution (1250 – 1789). *European Review of Economic History*, **12**(4), pp. 437 – 438.

Roy, A. (2021). *Demographics Unravelled: How Demographics Affect and Influence Every Aspect of Economics, Finance and Policy*. Chichester: Wiley.

Scheidel, W. and Friesen, S. J. (2009). The size of the economy and the distribution of income in the Roman Empire. *Journal of Roman Studies*, **99**, pp. 61 – 91. Schumpeter, J. (1927). The explanation of the business cycle. *Economica*, **21**, pp. 286 – 311.

Seminario, B. (2015). El Desarrallo de la Economía Peruana en la Era Moderna. Universidad de Pacifico, Lima.

Smits, J. P., Horlings, E. and van Zanden, J. L. (2000). *The*

Measurement of Gross National Product and Its Components 1800 – 1913. Groningen Growth and Development Centre Monograph Series No. 5.

Stohr, C. (2016). Trading gains: New estimates of Swiss GDP, 1851 – 2008. LSE Economic History Working Paper 245/2016.

Sugimoto, I. (2011). Economic Growth of Singapore in the Twentieth Century: Historical GDP Estimates and Empirical Investigations. Economic Growth Centre Research Monograph Series No. 2.

Summers, H. L. (2014). Reflections on the new 'Secular Stagnation hypothesis'. Available at https://cepr.org/voxeu/columns/reflections-new-secular-stagnation-hypothesis.

Sutch, R. (2006). National income and product. In S. B. Carter, S. S. Gartner, M. R. Haines, *et al.* (eds), *Historical Statistics of the United States: Earliest Time to the Present*. New York: Cambridge University Press, pp. 23 – 25.

The Conference Board (2020). Total Economy Database.

The U. S. Census Bureau (2020). Population data.

The Victorian Web (2010). The Victorian revolution in letter writing. Available at https://victorianweb.org/technology/letters/intro.html.

The Washington Post (1982, May 24). The boom of the 1980s. *The Washington Post*.

Van Bavel, J. and Reher, D. S. (2013). The baby boom and its causes: What we know and what we need to know. *Population and Development Review*, **39**(2), pp. 257 – 288.

Van der Eng, P. (2010). The sources of long-term economic growth in Indonesia, 1880 – 2008. *Explorations in Economic History*, **47**, pp. 294 – 309.

Van Zanden, J. (2012). Economic growth in Java 1815 – 1939: The reconstruction of the historical national accounts of a colonial economy. Maddison-Project Working Paper WP – 3.

Van Zanden, J. L. (2009). *The Long Road to the Industrial Revolution: The European Economy in a Global Perspective, 1000 – 1800*. Leiden: Brill.

Ward, M. and Devereux, J. (2012). The road not taken: Pre-revolutionary Cuban living standards in comparative perspective. *Journal of Economic History*, **72**(1), pp. 104 – 132.

Wike, R., Fetterolf, J., Schumacher, S. and Moncus, J. J. (2021). Citizens in Advanced Economies Want Significant Changes to Their Political Systems. Pew Research Center's Global Attitudes Project.

Wu, H. X. (2014). China's growth and productivity performance debate revisited – accounting for China's sources of growth with a new data set. The Conference Board Economics Program Working Paper Series, EWP♯14 – 01.

Xu, Y., Shi, Z., van Leeuwen, B., Ni, Y., Zhang, Z. and Ma, Y. (2016). Chinese national income, ca. 1661 – 1933. *Asia-Pacific Economic History Review*, **57**(3), pp. 368 – 393.

致　谢

在此，我要感谢高盛，尤其是首席经济学家兼全球投资研究部负责人扬·哈哲思（Jan Hatzius），感谢他们在本书编写过程中给予的支持和鼓励。书中大部分内容，是我所在的宏观经济研究团队的贡献。没有他们的想法、努力和支持，本书是不可能完成的。我还要感谢高盛同事们的帮助，不论是研究部内部还是整个公司。此外，我还要感谢与我共事长达 20 年的策略部的同事们：纽约的戴维·科斯廷（David Kostin）和新加坡的蒂姆·莫（Tim Moe）。

我特别感激高盛的纪尧姆·雅伊松（Guillaume Jaisson），他在本书的编写中提供了宝贵的意见和大力的支持。同时，也要感谢洛蕾塔·桑纳克斯（Loretta Sunnucks）对手稿的编辑工作，以及在整个过程中给予的建议和意见。没有他们，我无法完成这本书。我还要感谢我的团队其他成员，他们提供了很多反馈和意见：马库斯·冯·舍勒（Marcus von Scheele），实习生帕提维·班萨尔（Parthivi Bansal）与尼古拉·里奇（Nicola Ricci）帮助准备了图表，以及利亚·佩塔万（Lilia Peytavin）、塞西莉·马里奥蒂（Cecilia Mariotti）、安德烈亚·费拉里奥（Andrea Ferrario）和我的助手洛朗·哈钦森（Lauren Hutchinson）。还要感谢尼古拉·多利（Nicola Doll）在封面设计上的付出，以及保罗·史密斯（Paul

Smith）和布里安·莫罗尼（Brian Moroney）的帮助和评论。

我还要特别鸣谢克里斯蒂安·米勒-格利斯曼（Christian Mueller-Glissmann）和沙伦·贝尔（Sharon Bell），他们是我自2009年和1996年以来一直密切合作的同事。他们为本书作出了重要的贡献，并提出了宝贵的建议。克里斯蒂安极大地加深了我对不同资产类别市场的理解，并延伸了本书中提出的许多框架。沙伦不仅对于本书中的观点，而且对于我对市场的广泛思考和我们过去三十年的共同工作，都是至关重要的。我从她那里学到了很多，并对她感激不尽。

还要感谢那些阅读了本书手稿并提出改进建议的人。我特别幸运地从欧盟前主席若泽·曼努埃尔·巴罗索和英国军情六处前负责人亚历山大·扬格爵士那里学到了知识，并受益于他们的智慧。他们为我提供了对地缘政治影响的宝贵见解，并教会了我如何在全球的紧张局势下评估风险和机遇。非常感激伦敦大学的诺里纳·赫兹教授提出评论和想法，还要感谢我在汇丰银行的朋友和前同事简世勋多年来详尽的反馈意见，以及支持和指导。我还要感谢美国财政部前部长劳伦斯·萨默斯的鼓励。伦敦商学院的纳拉扬·奈克教授、剑桥大学金融历史中心的科菲·阿杰朋-博滕、英国银行货币政策委员会前成员苏希尔·瓦德瓦尼博士也都给了我很多宝贵建议。

最后，我要感谢我的老朋友安东尼·凯塞尔（Anthony Kessel）教授，在大学时期耐心教导我如何理解统计学！

我还要感谢杰玛·瓦莱（Gemma Valler）、斯泰西·里韦拉（Stacey Rivera）和萨拉·刘易斯（Sarah Lewis），以及Wiley出版社的团队，他们为我提供了很多帮助和鼓励。

　　我要向自 1985 年以来教导、帮助和指导过我的许多同事、客户和朋友表示衷心的感谢。他们太多了，无法一一提及，但他们的支持对我意义重大。最后，我要深深感谢我的智慧伴侣 Jo，感谢她的智慧和引导，以及我们的孩子 Jake 和 Mia，感谢他们如此的特别，因为他们就是做自己。

Any Happy Returns：Structural Changes and Super Cycles in Markets

by Peter C. Oppenheimer

ISBN：9781394210350

Copyright © 2024 by John Wiley & Sons Ltd.

All Rights Reserved. Authorised translation from the English language edition published by John Wiley & Sons Ltd. Responsibility for the accuracy of the translation rests solely with China Renmin University Press Co., Ltd. and is not the responsibility of John Wiley & Sons Ltd. No part of this book may be reproduced in any form without written permission of the original copyright holder, John Wiley & Sons Ltd.

本书中文简体字版专有翻译出版权由 John Wiley & Sons Limited 授予中国人民大学出版社。未经许可，不得以任何手段和形式复制或抄袭本书内容。

本书封底贴有 Wiley 防伪标签，无标签者不得销售。

图书在版编目（CIP）数据

周期与财富 /（美）彼得·C. 奥本海默著；王德伦，
王欢译 . --北京：中国人民大学出版社，2025.6.
ISBN 978-7-300-33692-3

Ⅰ. F014.8

中国国家版本馆 CIP 数据核字第 20257TD387 号

周期与财富

［美］彼得·C. 奥本海默　著

王德伦　王欢　译

Zhouqi yu Caifu

出版发行	中国人民大学出版社	
社　　址	北京中关村大街 31 号	**邮政编码**　100080
电　　话	010 - 62511242（总编室）	010 - 62511770（质管部）
	010 - 82501766（邮购部）	010 - 62514148（门市部）
	010 - 62511173（发行公司）	010 - 62515275（盗版举报）
网　　址	http://www.crup.com.cn	
经　　销	新华书店	
印　　刷	北京联兴盛业印刷股份有限公司	
开　　本	890 mm×1240 mm　1/32	**版　　次**　2025 年 6 月第 1 版
印　　张	13.375 插页 2	**印　　次**　2025 年 6 月第 1 次印刷
字　　数	278 000	**定　　价**　99.00 元

版权所有　侵权必究　印装差错　负责调换

值得读的优秀投资类图书

芒格传（百年纪念版）

【美】珍妮特·洛尔（Janet Lowe）著

杨天南 译

国内唯一芒格本人及巴菲特授权传记，巴菲特亲自作序

全面展现芒格投资和人生智慧，必读经典

财富、战争与智慧：二战股市风云录

【美】巴顿·比格斯（Barton Biggs）著

张恒斌 译

如何在混乱、极端局势下保护财富？

大摩首席战略官精彩文笔呈现二战股市风云

历史提供借鉴，沉着应对未来

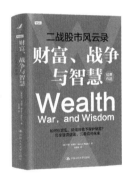

金融帝国贝莱德

【德】海克·布赫特（Heike Buchter）著

石建辉 译

贝莱德被《财富》誉为"华尔街过去 10 年中最大的成功"

看懂万亿规模全球资产管理巨头成长史

理解金融世界如何运行

大钱：如何选择成长股

【美】弗雷德里克·R. 科布里克（Frederick
R. Kobrick）著　卢斌、张小敏　译

如何才能"选对""拿住"？

彼得·林奇说，本书作者弗雷德里克是他见
过最棒的选股专家之一！

卓越成长股基金经理成长 30 多年投资生涯
的经验

投资大师

【美】约翰·特雷恩（John Train）著　陶青　译

巴菲特、费雪、格雷厄姆、林奇、内夫、罗
杰斯、邓普顿、旺格……

一本书看清 17 位投资大师的"绝活"，选一
门适合自己的武艺

牛市的理由

【美】马丁·弗里德森（Martin Fridson）著
阎佳　译

100 年间 10 次大牛市在什么条件下出现？
好年头什么时候再来？

老虎基金朱利安·罗伯逊

【美】丹尼尔·A. 斯特拉克曼（Daniel A. Strachman）著　艾博　译

老虎基金朱利安·罗伯逊唯一传记

与索罗斯量子基金齐名的对冲基金传奇

一代投资大师的叱咤风云，带来丰富的投资与人生启示

笑傲牛熊

【美】史丹·温斯坦（Stan Weinstein）著　亦明　译

投资经典，豆瓣评分高达 9.3！众多投资书单推荐

华尔街交易大师扬名之作，畅销 30 年

将复杂的技术分析转化为简单易行的操作体系

奥派投资：穿越通胀与通缩

拉希姆·塔吉扎德甘（Rahim Taghizadegan）、罗纳德·圣弗尔（Ronald Stoferle）、马克·瓦莱克（Mark Valek）、海因茨·布莱斯尼克（Heinz Blasnik）著　朱海就、屠禹潇、童娟　译

第一本将奥派理论与投资实践紧密结合的书

理解周期、货币和债务的底层逻辑

通胀真相

【美】穆瑞·罗斯巴德（Murray Rothbard）著

余晖、杨琳译

被译为多种文字，经久不衰的经典

罗斯巴德最重要的著作之一，给予无数经济学家和投资者启发

俯瞰 100 多年西方货币体系变迁，理解膨胀和萧条的根源

价值投资慢思考

孙善军　著

长期作为首席证券记者主持央视财经频道直播访谈节目

几十年思考娓娓道来：用思考，接近本质，用真实，把握机会

通盘无妙手：女私募基金经理 26 年投资感悟

刘红　著

经历 5 轮牛熊，26 年投资经验的新财富最佳私募投资经理

与财富共成长，听她说……